JOHANNES DEMANDT (HG.)

Freie Evangelische Gemeinden

Die Kirchen der Gegenwart 4

V&R

VANDENHOECK & RUPRECHT
IN GÖTTINGEN

AMERIKA

VORWORT

Wenn im deutschen Kontext von Kirchen die Rede ist, denkt man meist an die beiden großen Volkskirchen. Diese machen jedoch nicht das Ganze der kirchlichen Wirklichkeit aus. Dazu gehören vielmehr auch kleinere Kirchen wie die evangelischen Freikirchen, zu denen der Bund Freier Evangelischer Gemeinden zu zählen ist. Landeskirchliche Leser werden sich vielleicht wundern, wenn sie von der vergleichsweise geringen Verbreitung und Mitgliederzahl erfahren. Was Letzteres betrifft, ist zu berücksichtigen, dass in den Freikirchen in der Regel nur erwachsene Personen als Mitglieder gezählt werden und der Gottesdienstbesuch proportional zur Mitgliederzahl deutlich höher ist als in den Volkskirchen.

Ich selber verdanke Christen aus meiner Freikirche viel. Die Dankbarkeit darf jedoch nicht daran hindern, auch selbstkritisch zu fragen, inwiefern wir als Gemeinden auftragsgemäß leben. Deshalb geht es in diesem Band nicht nur um Beschreibung von Fakten. Das – oft indirekte – Gespräch mit Angehörigen anderer Kirchen und die Selbstdarstellung von 16 Schwesterkirchen zeigt etwas davon, dass wir alle noch auf dem Wege sind. Wir können voneinander lernen, der deutsche Bund beispielsweise von der halbsynodalen Struktur des französischen Bundes. Leider war es aus Platzgründen nicht möglich, auch nur annähernd alle nationalen Bünde Freier Evangelischer Gemeinden um einen Beitrag zu bitten; es musste eine Auswahl getroffen werden. Dafür bitte ich vor allem die unberücksichtigt gebliebenen Bünde um Verständnis; ihr Fehlen in der hier präsentierten Zusammenstellung bedeutet keinerlei Abwertung. Auch in der vorliegenden Auswahl spiegeln die Beiträge die ausgeprägte Heterogenität des Internationalen Bundes wider.

Zum Zweck der Vergleichbarkeit sollten alle Autoren der 17 Kurzporträts das gleiche thematische Schema gebrauchen. Gleichwohl nimmt die Darstellung von Geschichte und Lehre in den Beiträgen unterschiedlich viel Raum ein. Dabei ist zu beachten, dass die Autoren nicht gehalten waren, die vielfältige Realität wiederzugeben, sondern auch ihre eigenen Lehrüberzeugungen darlegen konnten.

Die meisten Gemeinden des deutschen Bundes schreiben in ihrem Namen „evangelisch“ bislang klein, andere schreiben es groß, so auch traditionell der deutschsprachige Schweizer Bund. Weil „evangelisch“ hier ebenso wie „Freie“ nicht nur eine Eigenschaft ausdrückt, sondern zugleich Bezeichnung einer Institution ist, erscheint uns die Großschreibung angemessener. – Obwohl das Aussprechen des vollen Namens m.E. dringend angeraten ist, war die Benutzung des Kürzels FEG ebenso wie anderer Kürzel aus Platzgründen leider unvermeidlich. „FEG“ kann hier Freie Evangelische Gemeinde(n) im Singular oder Plural sowie in deklinierten Formen bezeichnen.

Vor ein unvermeidliches Problem stellt der eingedeutschte Begriff „evangelikal“. Er gibt durchaus nicht in jedem Falle das wieder, was das englische „evangelical“ oder das französische „évangélique“ bezeichnen, sein Bedeutungsspektrum ist deutlich schmaler. Weil der englische bzw. französische Begriff im Deutschen keine genaue Entsprechung hat, musste er behelfsmäßig je nach Kontext manchmal mit „evangelisch“ oder „bibelorientiert“, manchmal mit „evangelikal“ übersetzt werden.[1] „Evangelikal“ steht dabei im FEG-Kontext nicht für extremen Fundamentalismus oder gar Gewaltbereitschaft, sondern für eine starke Akzentuierung von Herzensfrömmigkeit, verbunden mit einem eher konservativen Bibelverständnis und einer betont missionarischen Ausrichtung. Es erscheint mir notwendig, im deutschen Sprachraum dafür zu arbeiten, dass *das Evangelische* Freier Evangelischer Gemeinden wieder zum Leuchten kommt.

Wenn von der „ökumenischen Situation“ die Rede ist, so ist damit zunächst ganz allgemein das zwischenkirchliche Verhältnis eines FEG-Bundes gemeint, nicht schon ein Verhältnis zum Ökumenischen Rat der Kirchen oder seinen Mitgliedskirchen. Originalzitate werden mit „...“, übersetzte Zitate mit >...< wiedergegeben.

[1] Die Evangelische Kirche in Deutschland (EKD) bezeichnet sich auf ihrer englischen Website als „Evangelical Church in Germany“, obwohl sie sich nicht als „evangelikal“ versteht. In den USA reicht das Spektrum der „Evangelicals“ von gewaltbereiten Fundamentalisten bis hin zu pazifistischen Sozialreformern. Zum Verständnis des Begriffs „evangelikal“ vgl. R. Hempelmann, *Evangelikale Bewegung*, in: Ders. u.a., Quellentexte zur neuen Religiosität, EZW-Texte 215, Berlin 2011, 53ff.

Den Mitautoren danke ich für die gute Zusammenarbeit, ihr Verständnis für notwendige Kürzungen und ihre Geduld. Für die Übersetzung der meisten ursprünglich in Englisch verfassten Artikel danke ich sehr Frau Ulrike Stern und Herrn Rüdiger Grüßung-Stern (Duisburg); die Verantwortung für die vorliegende Fassung trage ich jedoch als Herausgeber. Ferner danke ich Herrn Präses Ansgar Hörsting (Witten) für wohlwollende Unterstützung sowie Frau Gabi Düser von der Geschäftsstelle des Bundes FEG in Witten für die Aktualisierung der Mitgliederstatistik. Mein Dank gilt ebenso Herrn Direktor Otto Imhof (Solingen) und Herrn Studiendirektor i.R. Walter Demandt (Norden) für die Durchsicht des Manuskripts sowie wertvolle Anregungen. Schließlich danke ich Herrn Dr. Walter Fleischmann-Bisten, dem Leiter des Konfessionskundlichen Instituts des Evangelischen Bundes (Bensheim), für die Betreuung der Publikation.

Düsseldorf, im Februar 2012 *Johannes Demandt*

A. GESCHICHTE DES BUNDES FREIER EVANGELISCHER GEMEINDEN IN DEUTSCHLAND

Hartmut Weyel

Seit frühchristlicher Zeit hat es in und außerhalb bestehender Kirchen immer wieder Bewegungen gegeben, die Kritik an theologischen Fehlentwicklungen übten und das Ziel verfolgten, die Kirche vom Evangelium her zu reformieren und zu urchristlichen Strukturen zurückzufinden. Oft sind diese Bewegungen zu Unrecht verketzert und verfolgt und nicht selten blutig vernichtet worden. Wenn im Verlauf von Erweckungsbewegungen geistliche Aufbrüche geschahen, führten sie häufig zur Bildung von Gemeinschaften und Konventikeln, die sich um die Bibel scharten. Aus ihnen erwuchsen immer wieder freikirchliche Gemeindebildungen, die als >Antwort einer autonomen Frömmigkeit außerhalb einer verfallenden Kirche auf die tiefen Nöte, die durch die Lehre dieser Kirche selbst entstanden waren<, zu begreifen sind.[2] Viele dieser Gruppen und Gemeinden mussten Europa verlassen und wanderten nach Nordamerika oder Russland aus. Erst mit der schrittweisen und regional unterschiedlichen Gewährung von Religions- und Versammlungsfreiheit seit 1848 konnten auch in Deutschland solche Gemeinden existieren und sich nach und nach als Freikirchen etablieren, wenn auch oft noch bedrängt und benachteiligt.

1. Freikirchliche Traditionen

Die Entstehung von FEG knüpfte an diese lange Tradition freikirchlicher Gemeindebewegungen an. Ihre theologischen und kirchengeschichtlichen Wurzeln lassen sich direkt oder indirekt zurückführen auf vorreformatorische Bewegungen, die

---

[2] J. Glynmor, *Congregationalism in the Early Continental Reform*, London 1963, 4.

Reformation, die reformatorische Täuferbewegung, den frühen englischen Kongregationalismus, den „radikalen" Pietismus[3] und die Erweckungsbewegungen des 19. Jh. Der Rückbezug auf die Reformation mit ihrem Schriftprinzip und der Rechtfertigungslehre gehört zur Grundlage von FEG. Besonders Calvins Theologie und Luthers Gemeindeprinzip, das er in der Vorrede zur Deutschen Messe (1526) entworfen hatte, prägten sie. Im Zusammenwirken von calvinistisch-reformierter Heilslehre und der Ekklesiologie independenter Gemeinden hatte das angelsächsische Freikirchentum eine Vorläufer- und Vorbildfunktion.[4] Schon 1582 hatte der Theoretiker der „Congregational Independency" *Robert Browne* (um 1550-1633) in zwei Schriften über „the life and manners of all true Christians" Grundgedanken über ein kongregationales Gemeinde- und Kirchenverständnis geäußert. Sie mündeten 1658 in die historische „Declaration of the Faith and Order Owned and Practised in the Congregational Churches in England".[5]

Im Sinne des ursprünglich in der kontinentalen Täuferbewegung vertretenen Bundesgedankens, der von dem Bremer Theologen *Johannes Coccejus* (1603-1669) zur Föderaltheologie entwickelt worden war, suchten die Congregational Churches den „Covenant" nach innen und außen: So wie die Gemeinde „eine Vereinigung von Menschen ist, die sich durch einen Bundesschluss zur Hingabe an Gott zusammengetan hat", so sollen die Gemeinden „um ihres eigenen Vorteils willen Gemeinschaft miteinander pflegen um des Friedens und der Liebe willen, und um sich gegenseitig zu stützen" (Art. XXV). Aber der Covenant bedeute nicht, dass neben den Ortsgemeinden (particular churches) eine „zusätzlich von Christus verordnete Kirche oder Autorität" bestünde (Art. VI).[6]

Mit dieser Vorstellung vom „Covenant", der im Bundesschluss Gottes in Christus gründete, beeinflusste die Föderal-

---

[3] Vgl. dazu die Beiträge von M. Brecht, J. Wallmann, H. Lehmann und H. Schneider in: W. Breul/ M. Meier/ L. Vogel (Hg.), *Der radikale Pietismus. Perspektiven der Forschung*, AGP 55, Göttingen ²2011, 11-55.451-467.

[4] Vgl. G. Westin, *Geschichte des Freikirchentums. Der Weg der freien christlichen Gemeinden durch die Jahrhunderte*, Kassel ²1958 und E. Geldbach, *Freikirchen – Erbe, Gestalt und Wirkung*, Göttingen ²2005, 20-34.

[5] N. Goddall, *Der Kongregationalismus*, Stuttgart 1973, 13ff u. 202ff.

[6] Grundsatzerklärung von Cambridge s. Geldbach, *Freikirchen*, 44.

theologie über die Schweiz auch die FEG.[7] Eine ihrer Schwesterbünde in den USA trägt bis heute den Namen „The Evangelical Covenant Church". Und sie selbst nennen ihre freikirchliche Körperschaft öffentlichen Rechts „Bund Freier Evangelischer Gemeinden".

Neben dem reformerischen Spenerschen Pietismus und der Aufklärung hinterließ auch der so genannte „radikale und kirchenkritische Pietismus" etwa eines *Gottfried Arnold* (1666-1714) seine deutlichen Spuren. Auch die Mystik eines *Gerhard Tersteegen* (1697-1769) und die im Zuge von Erweckungsbewegungen aufkommenden Heiligungslehren beeinflussten sie. Ihre Entstehung und Entwicklung ist eng mit den in immer neuen Wellen aufbrechenden Erweckungsbewegungen verknüpft, deren Kennzeichen individuelle Bekehrungserlebnisse und glaubensstärkende Gemeinschaftserfahrungen waren. Aus diesen beiden Faktoren sowie aus dem Eindruck, in einer endzeitlichen Umbruchsphase zu sein, war eine Dynamik zur Gründung zahlreicher missionarischer, diakonisch-sozialer und evangelistischer Vereine und Werke entstanden. Die von der Aufklärung angestoßene Neuentdeckung des Individuums und die wiedergewonnene Subjektivität trugen dazu bei, sich von vorgegebenen objektiven Institutionen zu emanzipieren und selbst aktiv zu werden.

2. Wegbereiter: Der „Evangelische Brüderverein"

Im Zuge dieser Entwicklung erfolgte 1850 im Wuppertal, einem Zentrum der Frühindustrialisierung und sozialen Umbrüche, die Gründung des „Evangelischen Brüdervereins". Weil offensichtlich die verfasste Staats- oder Landeskirche weder strukturell noch personell die Situation der zunehmend entchristlichten und den Kirchen entfremdeten Massen bewältigen konnte, machte es sich der Verein zur Aufgabe, durch die Sendung von „Vereinsboten" oder „Bibelboten" zur Evangelisierung der Gesellschaft beizutragen. Man meinte, seit der Revolution von 1848 einen zunehmenden Verfall der kirchlichen

---

[7] E. Geldbach, *Die Bedeutung der Föderaltheologie für Kirche und Gesellschaft*, in: FF 18 (2009), 157-165.

und bürgerlichen Verhältnisse wahrzunehmen, die nur mit der Verbreitung des Evangeliums gestoppt werden könnten. Beispiele aus England und der Schweiz dienten dem Verein als Vorbilder, die ermutigten und Erfolg versprachen.

In seinem Gründungsaufruf bezeichnete sich der Verein als „freie, rein evangelische Wirksamkeit", die „an die unmittelbare Leitung der äußeren Kirchenbehörden durchaus nicht gebunden ist –, weil es ein Werk des Geistes Gottes ist, der seine Gaben darreicht, wem er will".[8] Einer der Mitgründer und baldige Vorsitzende des Vereins, der Textilfabrikant *Hermann Heinrich Grafe* (1818-1869), erklärte, als Sendboten wünsche man „freier gestellte Personen", die „dem Herrn allein Verantwortung schuldig" seien und frei sein müssen, „nach dem eigenen Gewissen handeln zu können". Er selber wolle kleine missionarische Flugschriften schreiben und auf eigene Kosten drucken lassen, die nicht „das Steineschlagen mit dem Hammer des Gesetzes zur Buße" förderten, sondern „reine, freie Gnade, blank und frisch aufgetragen" vermittelten.[9] Damit waren Inhalt und Methode der Arbeit des Brüdervereins gekennzeichnet. Seine Wirksamkeit erstreckte sich nach und nach über weite Teile Westdeutschlands bis hin nach Hessen und auf den Hunsrück.

3. Entstehung außerkirchlicher Abendmahlsgemeinschaften

Vor allem durch eigene Bibelarbeit angestoßen, aber auch durch kirchliche und staatliche Organe provoziert, die die Tätigkeit des Vereins oft massiv behinderten, entwickelten sich manche der durch den Brüderverein entstandenen Gemeinschaften und Hauskreise in zunehmender Distanz zur Volkskirche. Sie sahen ihre Bedürfnisse nach Gemeinschaft, nach geistlicher Pflege, persönlicher Erbauung und missionarischer Aktivität nicht erfüllt. Außerdem empfanden sie, dass eine weit verbreitete rationalistische Verkündigung, die seltsame Blüten trieb, den Hörern „Steine statt Brot" gab. In der Verbindung von wiederentdeckter Individualität und bürgerlichem Selbst-

---

[8] W. Hermes, *H.H. Grafe und seine Zeit*, Witten 1933, 118.

[9] W. Dietrich (Hg.), *Ein Act des Gewissens*, Geschichte und Theologie der Freien evangelischen Gemeinden, 1, Witten 1988, 148-149.

bewusstsein, das die Bevormundung durch eine kirchliche Institution als Entfremdung empfand, befreiten sie sich von traditionellen kirchlichen Vorgaben, setzten sich über die Hoheitsrechte der Patronate hinweg und hinterfragten kritisch das pastorale Amtsverständnis. Sie nahmen sich das Recht, das allgemeine Priestertum zu praktizieren und bildeten eigene „Abendmahlsgemeinschaften". Im Unterschied zu innerkirchlich verharrenden Gemeinschaften sahen manche dieser erweckten Christen jetzt die Zeit für gekommen, dass den „Gläubigen in der Kirche die Kirche der Gläubigen" zu folgen habe. Denn das Verbleiben in einer Kirche, in der unterschiedslos Glaubende neben offenbar Nichtglaubenden Mitglieder sein und am Abendmahl teilnehmen konnten, wurde ihnen gewissensmäßig immer fraglicher. Dementsprechend sahen sie keinen anderen Weg, als den der Bildung außerkirchlicher, aber bewusst *evangelischer* Gemeinden, die auf biblischen Grundpfeilern stehen sollten. Dazu gehörte existenziell die Frage nach dem persönlichen Glaubensbekenntnis („Bekehrung" und „Wiedergeburt") und die damit verbundene deutliche Unterscheidung von Glaube und Nichtglaube („Trennung von der Welt"). Die Gemeinden wiesen immer wieder daraufhin, dass dies keine Sektiererei sei, sondern ein notwendiger Akt des Gehorsams gegen Gottes Wort, den sie biblisch begründeten. Daher sei strikt zwischen einer „göttlichen und einer ungöttlichen Separation"[10] zu unterscheiden, wobei sie für sich in Anspruch nahmen, eine notgedrungene, aber von Gott gewollte Separation einzugehen. Gleichzeitig wurden sie nicht müde, die Einheit der wahrhaft Glaubenden nicht nur zu bekennen, sondern auch zu praktizieren.

4. Die Entstehung der ersten Freien Evangelischen Gemeinde in Deutschland

1816 sah sich der schottische Kongregationalist *Robert Haldane* (1764-1842) berufen, auf dem Kontinent „religiöses Wissen" (religious knowledge) über die Verlorenheit der Menschen

---

[10] C. v. Rodt, *Der göttliche und der ungöttliche Separatismus*, St. Gallen 1840.

und ihre Rettung allein durch den Glauben an Christus zu verbreiten, das ihm offensichtlich sehr verkümmert oder verfälscht erschien. Als moderaten, aber überzeugten Calvinisten zog es ihn nach Genf, wo eine verarmte Theologie herrschte, die sich um christologische und soteriologische Bekenntnisaussagen herumdrückte oder sie sogar verbot. Beim Studium des Römerbriefs kam es zu einer Erweckung unter Theologiestudenten („Réveil") und schon 1817 zur Bildung einer „Église indépendante", die sich dezidiert auf Calvin und die reformierten Bekenntnisse berief.[11]

Von hier aus entstanden in der Schweiz und in Frankreich unabhängige evangelische Gemeinden (Églises évangéliques libres), aus denen zwei Persönlichkeiten herausragten, die theologisch und praktisch prägend wurden: Der Theologe *Auguste Rochat* (1789-1847)[12] und der Jurist und Theologe *Carl von Rodt* (1805-1861).[13] Sie wurden zu originären Anregern der deutschen FEG.[14]

4.1 Gemeindebildung im Wuppertal

Als am 22. November 1854 die erste FEG auf deutschem Boden im heutigen Wuppertal ins Leben trat, war sie weder das Ergebnis einer visionären Eingebung, noch hatte sie religionspolitische oder soziale Hintergründe. Die Gründe lagen darin, dass sich die Beteiligten unausweichlich verpflichtet fühlten, auch in der Frage, wie Gott die Gemeinde geschaffen und gewollt habe, dem Wort Gottes folgen zu müssen. Der Austritt aus der Landeskirche und die Bildung der Gemeinde bedeuteten deshalb für sie einen „Akt des Gewissens". Entsprechend formulierten sie in ihrem Kirchenaustrittsschreiben vom 30. November 1854: „Es handelt sich für uns nicht um herrschende

---

[11] *R. Haldane und die Kongregationalisten,* in: H. Weyel, *Zukunft braucht Herkunft,* 1, Witten 2009, 47-72.

[12] Vgl. *A. Rochat und die Dissidenten,* in: Weyel, *Zukunft,* 1, 73-96.

[13] Vgl. H. Weyel, *Carl von Rodt (1805-1861),* in: BBKL, Bd. 30 (2009), 1159-1165 und Weyel, *Zukunft,* 1, 110-122.

[14] Rochats Werk *„Quelques aperçus simples et bibliques sur la nature, la constitution, et le but de l'Église de Christ"* (Lausanne 1837) erschien 1855 als deutsche Ausgabe in Elberfeld mit der Bemerkung, sie sei eine objektive Darlegung „über die Wahrheit und den Wert der Gemeinde Christi" wie sie der göttliche Heilsplan vorsehe.

Übelstände, um eine mangelhafte Praxis in der Kirche, die mit der Zeit und nach Umständen besser werden könnte, es handelt sich für uns vielmehr um die Grundlage der bestehenden Volkskirche, in welcher der Ungläubige mit dem Gläubigen auf Grund einer Massenkonfirmation dasselbe Recht genießt."[15] Es handelte sich also um eine Grundsatzentscheidung bezüglich des Wesens der Kirche Jesu Christi und wie sie dem Wesen entsprechend ihre konkrete Gestalt in der Gemeinde vor Ort finden solle. Die entscheidenden Ausgangsfragen lauteten daher:

Ist die Kirche bzw. Gemeinde Jesu Christi zusammengesetzt aus einer Mischung von Glaubenden und Nichtglaubenden (corpus permixtum), weil der Glaube und der Nichtglaube weder erkannt noch unterschieden werden können?

Oder ist die Kirche Jesu Christi – und damit auch die sichtbare Ortsgemeinde – grundsätzlich eine Gemeinde *nur* der Glaubenden (congregatio fidelium bzw. sanctorum), wobei sich der Glaube, wie ihn die Bibel beschreibt, durch Bekenntnis und Lebensstil zu erkennen gibt?

Wenn nach dem Plan Gottes die konkrete Gemeinde grundsätzlich Gemeinde der Glaubenden ist und sein soll – und deshalb der Ausweg versperrt ist, zwischen sichtbarer und unsichtbarer Kirche zu trennen –, dann, so war die Folgerung, können ihr nur solche angehören, die den Ruf Gottes durch die Verkündigung des Evangeliums gehört haben und ihm glauben, die durch Gottes gnädiges Handeln bekehrt und wiedergeboren und somit in den Leib Christi eingegliedert wurden.

Die Beweggründe für die Entstehung von FEG bestanden also nicht darin, eine frömmere oder elitäre Version von Kirche zu schaffen, sondern es ging um ein theologisch-alternatives Kirchen- und Gemeindeverständnis, das die uralte Frage nach der „wahren Kirche" nicht eliminierte, sondern zu beantworten suchte.

Nicht ohne Grund erhielt die neugebildete Gemeinde in Elberfeld und Barmen nicht den Namen „Freie Gemeinde", sondern „Freie *evangelische* Gemeinde", um dem Anspruch und Wunsch Ausdruck zu verleihen, dass die Gemeinde „evangelisch", d.h. dem Evangelium gemäß sein sollte. Das hieß, nicht

[15] H. Weyel, *Als Gemeinde unterwegs. 125 Jahre Freie evangelische Gemeinde Wuppertal-Barmen 1854-1979*, Wuppertal 1979, 59-61.

nur evangelisch in der Rechtfertigungslehre zu sein, sondern auch in der Gemeindelehre. Es reichten den Gründern nicht die im Augsburgischen Bekenntnis von 1530 auf zwei Merkmale reduzierten Kennzeichen der Kirche.[16] Die reformierten Bekenntnisschriften hatten darauf hingewiesen, dass zu den notae ecclesiae der wahren Kirche auch die *Koinonia*, die Gemeinschaft der Glaubenden gehöre.[17] Darauf beriefen sich die FEG-Gründer. Sie sahen sich veranlasst, die Reformation ekklesiologisch zum Ziel zu führen.

4.2 Der Gemeindegründer Hermann Heinrich Grafe

Am Beginn der deutschen FEG stand der schon genannte Hermann Heinrich Grafe. Seine erwecklichen Erfahrungen und theologischen Einsichten machten ihn zum Initiator und Motor der Gemeindegründung. Am 3. Februar 1818 in Palsterkamp bei Bad Rothenfelde geboren, fand er in Duisburg, wo er 1834 als 15-Jähriger eine kaufmännische Ausbildung absolvierte, nach langem Kampf und intensivem Bibelstudium zur Bekehrung. Er suchte die Gemeinschaft mit anderen erweckten Christen und fand sie in einem Kreis von Pietisten, die von Tersteegen geprägt waren. In Duisburg lernte er wahrscheinlich erstmalig auch außer- und nebenkirchliche Gemeinden kennen, die seit nachreformatorischen Zeiten am Niederrhein mehr oder weniger geduldet existierten.

Im Herbst 1841 ging er zur beruflichen Weiterbildung in der Seidenindustrie nach Lyon, wo er die dissidente „Église évangélique de Lyon“ besuchte. Sie war 1831 durch den reformierten Erweckungstheologen *Adolphe Monod* (1802-1856) entstanden.[18] Monod hatte neben seinen pointierten erwecklich-evangelistischen Predigten die Realisierung der reformierten Bekenntnisse reklamiert. Letztlich wegen der Frage, wer am Abendmahl teilnehmen dürfe,[19] war er von seinem Amt suspendiert worden und zunächst aus der reformierten französischen Kirche ausgeschieden.

---

[16] CA, Art. 7, Von der Kirche.
[17] Das Zweite Helvetische Bekenntnis von 1566, 17. Kapitel.
[18] Vgl. *A. Monod und die Reformierten*, in: Weyel, Zukunft, 1, 97-109.
[19] A. Monod, *Qui doit communier? Sermon prêché à Lyon 20 Mars 1831*, Paris/Genève 1831.

4.2.1 Entdeckung der freien Gnade Gottes

Grafe wurde Mitglied und Mitarbeiter in dieser Gemeinde. In Lyon entdeckte er nach eigener Bekundung die Bedeutung der *freien Gnade Gottes*, die zur Initialzündung für seine spätere Gemeindegründung wurde. Außerdem gewann er dort die Einsicht, „dass es sehr verkehrt ist, dass Gläubige mit Ungläubigen zum Tisch des Herrn gehen". Er werde deshalb „nur in separierten Gemeinden, wo kein anderer, als ein wahrhaft Gläubiger, soviel Menschen dies beurteilen können, Mitglied ist, und deshalb nur er zum Abendmahl zugelassen wird, dasselbe genießen". Ihm standen dabei als Vorbilder die dissidenten Gemeinden in Lyon, Genf, Lausanne und namentlich in England vor Augen.[20]

Mit dieser Entdeckung der befreienden Gnade Gottes und der Praxis dissidenter Gemeinden stand für Grafe die Grundstruktur der Gemeinde fest: Eine evangelische Freiwilligkeitsgemeinde independent-reformierter Prägung mit starkem missionarisch-sozialem Impetus und presbyterial geordnetem Gemeindeleben.

4.2.2 Lösung von der Landeskirche

Seit seinem Lyoner Aufenthalt nahm Grafe nicht mehr am Abendmahl in der Landeskirche teil. Eine vorübergehende ehrenamtliche Aufgabe als Repräsentant bzw. Diakon der Reformierten Gemeinde kündigte er 1846 enttäuscht auf, als er miterleben musste, wie Kirchensteuer zwangsweise eingetrieben wurde. Er sah diese Steuer als „unevangelische, heidnische" Zwangsmaßnahme an und schrieb dem Presbyterium, dass er unter einer „apostolisch-evangelischen Kirche nach der Bibel etwas anderes" verstehe. Seine Mitgliedschaft in der Landeskirche könne er deshalb nur noch als „staatlich-bürgerlich" ansehen.[21] Seine ihm „gewissenshalber" gebotene Abstinenz vom Abendmahl begründete er damit, dass er in der Landeskirche

[20] Dietrich, *Act* 1, 122.

[21] Dietrich, *Act* 1, 142f und W. Haubeck/W. Heinrichs/M. Schröder (Hg.), *Lebenszeichen. Die Tagebücher H.H. Grafes in Auszügen*, Wuppertal/Witten 2004, 17.

„jene Gemeinschaft von Gläubigen vermisse, welchen allein das Abendmahl ihres Herrn gebührt […]“ Denn „zwischen Gläubigen und Ungläubigen“ bestehe „dem Wesen nach“ keine Gemeinschaft des Blutes und Leibes Christi.[22]

Grafes Kritik und Distanz erschien durchaus begründet. Er konnte sich mit den reformierten Bekenntnissen im Einklang sehen, die – wie etwa der Heidelberger Katechismus (1563) – erklärten, dass solche, „die sich in ihrem Bekenntnis und Leben als Ungläubige und Gottlose erweisen“, nicht zum Abendmahl zugelassen werden dürfen, weil „sonst der Bund Gottes geschmäht und sein Zorn über die ganze Gemeinde erregt wird“.[23]

4.2.3 Dissidenz aus Gewissensgründen

Nach Reisen in die französische Schweiz und nach Lyon verstärkte sich seine Überzeugung, „dass die rechte Independenten-Gemeinschaft“ seinem persönlichen Bedürfnis am meisten entspreche, und deshalb sei bei ihm „der Wunsch aufs Neue rege geworden, eine Gemeinde, wie z.B. die Lyoner es ist, auch hier in Elberfeld zustande zu bringen. Nur bewahre mich der Herr vor allem Machen einer Gemeinde!“[24]

4.2.3.1 Separation ja – Sektiererei nein

Grafe scheute sich trotz seiner erfolgreichen Aktivität als Textilunternehmer vor eigenmächtigem Handeln in dieser für ihn hoch geistlichen Angelegenheit. Er wollte nicht, dass eine Separation in einer Sektiererei endete. Deshalb sollte auch hier die freie Gnade Gottes das Gewissen zum Handeln befreien: „Wenn ich nur zwei wirklich independente entschlossene Brüder hier wüsste, würde ich kein Bedenken tragen, mich morgen mit denselben zu einer Gemeinde, dem Anfang nach, zu verbinden […] Solange aber das Gewissen keinen bestimmten Ausschlag gibt und mit innerer Notwendigkeit zur Independenz treibt, so lange

---

[22] Grafe, *Tagebuch II*, 21.2.1853 (unveröffentlichtes Manuskript).

[23] *Heidelberger Katechismus. Rev. Ausgabe*, Neukirchen-Vluyn 1997, Frage 82, 54.

[24] *Tagebuch II*, 1.12.1853 und Haubeck u.a., *Lebenszeichen*, 128.

kann ich keinem Bruder den Vorschlag zur Bildung einer freien, evangelisch-apostolischen Gemeinde machen ..."[25]

4.2.3.2 Abendmahl und Taufe

Nach langem Zögern schritt Grafe mit der kleinen Zahl von sechs weiteren Personen zur Bildung einer dissidenten Gemeinde. Ihn leitete letztlich die Einsicht: „Wenn es wahr ist, dass die ‚unsichtbare Kirche' aus allen denjenigen besteht, die von Herzen glauben, dann ist es eben so wahr, dass die ‚sichtbare Kirche' nur aus solchen bestehen soll, die jenen Glauben mit ihrem Mund und Leben wirklich bekennen."[26] Eine solche „wahre kirchliche Gemeinschaft" müsse, so Grafe, „mit der gemeinschaftlichen Kommunion [...] den Anfang machen". Denn: „Wo das Abendmahl regelmäßig gefeiert wird, da ist auch eine Gemeinde."[27] Dieser Erkenntnis folgend traten manche FEG zunächst als so genannte „Abendmahlsgemeinschaften" ins Leben, wobei das Abendmahl gut reformiert als „Zeichen und Unterpfand des Heils" verstanden wurde.[28]

Noch vor der Gemeindegründung hatte Grafe versucht, mit der bereits bestehenden Baptistengemeinde in Barmen zu einem Einvernehmen über die Bildung einer gemeinsamen Gemeinde zu kommen, weil „die Gläubigen, die doch zu dem einen Leib Christi gehören [...] nicht durch die Taufe getrennt werden" dürften. Er versicherte, „in der Lehre über die Taufe, [...] in der Anerkennung der Taufe nach oder mit dem Glauben und in der Verwerfung der Kindertaufe ganz einig" mit der Baptistengemeinde zu sein, nur in der Taufform bzw. Taufpraxis bitte er um Toleranz für Andersdenkende.[29] Weil diese nicht gewährt wurde, sah Grafe keine andere Möglichkeit, als die Gründung einer Gemeinde vorzunehmen, die in der Tauflehre und -praxis Freiheit gewährte. Diese Unbestimmtheit gehörte lange Zeit zum Typischen von FEG.

---

[25] *Tagebuch II*, 1.12.1853.
[26] *Tagebuch IV*, 16.1.1857.
[27] *Tagebuch II*, 1.12.1853; Haubeck u.a., *Lebenszeichen*, 128f und *Tagebuch I*, 2.5.1852.
[28] Art. 16 des Glaubensbekenntnisses der FEG Elberfeld-Barmen von 1854, in: Dietrich, *Act* 2, 129.
[29] *Tagebuch II*, 26.6.1853 und Haubeck u.a., *Lebenszeichen*, 123.

4.3 Der Weg zu einer geordneten Gemeinde

Die Gemeindebildung orientierte sich mit Namen, Glaubensbekenntnis und Verfassung an dem Vorbild der Genfer „Église évangélique libre" aus dem Jahr 1848.[30] Das Glaubensbekenntnis, dem bezeichnenderweise Johannes 17 vorangestellt wurde, beinhaltete keine „besonderen Lehrmeinungen" und sollte „nur die unzweifelhafte Richtschnur des gesunden biblischen Glaubens" beschreiben.[31] In einer nach Gottes Willen geordneten Gemeinde hielt man aber „eine menschlich-organisierte Verbindung ihrer Mitglieder durch eine äußere Verfassung" für nötig.[32] Diese, schon damals so bezeichnete „demokratische Verfassung", die im Grundsatz dem kongregationalen Gemeindetypus entsprach, legte den Schwerpunkt auf die Gemeinde, die im Vollzug des allgemeinen Priestertums Lehre und Personen zu beurteilen und alle wichtigen Entscheidungen zu treffen hatte.[33]

Grafe war aber im Gegensatz zu zeitgleichen darbystisch geprägten „Versammlungen" von der „göttlichen Einsetzung des Ältestendienstes"[34] überzeugt. In diesem Amt kulminierten seiner Einsicht nach alle Dienste und Ämter, von denen das Neue Testament spreche. Daher seien „in einer evangelisch geordneten Gemeinde" Älteste (Presbyter) zu berufen. Aber dieses Amt begründe keinen so genannten geistlichen Stand, der als „unevangelisch" verworfen wurde.[35]

4.4 Verbindungen mit „dem Ganzen der Kirche Jesu Christi"

So intensiv Grafe die dissidente Gemeindegründung betrieb, so sehr hielt er Verbindungen über Gemeinde- und Kirchengrenzen hinweg. Er wusste, dass das Reich Gottes nicht mit der

---

30 W. Haubeck, *Gemeindegründung: Glaubensbekenntnis und Verfassung*, in: Dietrich, *Act* 2, 111-123.

31 Haubeck, *Gemeindegründung*, 114.

32 *Tagebuch II*, 12.2.1853; Zitat aus einem Brief an N.B. Millard in Köln.

33 *Tagebuch V*, 2.4.1858 „Die Dienstverrichtungen in der Gemeinde".

34 H.H. Grafe, *Der Ältestendienst ist und bleibt eine göttliche Einsetzung für die Gemeine*, Elberfeld 1859.

35 Art. 5 der Verfassung von 1854, in: R. Hoenen, *Die Freien evangelischen Gemeinden in Deutschland*, Tübingen 1930, 99.

Gemeinde identisch ist, sondern „der weitere Kreis, in welchem die Gemeinde als der engere Kreis sich bewegt".[36] Schon im Austrittsschreiben von 1854 war betont worden, dass man trotz aller gemeindlichen Trennung von der Volkskirche vor Gott erkläre, „die Brüder in Ihrer Gemeinde, wie in jeder anderen Kirche, von Herzen lieb zu haben" und mit ihnen „als Glieder eines Leibes aufs engste verbunden" sei.[37]

Grafe und die Gemeinde pflegten daher intensiv Beziehungen auf dem Boden der 1846 in London gegründeten Evangelischen Allianz (EA), die damals eine ökumenisch zu nennende Plattform zur überkonfessionellen Begegnung darstellte.[38] Entsprechend nahm 1855 ihr Pastor *Heinrich Neviandt* (1827-1901)[39] als Beauftragter der Gemeinde an den großen „Versammlungen der Evangelischen Allianz" in Paris teil sowie an der 1857 von König Friedrich Wilhelm IV. einberufenen internationalen Allianzkonferenz in Berlin.

1861 gründete sich in der Schweiz eine „Alliance des Églises libres ou indépendantes", der sich die Gemeinde auf Einladung Carl von Rodts anschloss. Sie erklärte, dass ihr Bekenntnis „in allen wesentlichen Punkten kein anderes ist als das der Kirchen der Reformation [...] Die Gemeinden bleiben demnach mit dem Ganzen der Kirche Jesu Christi eng verbunden und trachten nur danach, soviel an ihnen ist, die ursprüngliche Einheit wiederherzustellen".[40]

5. Die Entstehung und Konsolidierung des Bundes Freier Evangelischer Gemeinden

Nach einem 1867 erfolgten Treffen Grafes mit dem ekklesiologisch vorwärts drängenden Kölner „Prediger der freien Gnade" *Leopold Bender* (1833-1914)[41], fasste man den Plan,

---

[36] *Tagebuch V*, 27.2.1858.
[37] Weyel, *Gemeinde unterwegs*, 61.
[38] Vgl. K. H. Voigt, *Die Evangelische Allianz als ökumenische Bewegung*, Stuttgart 1990.
[39] Vgl. H. Weyel, *F. H. Neviandt (1827-1901)*, in: BBKL, Bd. 20, 1105-1112; Weyel, *Zukunft*, 1, 182-199.
[40] Hoenen, *Freie evang. Gemeinden*, 103.
[41] H. Weyel, *Bender, Leopold (1833-1914)*, in: BBKL, Bd. 21, Sp. 95-100.

eine Konferenz einzuberufen, „um die zerstreuten Kreise zu sammeln“, eine „Zeitschrift zur Pflege der Gemeinden“ herauszugeben und einen „Reiseprediger zur Pflege der schwachen, jungen Abendmahlsgemeinschaften“ anzustellen.[42]

5.1 Die „Vereinigung von freien evangelischen Gemeinden und Abendmahlsgemeinschaften“

1874 kam es zur Einberufung einer „1. Konferenz von Abgeordneten auswärtiger Abendmahlsgemeinschaften“, zu der die Muttergemeinde nach Elberfeld und Barmen eingeladen hatte.[43] An ihr nahmen 39 Vertreter aus 22 örtlichen oder regionalen Gemeinschaften teil. Zum Präses der Konferenz wurde Neviandt gewählt, der sie umgehend mit deren Zweck bekannt machte, nämlich sich „mit den empfangenen Gaben zu dienen, zu raten und hilfreiche Hand zu bieten“, weil sich das Bedürfnis dazu überall gezeigt habe. Gleichzeitig wurde klargestellt, dass man von Seiten der Muttergemeinde keine Herrschaft ausüben wolle, sondern im Gegenteil wünsche, dass „die Unabhängigkeit der einzelnen Gemeinschaft so weit gewahrt werden soll, als es überhaupt möglich ist“.[44]

Damit war das Grundverständnis der „Vereinigung von freien evangelischen Gemeinden und Abendmahlsgemeinschaften“, wie sie sich bald nannte, ausgedrückt.

Die Beratungen ließen erkennen, dass sich der Bund zu einer eigenen freikirchlichen Denomination entwickeln würde, was man sofort von Seiten des Ev. Brüdervereins kritisch mit den Worten anmerkte, man solle „nicht dahin streben, eine neue Kirche zu schaffen, sondern die Vereinigung der Kinder Gottes zu fördern und deren getrennte Stellung von der Welt“.[45] Der Bund beeilte sich deshalb, in seinen „Leitenden Grundsätzen“ von 1875, die man als eine Art Bundesverfassung verstehen konnte, zu betonen, man wolle keine „Parteisache“ verfolgen, sondern der erste Zweck der Vereinigung sei, „sich in dem ge-

---

[42] G. Ischebeck, *Aus der Geschichte der freien evang. Gemeinden*, in: Der Gärtner 1-6/1920, 315ff.
[43] Gemeindeprotokoll vom 24.4.1874.
[44] *Gründungsprotokoll* vom 30.9.1874, 3f (Manuskript).
[45] *Gründungsprotokoll*, 32.

meinsamen Glauben an den Herrn Jesum und in der Liebe zu allen Kindern Gottes zu stärken" und die innere Einigkeit im Geist „äußerlich darzustellen".[46]

5.2 Spannungen und Weichenstellungen im Bund

Obwohl man sich bei der Gründung des Bundes verabredet hatte, dass der Ev. Brüderverein seinerseits „Seelen für Jesum zu gewinnen" und der Bund andererseits „die Vereinigung und Pflege der Gemeinschaft im Auge habe"[47], verblieb eine jahrzehntelange Spannung zwischen beiden Organisationen, die sie in ihrer beiderseitigen Entwicklung mehr behinderte als befruchtete. Die ekklesiologische Entwicklung des Bundes stagnierte entsprechend.

Das Erscheinen eines als „epochemachend" geltenden Buchs von *Gustav F. Nagel* (1868-1944) „Der große Kampf" im Jahr 1896 in Witten, in welchem er den „Sieg der lebendigen Christusgemeinde über das Prinzip des Kirchentums, einen Sieg von unvergleichlicher Bedeutung und Tragweite" beschrieb,[48] sorgte für einen entscheidenden Schub in der theologischen Standortbestimmung des Bundes. Es entzündete sich wegen eigenständiger Initiativen aus Witten ein Kompetenz- und Richtungsstreit mit der Wuppertaler Leitung, der neben persönlichen Vorbehalten tiefer gehende Differenzen im Gemeinde- und Bundesverständnis offenbarte.

5.3 Neue Initiativen aus Witten

Der innovative Wittener Pastor, Buchhändler und Schriftenmissionar *Friedrich Fries* (1856-1926)[49] stand offensichtlich im Sinne des Kongregationalismus für eine ekklesiologische Ei-

---

[46] *Leitende Grundsätze*, Elberfeld 1875, 3; vgl. Hoenen, *Freie evang. Gemeinden*, 104f.

[47] *Gründungsprotokoll*, 32.

[48] *Der große Kampf.* Ein Beitrag zur Beleuchtung der Frage: „Kirche oder Gemeinde der Gläubigen?", Witten 1896, Bad Homburg ²1912 (erw.), Bonn ²1912 (erw.), Witten ²1912 (erw.), 265.

[49] Vgl. K. Bussemer, *Friedrich Fries, ein Diener der Gemeinde Jesu aus dem Volk*, Witten 1929 und H. Weyel, *Amboss, Kanzel und Druckerpresse. Friedrich Fries (1856-1926)*, in: CH 12/2006, 26-29.

genständigkeit der Ortsgemeinde gegenüber dem Bund ein. Gleichzeitig aber stärkte Fries dessen Identität mit gemeindeübergreifenden und das Gemeinsame fördernden Initiativen. Auf seine Initiative gehen u.a. der heutige Bundes-Verlag (1887), das „Diakonische Werk Bethanien e.V." (1896) und ein bundeseigenes Evangelisationswerk (1904) zurück. Damit praktizierte er, was sich in der Geschichte des Bundes zu einer ständigen Herausforderung entwickelte: Eine theologisch gewollte Independenz der Ortsgemeinde, die mit einer praktisch gelebten Interdependenz im Bund in Wechselwirkung stand.

Die Entwicklung des Bundes ging entsprechend dieser Initiativen stetig voran. Gehörten zu ihm bei der Gründung etwa 1.275 Gemeindemitglieder, deren Zahl bis 1898 lediglich auf 3.162 anstieg, so kletterte sie nach der Krise und Neuorientierung bis 1914 auf fast 7.000.

5.4 Aktivitäten der zweiten Phase des Bundes

Schon früh hatten sich in Gemeinden Chöre gebildet, die zum Teil auch an der Gründung des Christlichen Sängerbundes im Jahr 1879 beteiligt waren. Der Leiter des Evangelisationswerk *Otto Schopf* (1870-1913) erkannte, dass in der biblisch-theologischen Ausbildung von Evangelisten und Pastoren ein Schlüssel für die Ausbreitung und Weiterentwicklung von FEG liege. 1912 wurde in Wuppertal-Vohwinkel eine „Predigerschule" eröffnet, die aber erst nach dem Ende des Ersten Weltkriegs ihren regulären Betrieb aufnehmen konnte.[50] Sie entwickelte sich zu der theologischen Ausbildungsstätte des Bundes für Gemeinde und Mission.[51]

[50] Vgl. J. Millard, *Aus der Geschichte unserer Schule*, Witten 1937, in: W. Haubeck/G. Hörster (Hg.), *Berufen zum Diener des Wortes Gottes. 75 Jahre Theologisches Seminar Ewersbach*, Witten 1987, 115-131.

[51] Sie ist heute im hessischen Dietzhölztal-Ewersbach ansässig und wurde 2011 als Fachhochschule staatlich anerkannt. Die Theologische Hochschule Ewersbach bietet Männern und Frauen einen Bachelor- und Masterstudiengang. Letzterer berechtigt zur Anstellung als Pastor bzw. Pastorin einer Ortsgemeinde oder des Bundes.

6. Die Entwicklung des Bundes nach 1914

Obwohl FEG in ihrer Geschichte auf eine eigene „demokratische Erfolgsgeschichte"[52] zurückblicken konnten und einer ihrer prägenden Lehrer meinte, dass „der demokratische Gedanke in dem independenten calvinischen Gemeindeideal" ruhen würde,[53] zollten die Gemeinden dem gesellschaftlichen Demokratisierungsprozess in der Weimarer Republik wenig Anerkennung. Hinzu trat ein ausgeprägter Kulturpessimismus, der sich mit apokalyptischen Szenarien verband. Wegen der neuen Rechtsstellung der Kirchen strebte der Bund die Anerkennung als Körperschaft des öffentlichen Rechts an. Er glaubte, damit nicht nur eine Gleichstellung von Kirche und Freikirche zu erreichen und die Stigmatisierung als „Sekte" zu überwinden, sondern auch als rechtsfähiger Partner staatlich respektiert zu werden. Wegen befürchteter Eingriffe des Staates in das Grundverständnis der Gemeinden und des Bundes verzichtete man aber und nahm den Status des eingetragenen Vereins an. Später kam es dann doch zur Gewährung der Körperschaftsrechte durch verschiedene Länder der Bundesrepublik. Der Bund FEG verzichtete aber aus theologischen Gründen auf manche der damit gewährten Privilegien, wie etwa die Einziehung von Kirchensteuer; stattdessen finanziert er sich über freiwillige Beiträge und Spenden.

Erstmalig in der Geschichte verabschiedete der Bundestag 1922 eine rechtsgültige Bundes-Verfassung. Sie war independentisch und demokratisch angelegt und betonte, dass der Bund „eine in übergeordnete Behörden gegliederte ‚Kirche' nicht sein" wolle. Das Attribut „freie" solle einerseits die unabhängige Stellung der Gemeinde vom Staat bezeichnen, der volle Gewissens- und Religionsfreiheit zu gewähren habe.[54] Andererseits bezeichne das Wort „frei" auch die Stellung der Gemeinden zueinander, „indem jede Gemeinde selbständig ihre Ange-

[52] Zum Ganzen siehe: S. Roßkopf, *Die Freien evangelischen Gemeinden im Systemwechsel 1917-1923* (Magisterarbeit an der Universität Karlsruhe), Karlsruhe 2003.

[53] K. Bussemer, in: Der Gärtner 35/1921, 362.

[54] Verfassung Art. 4; in: Hoenen, *Freie evang. Gemeinden*, 113.

legenheiten ordnet, ohne von der anderen eine Einmischung zu erfahren".[55] Als Organe des Bundes, der sich in Kreise gliederte, wurden benannt der „Brüdertag" (später: „Bundestag"), der „Bundesausschuss" (heute: „Bundesrat") und der „Arbeitsausschuss" (heute: „Bundesleitung"), der die laufenden Geschäfte zu führen hatte und die rechtliche und körperschaftliche Vertretung des Bundes nach innen und außen wahrnahm.

7. Gemeinden und Bund im „Dritten Reich"

In ihrer Mehrzahl begrüßten die FEG die Entstehung des nationalsozialistischen Staates auf der politischen Ebene und verneinten andererseits „grundsätzlich und entschieden die Weltanschauung des Nationalsozialismus".[56] Im Kampf der Bekennenden Kirche stehe man „von Herzen und mit Fürbitte hinter den Brüdern der Landeskirche". Aber man müsse doch traurig feststellen, dass man „den Weg zur Bildung einer Freiwilligkeitskirche oder zur Gemeinde der Gläubigen" nicht gehe.[57] Solange die Existenz der Gemeinden nicht wirklich bedroht war und die interne Predigt des Evangeliums als gewährleistet angesehen wurde, sahen die FEG bzw. die Bundesleitung keinen Grund zum Widerspruch oder gar Widerstand gegen den Staat, sondern betonten stets ihren Gehorsam gemäß ihrem Verständnis von Römer 13. In der Zeit des „Dritten Reichs" schloss sich die „Christliche Gemeinschaft Hamburg-Holstenwall" unter ihrem Leiter *Friedrich Heitmüller* (1888-1965) mit der überwiegenden Zahl der Gemeindemitglieder, die mit allen Außenstationen 3.200 Personen umfasste, dem Bund FEG an und brachte damit auch das Diakoniewerk Elim mit 230 Diakonissen und umfangreichen Einrichtungen in den Bund ein.

---

[55] *Die Freien evangelischen Gemeinden.* Vom Rechtausschuss als gedrucktes Manuskript im Februar 1921 vorgelegt, Anlage A, 1f (Bundesarchiv Witten); vgl. R. Hoenen, *Freie evang. Gemeinden*, 113.
[56] Der Gärtner 7/1933, 134.
[57] Der Gärtner 26/1934, 504ff.

8. Der Bund Freier Evangelischer Gemeinden nach 1945

Mit der Befreiung Deutschlands von dem nationalsozialistischen Schreckensregiment stand auch der Bund FEG vor der schwierigen Schuldfrage. So wie es Versuche von Selbstrechtfertigung gab, so wurden auch Aussagen zur Schuld laut, in denen bedauert wurde, „dass uns die Gabe des Heiligen Geistes, die Geister zu prüfen, fehlte“ sowie „an Mut zum Zeugnis und zur Bereitschaft, um Jesu willen zu leiden“ und „an Klarheit über unsere Stellung zur Obrigkeit“.[58] Wegen vieler guter Erfahrungen mit Christen anderer Kirchen in der Kriegszeit, als auch solcher im Hilfswerk der evangelischen Kirchen in Deutschland nach 1945, stimmte der Bund 1947 der Bildung einer „Arbeitsgemeinschaft Christlicher Kirchen“ (ACK) zu.[59] Die Bundesleitung entschied sich aber dann, einen Beitritt „aus grundsätzlichen Erwägungen“ abzulehnen. Sie erklärte aber, für eine Zusammenarbeit „von Fall zu Fall in Bezug auf gemeinsam interessierende Fragen“ bereit zu sein.[60] Auch in der Folgezeit konnte sich der Bund bisher nicht dazu entschließen, die Gastmitgliedschaft gegen eine Vollmitgliedschaft in der ACK einzutauschen, obwohl es dazu immer wieder Anregungen aus der Pastorenschaft gab. Dagegen sahen der Bund und die Mehrzahl der Gemeinden die „Deutsche Evangelische Allianz“ (DEA) als die vorrangige Basis ihrer übergemeindlichen Begegnungen.

Die nach dem Krieg einsetzende Neubesinnung mündete 1954 in eine neue Verfassung, die durch die angestrebte Rechtsstellung als Körperschaft des öffentlichen Rechts (KdöR) erforderlich wurde. Sie schrieb fest, dass sich die Ortsgemeinde bei aller Selbstständigkeit verpflichte, „in Zusammenarbeit mit

---

[58] R. Ahrens in einem Brief an die Bundesleitung; Archiv des Bundes FEG in Witten.

[59] Zur Entstehung der ACK vgl. K. H. Voigt, *„Wir werden nicht darum herum kommen …“. Vorgeschichte und Anfänge der Arbeitsgemeinschaft Christlicher Kirchen in Deutschland (ACK)*, in: FF 18 (2009), 205-238. Vgl. in diesem Band Anm. 153 sowie H. Weyel, *Zukunft braucht Herkunft*, Bd. 3, Witten 2011, 221-226.

[60] K. Mosner, *Gedanken zum Brief Br. Heitmüllers an die Mitglieder der Bundesleitung vom 31.5.1948*, (Manuskript im Bundesarchiv Witten), 8f.

der Bundesleitung die Bundesaufgaben zu verwirklichen".[61] Damit konkretisierte sich die Einsicht, dass die geistliche Zusammengehörigkeit der independenten Gemeinden eine Einordnung in das Bundesganze in sich schließen müsse. Diese Sicht spiegelte sich auch in den Verfassungsänderungen von 1974 und 1995 wider.

Mit der Gründung der Deutschen Demokratischen Republik am 7. Oktober 1949 entstand für die dortigen Freien evangelischen Gemeinden eine neue Situation. Ihnen blieb aus politischen Gründen keine andere Wahl, als einen juristisch selbstständigen Bund zu bilden, der etwa 40 Ortsgemeinden und Stationen mit rund 1.400 Mitgliedern zählte. Die treibende Kraft in diesem Vorgang war Pastor *Walter Böhme* (1891-1972), der zum Bundesvorsteher gewählt wurde. Der DDR-Bundestag verabschiedete am 5. Mai 1951 einstimmig eine „Bundes- und Gemeindeordnung", die zwar über weite Strecken mit der des westdeutschen Bundes übereinstimmte, aber strikt alle historischen und aktuellen Bezüge zu diesem vermied. 1970 wurde der DDR-Bund nach Zustimmung des Staatssekretärs für Kirchenfragen als selbstständiges Mitglied in den Internationalen Bund Freier Evangelischer Gemeinden (IFFEC) aufgenommen. Nur drei Monate nach der Maueröffnung am 9. November 1989 schlugen die Bundesleitungen beider Bünde ihren jeweiligen Bundestagen vor, die Vereinigung zu einem Bund zu beschließen, die im Dezember 1990 erfolgte.[62]

9. Die Entwicklung des Bundes zwischen 1960 und 2010

Während in der Nachkriegszeit neben der Neubesinnung auf das ekklesiologische Selbstverständnis vor allem evangelistische Aktivitäten die Arbeit bestimmt hatten, traten in den 1960er

---

[61] E.W. Erdlenbruch/H.-A. Ritter, *Freie evangelische Gemeinden*, Witten 1972, 34f; vgl. Weyel, *Was ist der Bund?*, in: CH 5/2007, 20.

[62] Vgl. L. Beaupain, *Eine Freikirche sucht ihren Weg. Der Bund Freier evangelischer Gemeinden in der DDR*, Wuppertal 2001 und J. Schmidt, *Herr, wohin sollen wir gehen? Aus der Weimarer Republik durch das Dritte Reich und die DDR ins vereinte Deutschland*, GuTh 5,4, Witten 2008. Zu Walter Böhme vgl. H. Weyel, *Zukunft*, 3, 331-352.

Jahren theologische Fragen um das Schriftverständnis ins Blickfeld. 1974 stieß der „Internationale Kongress für Weltevangelisation" in Lausanne das Thema „Evangelisation und soziale Verantwortung" an, daneben wurden aus den USA kommende Impulse zu Gemeindegründungen wirksam.

Mit der Verabschiedung von zehn „Leitsätzen zur Taufe" im Jahr 1982, in denen „nach Inhalt und Form nur die Taufe von Glaubenden durch Untertauchen als neutestamentlich" bezeichnet wurde, fand eine notwendige Klärung in der Tauffrage statt.[63] Um im Prozess immer wiederkehrender charismatischer Einbrüche Orientierung zu bieten, sah sich die Bundesleitung 2008 erneut herausgefordert, „Positionslichter im Spannungsfeld von Charismatik und Gemeinde" zu veröffentlichen. Die Veränderung im Verständnis der pastoralen Mitarbeiter zeigte sich an der Umbenennung ihrer Funktionsbezeichnung vom „Prediger" zum „Pastor". Die noch 1988 von der Bundesleitung geäußerten theologischen Bedenken gegen Pastorinnen im Bund veränderten sich zu einem Antrag an den Bundestag im Jahr 2010, der zustimmen möge, „dass Ortsgemeinden, Bundeskreise oder der Bund Frauen [...] als Pastorinnen berufen können".[64] Dieser Antrag fand nach kontrovers geführter Debatte eine überzeugende Mehrheit.

Seit den 1970er Jahren gewann ein erweitertes Verständnis der neutestamentlichen Ekklesia Raum, das auf Modifizierungen des Verhältnisses von Ortsgemeinde und Bund zielte und neue Impulse zu einer stärkeren Verpflichtung der Gemeinden zur Einheit und damit zur Verbundenheit im Bund vermittelte. Dabei kam in den Blick, dass die Einzelgemeinde *ganz* Leib Christi ist, aber nicht der *ganze* Leib des Christus. Deshalb stellt sich dem Bund als „Lebens- und Dienstgemeinschaft" bis heute die Aufgabe, das Bewusstsein der Komplementarität der Ortsgemeinde mit einem qualifizierten Independentismus zu verbinden.

[63] *Leitsätze zur Taufe in den Freien evangelischen Gemeinden*, in: Der Gärtner 48/1982, 764.
[64] *Berichtsheft zum Bundestag 2010*, Witten 2010, 105.

Weitere Literatur:

Hartmut Lenhard, Die Einheit der Kinder Gottes. Der Weg H.H. Grafes zwischen Brüderbewegung und Baptisten, Witten und Wuppertal 1977.

Armin Mauerhofer, Eine Erweckungsbewegung im 19. Jahrhundert. Karl von Rodt und die Entstehung der Freien Evangelischen Gemeinden in der Schweiz, Gießen 1987.

Wolfgang Dietrich/Heinz-Adolf Ritter (Hg.), Freie evangelische Gemeinden vor und nach der Mauer. Rückblick-Einsicht-Hoffnung, Witten 1995.

August Jung, Vom Kampf der Väter. Schwärmerische Bewegungen im ausgehenden 19. Jahrhundert, GuTh 5.1, Witten 1995.

Peter Strauch, Typisch FeG. Freie evangelische Gemeinden unterwegs ins neue Jahrtausend, Witten 1997.

Hartmut Weyel, So stell' ich mir Gemeinde vor. Kennzeichen der Gemeinde Jesu Christi. Biblische Strukturen und modernes Profil, Gießen 1997.

Heinz-Adolf Ritter, Leben heißt lernen, Notizen aus dem Bund Freier evangelischer Gemeinden, Witten 1998.

August Jung, Als die Väter noch Freunde waren. Aus der Geschichte der freikirchlichen Bewegung, Wuppertal 1999.

Walter Persson, In Freiheit und Einheit. Die Geschichte des Internationalen Bundes Freier evangelischer Gemeinden, Witten 1999.

Johannes Demandt, Einheit in Jesus Christus. Das Verhältnis Freier evangelischer Gemeinden zu anderen Christen, Gemeinden und Kirchen, in: CH 9f/1999, 280-282; 312-314.

Wolfgang Heinrichs, Gemeinde der Glaubenden. Hermann Heinrich Grafe und die Gründung einer ersten Freien evangelischen Gemeinde, in: CH 10/1999, 300-303.

Michael Schröder, Quo vadis? Die Auseinandersetzung zwischen der Wuppertaler und der Wittener Richtung am Ende des 19. Jahrhunderts, in: CH 13/1999, 396-397.

Ulrich Betz, Gepredigte und gelebte Liebe Gottes. Das Hamburger Werk von seinen Anfängen bis zum Tod Friedrich Heitmüllers; CH 15/1999, 466-469.

Arndt Schnepper/Peter Strauch, Das FeG-Buch. Wege und Visionen der Freien evangelischen Gemeinden in Deutschland, Witten [2]2007.

August Jung, Das Erbe der Väter. Die „Wittener Richtung" und „Wuppertaler Richtung" zwischen Dichtung und Wahrheit, Witten 2007.

B. CHRISTLICHE LEHRE IN FREIEN EVANGELISCHEN GEMEINDEN. EINE SKIZZE

Johannes Demandt

0. Einleitung

Die FEG sind nicht an einem Schreibtisch oder durch einen Konferenzbeschluss entstanden, sondern verdanken ihre Entstehung und ihr Fortbestehen dem Wirken Gottes, der mit fehlbaren und in ihrer Erkenntnis begrenzten Menschen Gemeinde baut. Hartmut Weyel hat bereits gezeigt, dass die Motivation der Gründerväter nicht von Willkür geprägt war.[65] Vielmehr trieb sie ihre Gewissensnot zu der Erkenntnis, dass der Heilige Geist im Begriff war, eine eigenständige Gemeinde zu gründen, und sie dem mit einem formalen Gründungsakt zu entsprechen hatten. Dabei ging es keineswegs um einen ekklesiologischen Perfektionismus, sondern man wollte lediglich das neutestamentliche Prinzip der Gemeinde von Glaubenden umsetzen. Die fortdauernde geistliche Verbundenheit mit den vielen in der Landeskirche verbleibenden Glaubenden wurde zu keinem Zeitpunkt in Frage gestellt, sondern durch vielfältige Begegnungen und gemeinsame Aktionen gelebt.

Auch heute ist freikirchliches Denken[66] – auch in FEG – davon bestimmt, dass nur an Jesus Christus Glaubende zur christlichen Gemeinde gehören können, während die Gottesdienste und anderen Veranstaltungen selbstverständlich für *alle* Interessierten offen sind.[67] Mit „Glaubenden“ sind jedoch gerade nicht sündlose, zu moralischer Perfektion gelangte Men-

---

[65] Vgl. H. Weyel in diesem Band, 18ff.

[66] Da FEG keine Sonderlehre vertreten, kann es in der Darstellung ihrer Lehre nicht primär um Abgrenzungen gegen andere Kirchen gehen. Vielmehr ergeben sich aus der gemeinsamen Abhängigkeit von Jesus Christus auch große Gemeinsamkeiten in der Lehre; diese sind im Blick auf die in der VEF vertretenen Freikirchen besonders ausgeprägt.

[67] Diskutiert wird zur Zeit die Frage, inwiefern für den postmodernen Menschen auch andere Formen der Zugehörigkeit zu suchen sind.

schen gemeint, sondern ausschließlich solche, die nach Annahme des Geschenks der Rechtfertigung sich in einem lebenslänglichen Lernprozess befinden und dabei dauerhaft auf Gottes Gnade und Vergebung angewiesen sind. Nach freikirchlicher Überzeugung widerspricht es neutestamentlicher Lehre, Menschen als Christen anzusehen und sie als Glieder der Gemeinde zu vereinnahmen, die nie eine Äußerung des Glaubens erkennen lassen oder sich gar vernehmlich davon distanzieren. Die konsequente Bejahung der Religionsfreiheit bedeutet, dass niemand zum Glauben gedrängt werden darf und spätestens mit Erreichen der Religionsmündigkeit[68] über seine religiöse Orientierung selbst entscheiden kann. Der ganz und gar freiwillige Entschluss, als Christ leben und zur Gemeinde gehören zu wollen, ist für freikirchliches Verständnis konstitutiv.[69] Wenn aber der persönliche Glaube für das Verständnis von Kirche eine so entscheidende Rolle spielt, dann müssen sein Inhalt und seine Gestalt ausreichend beschrieben werden. Nur so kann ein Außenstehender prüfen, ob er sich darauf einlassen möchte.

Aufgrund des meist kongregationalen Gemeindeverständnisses, in der die Selbstständigkeit der Ortsgemeinde eine hohe Bedeutung hat, ist es jedoch nicht möglich, von einer für alle FEG verbindlichen Lehre zu sprechen. Gleichwohl sind hier und in Teil D dieses Buches lehrmäßige Orientierungen einiger nationaler Bünde und ihrer Gemeinden erkennbar. Die in diesem Kapitel vorgenommene knappe Charakterisierung gibt die Meinung des Autors wieder und kann aus Platzgründen nur einige wenige Fragestellungen ansprechen.[70]

FEG verstehen sich als Gemeinden von bekennenden Christen, fest formulierte Bekenntnisse spielen indessen eine untergeordnete Rolle. FEG stimmen jedoch mit den altkirchlichen Bekenntnissen überein. Das Apostolicum wurde 1974 in die Verfassung aufgenommen und steht im Anhang der seit 1978

---

[68] In Deutschland ist dies mit 14 Jahren der Fall.

[69] Zu den theologischen Implikationen s.u. 42-46.

[70] Sie erhebt nicht den Anspruch, die theologische Vielfalt des deutschen, geschweige des Internationalen Bundes FEG und seiner Ortsgemeinden zu erfassen. Vgl. W. Persson, *In Freiheit und Einheit. Die Geschichte des Internationalen Bundes Freier evangelischer Gemeinden,* Witten 1999, 226-246. Weitere Hinweise auf wichtige Literatur finden sich auf den Homepages der Mitgliedskirchen und ihrer theologischen Ausbildungsstätten.

erschienenen Gesangbücher für den deutschen Bund. Vor allem aber soll die Heilige Schrift entscheidende Grundlage für Lehre und Leben sein. Bei aller Unterschiedlichkeit innerhalb des Internationalen Bundes dürfte für die Theologie kennzeichnend sein, was die Schwedische Missionskirche formuliert hat: Sie „sieht die Bibel als einzige Leitlinie für den Glauben [...] und dessen Entfaltung in Lehre und Leben [an]. Innerhalb dieses Rahmens besteht persönliche Freiheit, nach Klarheit in Lehrfragen zu suchen und [Freiheit; J.D.] in Fragen der Auslegung des Wortes Gottes unter der Führung des Heiligen Geistes."[71] Dieser Grundsatz erlaubt ein relativ breites Spektrum von Auffassungen. Die Gemeinden und Bünde werden nicht durch lehrmäßige Uniformität zusammengehalten, sondern durch die Gnade und Liebe des einen Herrn.

Auf dieser Grundlage wird das ernsthafte Bemühen um eine größtmögliche Einheit in der Lehre jedoch nicht überflüssig, im Gegenteil. In einer Zeit zunehmender Beliebigkeit kommt der Übereinstimmung in zentralen Lehrfragen eine hohe Bedeutung und sogar eine die Einheit fördernde Funktion zu. Deshalb sind theologische Verständigungen auf der Ebene der Ortsgemeinde ebenso wie in überörtlichen Leitungsgremien – neben vielen anderen Aufgaben – nicht als Luxus zu betrachten, sondern als dauerhaft notwendiger Katalysator.

Die folgenden Ausführungen zu einigen zentralen Themen versuchen, für den Bund FEG konsensfähige Positionen zu beschreiben und sind als Diskussionsbeitrag des Autors zu verstehen.[72]

1. Gott, der sich in Jesus Christus als Heil der Welt offenbart hat

Nach dem Zeugnis der Bibel hat sich Gott, der Schöpfer allen Lebens, in besonderer Weise in der Geschichte Israels offenbart. Die Befreiung aus unmenschlicher Sklaverei, die Führung durch die Wüste und Gewährung von Lebensraum im verheißenen

[71] W. Persson, *In Freiheit und Einheit,* Witten 1999, 407.
[72] Sie entsprechen im Wesentlichen dem, was ich während meiner Lehrtätigkeit am Theol. Seminar Ewersbach (1991-2004) vertreten habe.

Land sind das gnädige Werk Jahwes. Im Wechsel von menschlichen Treueversprechen und faktischer Untreue kann Gott oftmals als strafender erlebt werden, doch leuchtet auch immer wieder seine Gnade auf (Ps 103). Nach christlichem Verständnis zielt Gottes Offenbarung an sein Volk Israel auf seine Offenbarung in Jesus Christus und erreicht darin ihren Höhepunkt. In Jesus kommt Gott wie nie zuvor zu Wort, in ihm wird sein Wort Fleisch (Joh 1,14). Seine vollmächtige Verkündigung trifft die Hörer ins Herz. Die allzu sicher Lebenden, unter ihnen gerade auch die Frommen, werden radikal in Frage gestellt, während den Kindern und umkehrwilligen Sündern das Reich Gottes zugesprochen wird. Für seine konsequente Liebe lässt Jesus sich schließlich kreuzigen. In Einheit mit dem Willen seines himmlischen Vaters gibt er sein Leben stellvertretend für den Sünder – das sind wir Alle – in den Tod. Diesen Gehorsam beantwortet Gott der Vater an Ostern mit der Auferweckung Jesu von den Toten. Mit dem Ereignis der Himmelfahrt bezeugt das Neue Testament die Erhöhung Jesu Christi zur Rechten Gottes des Vaters und damit seinen universalen Herrschaftsantritt. Gott selber stiftet durch die Geschichte Jesu Christi umfassendes Heil.

2. Das Wirken Gottes als Heiliger Geist

Vom Beginn der Schöpfung an wirkt Gottes Geist in dieser Welt (Gen 1,2). Ohne ihn gibt es kein Leben (Gen 2,7; Hiob 33,4; Ps 104,29f). In der Geschichte Israels hat Gottes Geist von einzelnen Menschen Besitz ergriffen, sodass diese in seinem Sinne wirken konnten (Ri 6,33ff u.ö.). Für die letzte Zeit lässt Gott schon im Alten Testament das besondere Wirken seines Geistes verheißen (Hes 36,26f; Joel 3,1f). Nach einhelliger Überzeugung des Neuen Testaments hat sich diese Verheißung in Jesus erfüllt (Lk 4,16-21). Jesus selbst hat, geleitet durch den Heiligen Geist, Menschen in seine Nachfolge gerufen, die dann in Lebensgemeinschaft mit ihm zu Zeugen seines irdischen Wirkens wurden. Bei der Einsetzung des Abendmahls hat er den Jüngern Brot und Wein als Zeichen seines stellvertretenden Sterbens („für euch") gedeutet, durch welches ihr Heil und ihre Einheit begründet werden. In der Auferweckung Jesu hat Gott der Vater die Lebenshingabe des Sohnes als Heilswerk bestätigt.

Durch die Gabe des Heiligen Geistes wurden die Jüngerinnen und Jünger mit ihren jeweils sehr verschiedene Charakteren und Biographien zur *einen* Gemeinde, die Jesus Christus als Herrn bezeugt (Joh 20,19-23; Apg 1,8; 2). Seither gehört es zum hervorragenden Werk des Heiligen Geistes, das Evangelium von Jesus Christus auf unterschiedliche Weise so ausrichten zu lassen, dass Glaube entsteht und wächst.

FEG sehen eine wesentliche Aufgabe darin, sich für dieses Werk des Heiligen Geist gebrauchen zu lassen. Wie bei den Gründervätern[73] soll auch heute die Verkündigung der *freien Gnade* im Mittelpunkt des Gemeindelebens stehen und an Menschen aller Altersgruppen zeitgemäß ausgerichtet werden. Weil es nichts Größeres gibt, als ohne jedes Verdienst die freie, d.h. geschenkte Gnade[74] Gottes zugesprochen zu bekommen, soll diese nicht nur den individuellen Glauben, sondern auch das Gemeindeleben grundlegend prägen. Auf diese inhaltliche Bestimmung weist das Adjektiv „frei" zusammen mit „evangelisch" im Namen FEG hin. Erst daraus ergeben sich abgeleitete Bestimmungen wie etwa die „freiwillige Zugehörigkeit" der

[73] Grafes Aufenthalt in Lyon und der dortigen von Adolphe Monod gegründeten Église libre évangélique in den Jahren 1841/42 hinterließ bei ihm einen tiefen Eindruck. Der ihm vermutlich schon vorher aus erwecklichen Kreisen bekannte Begriff der „freien Gnade" erhielt für ihn in Lyon den herausragenden, hellen Klang, der in den folgenden Jahrzehnten die Verkündigung in FEG durchtönte. A. Monod seinerseits hatte den Begriff vermutlich über seinen Bruder Frédéric M. von dem Schotten Robert Haldane in dessen Römerbriefauslegung in Genf aufgenommen. (Vgl. H. Lenhard, *Studien zur Entwicklung der Ekklesiologie in den Freien Evangelischen Gemeinden in Deutschland,* Wuppertal/Witten 1977, 43.) Am 12.12.1851 notierte Grafe in sein Tagebuch: „Je ernster ich mein Leben nehme, [...] desto mehr komme ich zu der Einsicht und Aneignung des unbedingten Heils einer freien Gnade Gottes in Christo Jesu, vermittelt durch den heil. Geist, im lebendigen persönlichen Glauben." (*Lebenszeichen. Tagebücher H.H. Grafes in Auszügen.* Hg. v. W. Haubeck u.a., Wuppertal/Witten 2004, 40.)

[74] Vgl. Lenhard, *Studien,* 42ff; J. Demandt, *Der Wandel eines freikirchlichen Gemeindeverständnisses. Dargestellt am Beispiel des Bundes Freier evangelischer Gemeinden,* in: B. Neumann/J. Stolze (Hg.), Kirche und Gemeinde aus freikirchlicher und römisch-katholischer Sicht, Paderborn/Göttingen 2010, 102ff und M. Iff, *Was sind Freie evangelische Gemeinden? Systematisch-theologische Grundzüge zum Selbstverständnis,* in: W. Haubeck/W. Heinrichs, Gemeinde der Zukunft – Zukunft der Gemeinde. Aktuelle Herausforderungen der Ekklesiologie, Witten 2011, 144f.

Mitglieder und die „Freiheit" von staatlicher Bevormundung.[75]

Die Verkündigung der freien Gnade geschieht vornehmlich im Sonntagsgottesdienst, jedoch ebenso in verschiedenen Wochenveranstaltungen, speziell auch in evangelistischen Angeboten und Glaubensgrundkursen. Nicht zuletzt geschieht die Bezeugung des Evangeliums im persönlichen Gespräch von Mensch zu Mensch. Heute und in Zukunft ist die Gemeinde jedoch mehr denn je herausgefordert, sich nicht als Selbstzweck zu verstehen, sondern sich in die jeweilige Gesellschaft senden zu lassen und ihr zu dienen. Gottes Geist befähigt dazu, „der Stadt Bestes" zu suchen (Jer 29,7) und aktiv daran mitzuwirken, auch im sozialen und politischen Bereich. Alle menschlichen Bemühungen sind jedoch letzten Endes zum Scheitern verurteilt, wenn sie primär der Imagepflege oder der Verbesserung der Statistik dienen. Nur echtes, liebevolles Interesse am Nächsten kann das Motiv für missionarisches Handeln sein. Zur Ehre Gottes kann gesagt werden, dass viele FEG – freilich in unterschiedlichem Maße – das verändernde Wirken Gottes erleben, sodass Menschen zum Glauben und zur Gemeinde finden und auch neue Gemeinden entstehen.

Zwar hat der Heilige Geist sein hervorragendes Werk in der christlichen Gemeinde, aber sein Wirken ist nicht darauf beschränkt. Gottes Schöpfergeist vermittelt sich auf vielfältige Weise auch lebensfördernd und chaosabwehrend in den Strukturen der Gesellschaft, ohne dass das Geheimnis dieses Wirkens erklärt werden kann. Darum setzt sich die christliche Gemeinde auch für lebensfördernde Maßnahmen ein, z.B. im Blick auf den Schutz von Ungeborenen ebenso wie im Kampf gegen die Todesstrafe, im diakonischen Einsatz für Pflegebedürftige ebenso wie mit Hilfsgütertransporten für verarmte Menschen im Ausland. Auch erkennt sie dankbar an, dass Gottes Geist kreativ ist und viele Menschen – auch unabhängig von individuellem Glauben – im weitesten Sinne künstlerisch begabt.

---

[75] Vgl. K. Seidel, *Zur konfessionellen Eigenart Freier evangelischer Gemeinden.* Von S. Noesser zusammengestellte Nachschrift von Vorträgen, 1990ff, 4f. (Datei bei J.D.); U. Betz, *„Von Freiheit will ich singen..." Zur Ekklesiologie in Freien evangelischen Gemeinden,* in: ThGespr 27, 2003, 3-12 und W. Haubeck, *Zum Verständnis der Gemeinde bei Paulus;* in: W. Haubeck/W. Heinrichs, Gemeinde der Zukunft, Witten 2011, 30ff.

3. Der Glaube als persönliche Beziehung zu Gott und konstitutiver Faktor der christlichen Gemeinde

Wirkt der Heilige Geist so an einem Menschen, dass dieser den gekreuzigten und auferstandnen Jesus Christus als seinen persönlichen Herrn und Heiland erkennt, so hat der Mensch zum Glauben gefunden.[76] Ob sich diese Erkenntnis in einem Augenblick oder jahrelangen Prozess ereignet, spielt im Ergebnis keine Rolle. Glaube ist dankbare Antwort auf das Evangelium, jedoch – weil geistgewirktes Geschenk der Gnade Gottes – niemals als menschliche Leistung zu verstehen, auf die sich der Glaubende etwas einbilden könnte (Eph 2,8f). Der Glaube kann also prinzipiell nicht als „Werk" verdächtigt werden, das als Voraussetzung für die Zugehörigkeit zu Christus und seiner Gemeinde zurückzuweisen wäre. Der gelegentlich geäußerte Vorwurf, dass mit der Betonung des Glaubens als Bedingung der Gemeindezugehörigkeit einem menschlichen Element zu großes Gewicht beigemessen werde, geht aus o.g. Grund ins Leere. Gleichwohl besteht die Notwendigkeit, den Glaubenden den Gnadencharakter ihres Glaubens immer wieder zu vermitteln. Aber das ist kein Spezifikum der Freikirchen, sondern eine allgemeinchristliche Aufgabe.

Der Glaube ist die Existenzweise der neuen Kreatur in Christus (2 Kor 5,17). Diese Existenzweise ist jedoch erheblichen Schwankungen unterworfen, es gibt sie nicht in Gestalt eines dauerhaft starken Gottvertrauens, sondern sie ist immer auch von mangelhaftem Vertrauen begleitet. Ein solches macht jedoch aus einem Glaubenden noch keinen „Ungläubigen" in dem Sinne, dass er das Heil und damit auch seinen Platz in der Gemeinde verloren hätte. Vielmehr gilt ihm weiterhin die Fürsorge des „guten Hirten", der unermüdlich zur Nachfolge ermutigt. Es ist dieses dauerhafte Wechselspiel von Gottvertrauen, eigenmächtigem Handeln, Bitte um Vergebung der Schuld und erneutem Vertrauen auf Gottes gnädige Zuwendung, das die Existenz des Glaubenden ausmacht und ihn mit seinen Schwestern und Brüdern verbindet. Genauer: Der lebendige *Gott* verbindet die so an einem bestimmten geographischen Ort Glau-

---

[76] Ein solcher Glaube ist etwas anderes als „ein rein formales Zustimmen zu Sätzen", wie A. Hörsting betont. In: *Bericht des Präses. Berichtsheft zum Bundestag 2011*, 13.

benden zu *einer* Gemeinde, und zwar ohne Rücksicht auf Geschlecht, Intellekt, Hautfarbe und sozialen Status. Gottes Geist erneuert Menschen und führt sie in seinem Namen zusammen, sendet sie aber auch zu zeugnishaftem Dienst in die Welt.

Weil der geistgewirkte Glaube die neue Existenzweise der Gemeinde ist, zählt er in den FEG gleichsam zu den notae ecclesiae (Kennzeichen der Kirche).[77] Er ist für sie konstitutiv, d.h. für die Existenz der Gemeinde nicht der einzige, wohl aber ein sie „mit zu Stande bringender" Faktor. Darin stimmen sie mit den übrigen VEF-Freikirchen überein.[78]

Weil der Glaube etwas Lebendiges ist, braucht er geistliche Nahrung. Diese empfängt er vornehmlich im Gottesdienst sowie im Gebet und Lesen der Heiligen Schrift. Auch im Alltag helfen sich die Gemeindeglieder gegenseitig auf dem Weg der Nachfolge Jesu Christi. Viele von ihnen treffen sich wöchentlich oder zweiwöchentlich zum Bibelgespräch und gemeinsamen Beten. In der Bibellektüre werden sie durch ein vielfältiges Angebot von Verstehenshilfen unterstützt. All dies soll dazu beitragen, dass der Glaube nicht im Herzen verschlossen bleibt, sondern Hände und Füße bekommt. Der Glaube zeigt sich in verantwortlichem Handeln in Ehe und Familie, in Beruf und Freizeit, in Gesellschaft und Gemeinde. Kriterien ethischen Handelns werden im immer neuen Hören auf Gottes Wort, im Gespräch mit wachen Mitmenschen und vor allem im Gebet gewonnen.

Aus der Unverfügbarkeit des Heiligen Geistes und dem christlichen Liebesgebot ergibt sich folgerichtig, dass niemand zum Glauben gezwungen werden darf. Daraus wiederum ergibt sich das konsequente Eintreten für Religionsfreiheit.[79] Deshalb haben sich auch FEG von Anfang an für eine weitgehende Tren-

---

[77] Also nicht nur die reine Lehre und rechte Sakramentsverwaltung, wie es in CA VII heißt. Vgl. J. Demandt, *Kirchen in Gemeinschaft? – Wachsende Gemeinschaft aller Glaubenden! Anmerkungen aus dem Bund Freier evangelischer Gemeinden zu einer ökumenischen Studie zu Fragen der Ekklesiologie,* in: ThGespr 19 (1995), 15-23, 21 und *Zum Verständnis des Evangeliums. Stellungnahme der Bundesleitung zur Leuenberger Konkordie,* 2009, http://www.feg.de/fileadmin/user_upload/Presse/FeG-Text_2009_Evangelium.pdf.

[78] *Freikirchenhandbuch. Informationen – Anschriften – Texte – Berichte,* Hg. Vereinigung Evangelischer Freikirchen, Wuppertal 2004, 141f.

[79] Vgl. *R. Pahud de Mortanges,* Art. Religionsfreiheit, TRE 28 (1997), 565-574.

nung von Kirche und Staat eingesetzt.[80] Auch wenn aktuell nicht wenige Gemeindeglieder in Sorge sind, dass der christliche Einfluss zunehmend von fremden Religionen zurückgedrängt wird, treten FEG im Rahmen eines freiheitlichen Rechtsstaats für Religionsfreiheit ein. Dabei ist klar, dass dieser Rechtsstaat seine Wurzeln zu einem wesentlichen Teil im christlichen Erbe hat. Will er fortbestehen, muss er seine geistige Nahrung dementsprechend weiterhin auch durch diese Wurzeln beziehen. Folglich muss dem Staat daran gelegen sein, dass christliches Leben nicht behindert, sondern gefördert wird. Das schließt den Respekt vor anderen Religionen und ihrem Beitrag für ein gedeihliches Zusammenleben im Staat nicht aus, sondern ein.

4. Die Taufe[81]

Die Taufpraxis ist im Internationalen Bund FEG nicht einheitlich. Zwar wird überwiegend die so genannte Glaubenstaufe praktiziert, jedoch gibt es eine Reihe von nationalen Bünden, in denen ergänzend auch die Säuglingstaufe möglich ist.[82] Wo es keine Säuglingstaufe gibt, werden Kinder meist in einem besonderen gottesdienstlichen Akt gesegnet bzw. „Gott dargebracht". Dies will keine reduzierte Form von Taufe sein, sondern die Nachahmung der Weise, wie Jesus Kindern begegnet ist (Mk 10,13-16).[83]

---

[80] Dagegen gehört es angeblich zu den Zielen radikaler Evangelikaler in den USA, gerade die Aufhebung dieser Trennung zu betreiben und einen „christlichen" Staat zu errichten.

[81] Vgl. dazu ausführlicher J. Demandt, *Gott und Mensch im Akt der Taufe*, in: W. Klaiber/W. Thönissen (Hg.), *Glaube und Taufe in freikirchlicher und römisch-katholischer Sicht*, Paderborn/Stuttgart 2005, 91-112 und ders., *Die Taufe (freikirchlich)*, in: Chr. Herrmann (Hg.): *Wahrheit und Erfahrung – Themenbuch zur Systematischen Theologie*, Bd. 3, STM 18, Wuppertal 2006, 259-272.

[82] So z.B. in Schweden, USA (ECC) und Frankreich.

[83] Weil ihnen „das Reich Gottes gehört", gehören sie auch zur Gemeinde. Diesen Status können sie nach Erlangung der Religionsmündigkeit und spätestens mit Erreichen der Volljährigkeit aufgeben oder aber durch ein Glaubensbekenntnis und die Taufe bestätigen. Vgl. J. Demandt, *Jungen Menschen eine Brücke bauen. Zum Verhältnis von Glaube, Taufe, Gemeindezugehörigkeit und Abendmahl bei Kindern und Jugendlichen*, in: ThGespr 29 (2005), Beiheft 7, 19-43.

Im deutschen Bund können Glaubende, die als Säuglinge getauft wurden und darin nach ernsthafter Prüfung an der Heiligen Schrift ihre gültige Taufe sehen, ohne Einschränkung Mitglied einer FEG werden. Praktiziert wird jedoch ausschließlich die Glaubenstaufe. Dies entspricht einer theologischen Entwicklung, die die Säuglingstaufe zunehmend kritisch beurteilt, weil diese kein Vorbild im Neuen Testament hat, auch nicht dogmatisch aus ihm abgeleitet werden kann und vielfach eine falsche Sicherheit und eine Immunisierung gegen den Ruf zur Umkehr erzeugt.

Die christliche Taufe soll dann vollzogen werden, wenn die Botschaft von Gottes zuvorkommender Gnade verkündigt, gehört und durch die Wirkung des Heiligen Geistes persönlich angenommen wurde. In der Taufe wird der anfänglich Glaubende zeichenhaft mit seinem ganzen Körper in das Todesgrab und in die Auferstehung Jesu hinein genommen (Röm 6,4). (Die Gültigkeit der Taufe ist jedoch nicht von der Form der Taufe und der Menge des Wassers abhängig.) Dabei ist Gott der primär Handelnde. Deshalb ist die Taufe mehr als nur ein menschlicher Bekenntnisakt. Gott selber vergewissert den Täufling des Heils und fügt ihn der Gemeinde hinzu (Apg 2,21; 1 Kor 12,13). Im Taufgottesdienst wird das dankbar und fröhlich gefeiert. Indem die Gemeinde einen Menschen tauft, übernimmt sie auch die Verantwortung dafür, dass er im Glauben weitergeführt wird, Ermutigung und Korrektur erfährt. Hilfreich kann ein Pate sein, der im Auftrag der Gemeinde den Weg des Getauften in Fürbitte und Gespräch begleitet und die Entfaltung geistlicher Gaben fördert.

5. Das Abendmahl

Nicht zufällig nannten sich die ersten FEG in Deutschland zunächst „Abendmahlsgemeinschaften“. Hier versammelten sich Menschen um den „Tisch des Herrn“, die eine bewusste Hinwendung zu Jesus Christus vollzogen hatten und ihn im Hören auf das Evangelium und im Empfang von Brot und Wein als den gegenwärtigen Herrn erfuhren. So ist es bis heute geblieben, obgleich aus dem anfänglich wöchentlichen Rhythmus inzwischen in den meisten Gemeinden ein monatlicher geworden ist. Weil der Glaube, auch wenn er manchmal sehr schwach sein kann, ebenso wie das verkündigte Wort und die Elemente Brot und Wein für das Abendmahl konstitutiv ist, sollen *nur* Gläubige daran teilnehmen. Zugleich aber soll die Einladung an *alle* Gläubigen ergehen. Von Anfang an hat es in FEG eine ökumenische Offenheit für Christen aus anderen Kirchen gegeben. So wenig wie bei der Gemeindeaufnahme können jedoch die Verantwortlichen beim Abendmahl dem Teilnehmenden ins Herz sehen. Deshalb ist letzten Endes jeder für seine Teilnahme selbst verantwortlich (1 Kor 11,28).

Bei vielen FEG-Mitgliedern trifft man auf ein zwinglianisches, rein symbolisches Abendmahlsverständnis. In der theologischen Ausbildung und in der Lehre der Ortsgemeinden kommt dagegen eher das Verständnis Calvins zur Geltung, wonach der gekreuzigte und auferstandene Jesus Christus geistlich real dort gegenwärtig ist, wo sein Wort verkündigt und Brot und Wein als seine Gaben empfangen werden. Im Mahl verbindet der auferstandene Christus die Glaubenden mit sich selbst und untereinander. Wer – vielleicht in einer Zeit der Stille – vor Gott aufrichtig seine Schuld bekennt, darf (z.B. aus Ps 103,8-13) den Zuspruch der Vergebung hören und in Brot und Wein die bekräftigenden Zeichen der Liebe Gottes schmecken. Die Gemeinde erinnert sich sowohl an das Leiden und Sterben als auch an die Auferstehung ihres Herrn (1 Kor 11,26). In der Mahlfeier haben deshalb ernste Momente ebenso ihren legitimen Platz wie die Freude (Apg 2,46).

6. Der Dienst / das Amt

Für FEG ist es kennzeichnend, dass sie in der pietistischen und erwecklichen Tradition stehen. Das bedeutet beispielsweise, dass das Gemeindeleben von dem in der Reformation des 16. Jh. wieder entdeckten „allgemeinen Priestertums der Gläubigen" geprägt ist. „Jeder Mensch hat durch Christus Zugang zu Gott, so dass es keiner menschlichen Vermittlung bedarf"[84], und soll mit der Gabe dienen, die er empfangen hat (1 Petr 2,9; 4,10). Ein Weihesakrament für ein herausgehobenes Priester-

[84] A. Hörsting, *Bericht des Präses. Berichtsheft zum Bundestag 2011*, 13.

amt und eine Struktur, in der die Einen über die Andern herrschen (Hierarchie), halten die Gemeinden für nicht schriftgemäß; vielmehr verstehen sie die Ämter rein funktional, „sie werden Menschen berufungs-, gaben- und ausbildungsorientiert von der Gesamtgemeinde für eine begrenzte Zeit anvertraut".[85] Das schließt klare Leitungsstrukturen nicht aus, sondern ein. Vor allem in kleinen Gemeinden kann die Gefahr bestehen, dass eine einzelne Leitungspersönlichkeit alle wesentlichen Entscheidungen trifft, ohne die Geistbegabung der übrigen Gemeindeglieder zu berücksichtigen. In größeren Gemeinden besteht die Gefahr, dass Leitungskreise diese Rolle übernehmen und dadurch die Gemeinde entmündigen. Beides verzerrt das neutestamentliche Bild von Gemeinde. Der Geist selbst begabt zu unterschiedlichen Leitungsdiensten, damit die Gemeinde aufgebaut wird. So haben Hirten, Lehrer und Evangelisten ihren festen Platz in der Ortsgemeinde und/oder in einer größeren Region, sodass viele Gemeinden davon profitieren. Auch Älteste (Presbyter) gehören mit ihrer Leitungsaufgabe selbstverständlich zum Bild der Gemeinde. Sie sind Hirten (lat. pastores), die ihren Dienst neben- oder hauptberuflich, mit oder ohne theologische Ausbildung tun. An dieser Stelle ist für FEG eine klare Abgrenzung zum Darbysmus notwendig, der z.B. das Pastorenamt ablehnt. Wo sie nicht erfolgt, sind leidvolle Konsequenzen (oft über viele Jahre) fast unvermeidlich.[86] Durch immer neues Infragestellen des Pastorenamts werden Kräfte gebunden, die an anderer Stelle dringend gebraucht würden.[87]

---

85 M. Iff, *Freie evangelische Gemeinden*, 161.

86 In einer historischen Reminiszenz fragt Claude Baty, ob es weise war, dass der in die Staatskirche zurückgekehrte Gründer der Lyoner Église libre évangélique A. Monod sich weigerte, im Blick auf eine notwendige ekklesiale Strukturierung des anfänglichen Réveil klare Entscheidungen zu treffen. Man dürfe hier auch nicht vergessen, dass der Réveil nicht nur mit staatskirchlicher Kritik konfrontiert, sondern auch den Angriffen des Darbysmus ausgesetzt war, der (nach G.A. Krüger, *Le darbysme étudié à la lumière de la parole de Dieu*, Paris 1877, 25) dem Réveil Schritt für Schritt gefolgt sei und überall Spaltung gesät habe. (C. Baty, *Les Églises Évangéliques Libres*, Valence 1999, 23f.)

87 Damit soll nicht geleugnet werden, dass es auch gemeinsame Anliegen und in der Zusammenarbeit mit offeneren Repräsentanten positive Erfahrungen gibt.

Eine unterschiedliche Sicht gibt es im internationalen Bund bzgl. des Dienstes von Frauen als Älteste und Pastorinnen. Während ein solcher in den Mitgliedsbünden von Schweden, USA (ECC), Frankreichs, der Niederlande und anderer Länder seit längerem möglich ist, hat der deutsche Bund ihm mehrheitlich erst im Jahre 2010 zugestimmt; in anderen Bünden dagegen sind Leitungsdienste weiterhin Männern vorbehalten.

Entsprechend dem oben beschriebenen Dienstverständnis wird der Gottesdienst nicht vom Pastor „beherrscht", wie es in landeskirchlichen Gemeinden häufig der Fall zu sein scheint, sondern von mehreren dafür begabten Gemeindegliedern gestaltet. Gleichwohl soll die Kompetenz des theologisch ausgebildeten Pastors in Verkündigung und Seelsorge zum Tragen kommen. Nicht wenige Pastoren haben ihre Kompetenz durch eine humanwissenschaftliche Zusatzausbildung erweitert, oft wird sie aber auch durch die vielfältigen Begabungen anderer Gemeindeglieder sinnvoll ergänzt.

7. Die Einheit

Im Neuen Testament kann der Begriff ἐκκλησία (ekklesia) nicht nur die Ortsgemeinde, sondern auch die Gesamtheit der Gemeinden in einer Region oder weltweit bezeichnen (z.B. Mt 16,18; Apg 9,31; 1 Kor 15,9; Gal 1,13; Eph 1,22; Phil 3,6). Deshalb ist die Ortsgemeinde zwar im Vollsinn Gemeinde, aber sie ist dies nie für sich allein, sie ist wesensmäßig christliche Gemeinde nur in der Verbundenheit mit allen anderen Gemeinden. In neutestamentlicher Zeit kam dies bereits durch vielfältige, auch Länder- und Kontinentsgrenzen überschreitende Beziehungen zum Ausdruck. Aufgrund des zahlenmäßigen Wachstums und der konfessionellen Zersplitterung der einen Kirche Jesu Christi im Laufe der Jahrhunderte scheint die sichtbare Darstellung ihrer Einheit heute eine fast unlösbare Aufgabe geworden zu sein. Es muss aber Ziel jeder Partikularkirche sein, durch Gebet, persönliche Begegnungen, gemeinsamen Dienst und ernsthafte theologische Gespräche konfessionelle Egoismen abzubauen und die in Christus bereits bestehende Einheit erkennbar zu machen, „damit die Welt glaube" (Joh 17,21). Diesem Ziel dienen auch die nationalen Bünde FEG sowie der Internationale Bund FEG (IFFEC) ebenso wie dies andere Kirchen für sich in Anspruch nehmen. Nach Harding Meyer ist das „*Ziel* der ökumenischen Bewegung [...] die Gemeinschaft aller, die an Christus glauben, die ‚Einheit der Christen'".[88] Weil Christen in aller Regel zu einer Kirche bzw. Gemeinde gehören, bedeutet das Streben nach Einheit der Christen immer auch in irgendeiner Form das Streben nach Einheit der Kirchen. Jedoch muss dieses Streben begleitet sein von der (auch selbst-) kritischen Frage, inwiefern die aktuell existierende Kirche im neutestamentlichen Sinne eine Gemeinschaft von Glaubenden ist. Es geht hier also keineswegs um den Gegensatz von „reiner" und „unreiner" Gemeinde, sondern um den Unterschied zwischen einer Gemeinschaft derer, die als Sünder immer wieder Vergebung durch die Gnade Gottes empfangen, einerseits und derer, die diesen Glauben nicht teilen, andererseits. Nur Ersteres qualifiziert eine Gemeinschaft als Kirche. „Einheit der Kirche ist also eine Sache des christlichen Glaubens und Bekennens."[89] Deshalb darf niemand für den Glauben und die volle Gliedschaft in einer Kirche vereinnahmt werden, der den Grundüberzeugungen der Kirche nicht aus freien Stücken zustimmt.[90]

Die IFFEC erläutert ihr englisches Adjektiv „evangelical" dahingehend, dass Glaube, Lehre und Lebensweise von der biblischen Botschaft bestimmt sein sollen (was dem deutschen Wort „evangelisch" entspricht). Einzige Voraussetzung der Gemeindemitgliedschaft ist der persönliche Glaube an Jesus Christus, in Gehorsam gegenüber dem Wort und Willen Gottes.[91] Dieses Selbstverständnis ist offen für ökumenische Partnerschaft, weil es für die Gemeinschaft keine unbiblischen Hürden errichtet. Bereits in der Vergangenheit hat der Bund FEG mit anderen Kirchen zusammengearbeitet, wo es um gemeinsame Anliegen ging. Dies kann in Zukunft sicher noch intensiviert wer-

---

[88] H. Meyer, *Ökumenische Zielvorstellungen*, Bensheimer Hefte 78, Göttingen 1996, 13.
[89] Ebd., 18.
[90] Auch aus diesem Grunde lehnen die meisten FEG die Praxis der Säuglingstaufe ab.
[91] „They are evangelical inas much as their faith, doctrine and conduct are guided by the message of the Bible. Personal faith in Jesus Christ, in obedience to the Word and the Will of God, is the only condition of membership in his Church."
(Präambel der IFFEC-Verfassung; http://www.iffec.org/constitution.)

den, denn oftmals erweisen sich die Gemeinsamkeiten im Vergleich zu den Unterschieden als bedeutsamer.[92] Dies dürfte auch in dem Faktum begründet sein, dass die Verkündiger in FEG von Anfang an sich nicht nur gegen theologische Fehlentwicklungen in den Großkirchen abgegrenzt, sondern auch sehr oft positive Einflüsse aus diesem Bereich selbstverständlich dankbar aufgenommen haben.[93] Aufs Ganze gesehen wird dies auch auf die anderen nationalen Bünde zutreffen.

Unter Hinweis auf die unterschiedliche Akzentuierung von Evangelisation und sozialer Verantwortung auf der ÖRK-Konferenz in Melbourne und der Konferenz der Lausanner Bewegung in Pattaya (beide 1980) stellt der slowakische FEG-Theologe Ludovit Fazekas fest: „Es entstand eine unheilvolle Polarisierung zwischen den ‚ökumenischen' und evangelikalen Kirchen."[94] In den letzten Jahrzehnten scheint die Schnittmenge gemeinsamer Interessen zwischen ÖRK und WEA größer geworden zu sein.[94a]

Das Streben nach geistlicher Einheit ist nicht nur auf internationaler und nationaler Ebene, sondern auch innerhalb der eigenen Denomination von großer Bedeutung. Deshalb darf der Bund FEG nicht lediglich als ein Zweckverband zur Erledigung übergemeindlicher Aufgaben gesehen werden, vielmehr ist er *eine* legitime Gestalt des Leibes Christi neben anderen.[95] Er versteht sich als eine „geistliche Lebens- und Dienstgemein-

---

[92] Nach persönlicher Auskunft von W. Persson (Schweden) verfährt die SMK nach dem Grundsatz, dass bei ökumenischen Zusammenschlüssen ihrer Kirche mit anderen die neue Gemeinschaft nicht enger sein darf als die bisherige, dass jedoch das gegenseitige Vertrauen so stark bleiben muss, dass man in der neuen Gemeinschaft mit offener Freiheit leben kann.

[93] Im deutschsprachigen Raum u.a. durch Literatur von A. Schlatter, E. Brunner, K. Barth, O. Weber, A. Köberle, H. Thielicke, M. Hengel und P. Stuhlmacher.

[94] L. Fazekas, *Versöhnung unter den Völkern.* Manuskript eines Referats auf der IFFEC-Konferenz in Prag (Tschechische Republik), Sept. 2000, 11f.

[94a] Ein eindrucksvoller Beleg dafür ist das Dokument „Das christliche Zeugnis in einer multireligiösen Welt" („Christian Witness in a Multi-Religious World"), am 28.6.2011 veröffentlicht von einer gemeinsamen Kommission des Päpstlichen Rats für den Interreligiösen Dialog, des ÖRK und der WEA. http://www.oikoumene.org/de/dokumentation/documents.html.

[95] In der Absicht, die grundsätzliche Unmöglichkeit einer „überkonfessionellen" oder gar konfessionslosen Gemeinde zu verdeutlichen, habe ich in einem früheren Artikel den Bund FEG als eine eigene Konfession bezeichnet. (*Mehr frei als evangelisch? Eine kritische Besinnung zum Selbstver-*

schaft“[96] selbstständiger Ortsgemeinden. Die „Erbauung der Gemeinde überschreitet [...] die Grenze der einzelnen Ortsgemeinde“.[97] Aufgrund ihrer wesensmäßigen Verbundenheit untereinander kann grundsätzlich nicht von völliger Unabhängigkeit (Independenz) der selbstständigen Ortsgemeinden gesprochen werden.[98] Andernfalls gerieten sie gleichermaßen mit ihrer Zugehörigkeit zu einem Gemeindebund wie auch zur weltweiten Christusgemeinde in einen Selbstwiderspruch.

8. Die Hoffnung auf Vollendung

Entsprechend der allgemeinchristlichen Überzeugung (Apostolicum, 3. Art.) und verstärkt durch die pietistisch-erweckliche Tradition gehört in FEG die Erwartung des wiederkommenden Herrn Jesus Christus zum Kern der Glaubenslehre. Gleichwohl ist einzuräumen, dass das Bewusstsein dafür in den letzten Jahrzehnten deutlich nachgelassen hat. Dies dürfte seine Ursache einerseits in einem wachsenden materiellen Wohlstand haben, der leicht dazu führt, dass man sich in der jetzigen Welt endgültig einrichtet. Andererseits dürfte es auch damit zusammenhängen, dass in manchen Gemeinden zeitweise durch Literatur und Vortragsveranstaltungen ein Gedankengut Einfluss gewann, in welchem aufgrund eines verengten Bibelverständnisses mehr oder weniger genaue „Endzeitfahrpläne“ entwickelt wurden. Als sich manche Erwartungen offenkundig als Fehleinschätzungen erwiesen, von den Autoren jedoch nicht als solche zugegeben und korrigiert wurden, ging das Interesse vieler

---

ständnis der Freien evangelischen Gemeinden, in: Der Gärtner 48 u. 49/1979, 756f. und 772f. Sachlich angemessener erscheint es jedoch, die FEG der evangelischen Konfessionsfamilie zuzurechnen, innerhalb derer sie eine eigene Denomination kongregationaler Ausprägung darstellen.

96 So die Präambel der Bundesverfassung.

97 W. Haubeck, *Zum Verständnis der Gemeinde bei Paulus,* 23.

98 So versteht sich z.B. die ECC (USA) dezidiert als „congregational, but not independent“. (Siehe u. 173). Vgl. G. Hörster, *Die Gemeindelehre des Apostels Paulus,* in: Der Gärtner 48/1973, 947. – H. Weyel spricht von einem „qualifizierten Independentismus“ und gleichzeitig von einer „Komplementarität der Ortsgemeinde“ (in diesem Band o. 34), was sich m.E. ausschließt. Gleichwohl freue ich mich über eine erkennbare Annäherung der Sichtweisen.

Gemeindeglieder an eschatologischen Themen zurück. Genauer gesagt: Die Hoffnung auf Gottes Zukunft für Mensch und Welt verkümmerte. Das eingetretene Defizit bedarf dringend der Aufarbeitung durch eine theologisch verantwortliche Lehre. Diese kann hier nicht im Einzelnen entfaltet werden. Doch steht in ihrem Mittelpunkt das endgültige Offenbarwerden des gekreuzigten und auferstandenen Jesus Christus in Herrlichkeit und die Heraufführung seiner neuen Welt. Die zukünftige Herrlichkeit kann nicht durch enthusiastische Erfahrungen vorweggenommen werden; in seiner Gnade und Souveränität schenkt Gott hier und da auch außergewöhnliche Hilfe wie z.B. Krankenheilungen. Diese sind jedoch lediglich den Glauben begleitende Vorzeichen des kommenden Reiches Gottes.

Die Hoffnung auf Vollendung durch Gottes richtendes und zurechtbringendes Handeln in der Zukunft gibt dem Leben der Christen in der Gegenwart eine Richtung und einen Sinn: Gott sammelt uns unter sein stärkendes Wort und sendet uns in seine immer noch geliebte Welt (Joh 3,16). Aber er bürdet uns nicht die Last einer letzten Verantwortung auf, denn die trägt er selbst. Gefragt ist nicht nervöser Aktivismus, noch weniger ein faules Starren auf den Tag X, sondern in der Liebe tätiger Glaube (Gal 5,6). Bis Christus kommt, sollen wir das Evangelium verkündigen und uns in seinem Geiste für mehr Gerechtigkeit einsetzen.

9. Die Heilige Schrift

Mit den Kirchen der Reformation anerkennen FEG die Heilige Schrift Alten und Neuen Testaments als Wort Gottes und alleinige Richtschnur für Lehre und Leben. Die meisten FEG-Theologen dürften Adolf Schlatters Bekenntnis zur geschichtlichen Entstehung der Heiligen Schrift zustimmen. Gott hat menschliche und darum begrenzt erkenntnisfähige Zeugen in seinen Dienst genommen, um uns sein Wort mitzuteilen. Weil Unfehlbarkeit allein das Merkmal Gottes ist, überträgt es sich nicht auf Menschen und ihre literarischen Erzeugnisse.[99] Dennoch ist die Bibel ein einzigartiges Gnadenmittel, weil „sie uns zu Gott beruft".[100] Das „innere Zeugnis des Heiligen Geistes"

---

[99] A. Schlatter, *Das christliche Dogma*, Stuttgart ²1923, 375.
[100] Ebd., 376.

(Calvin[101]) bringt es fertig, Menschen von der Wahrheit des Evangeliums zu überzeugen, das uns in der Heiligen Schrift überliefert ist (vgl. Joh 16,13). Genau genommen glauben auch Christen in FEG nicht an die Bibel, sondern an Gott, und zwar aufgrund der Bibel. Gott bedient sich ihrer in hervorragender Weise, um sich Menschen gegenüber zu offenbaren. Im eigentlichen Sinne „biblisch" ist nicht eine Verkündigung oder Verhaltensweise, die sich auf einzelne Bibelworte beziehen und solche zitieren kann, sondern die dem Gesamtzeugnis der Bibel entspricht. Wer als Christ beispielsweise unter Berufung auf das 3. Buch Mose (Levitikus) eine Opferpraxis einführen wollte, müsste sich durch das Neue Testament (z.B. Hebr 10,1-18) sagen lassen, dass eine solche durch Christus überholt ist.

Hinsichtlich des praktischen Bibelgebrauchs gibt es in FEG ein breites Spektrum, in welchem das Verständnis einmal von Enge, ein andermal von Weite gekennzeichnet sein kann. Überwiegend jedoch bemüht man sich um eine an den Einsichten der Reformation orientierte Schriftauslegung. Prinzip der Auslegung soll sein, „was Christum treibet" (Luther), d.h. was den geschichtlichen und erhöhten Christus als die „Mitte der Schrift" begreift und durch den Heiligen Geist auch als gestaltende Kraft in die Mitte des persönlichen, gemeindlichen und gesellschaftlichen Lebens stellt. Der in Jesus Christus wirksamen gnädigen Zuwendung Gottes zum Sünder sind alle anderen Glaubensinhalte zu- bzw. unterzuordnen. Dementsprechend sind in zweitrangigen Fragen unterschiedliche Erkenntnisse möglich.[102] Freilich muss immer wieder neu im Hören auf die Heilige Schrift Einverständnis darüber erzielt werden, wo die Grenze zwischen erst- und zweitrangigen Fragen verläuft. Dazu ist es nötig, dass „die Auslegungsgemeinschaft sich bei den biblischen Überliefungen an den Kriterien Christusgemäßheit, Schriftgemäßheit und Zeitgemäßheit orientiert".[103]

---

[101] Vgl. Calvin, *Inst.* I.7.4.

[102] Was die ECC betont, dürfte auch für die anderen IFFEC-Bünde gelten: „In that heritage, we share certain central beliefs, which draw us together in faith and fellowship and make possible a freedom among us on more widely ranging issues." http://www.covchurch.org/who-we-are/beliefs.

[103] M. Iff, *Freie evangelische Gemeinden,* 162.

C. DIE GEOGRAPHISCHE VERBREITUNG FREIER EVANGELISCHER GEMEINDEN

Reinhard Henkel

Wenn man die geographische Verbreitung eines wie immer gearteten Phänomens auf der Erde beschreibt und untersucht, so kann das in zweierlei Hinsicht geschehen: Zum einen als Prozess der Ausbreitung: Von einem oder mehreren Ausgangsorten ausgehend, taucht das Phänomen an anderen Orten auf, an denen es vorher nicht vorhanden war, bis es schließlich vielleicht bestimmte Regionen dominiert. Der andere Aspekt ist die Verbreitung im statischen Sinne, also sozusagen die Momentaufnahme in einem bestimmten Stadium des Ausbreitungsprozesses. Beide Aspekte sind in der Weise miteinander verbunden, dass die heutige Verbreitung sozusagen das Ergebnis des Ausbreitungsprozesses ist.

In der Geographie werden solche Prozesse und deren Ergebnisse seit der grundlegenden Arbeit von Torsten Hägerstrand[104] im Rahmen der räumlichen Innovations- und Diffusionsforschung untersucht. Auch neue religiöse Bewegungen und neue Kirchen und Gemeinden entstehen und entfalten sich an bestimmten Orten und in bestimmten Räumen. Sie breiten sich aus in einige Gebiete, in andere hingegen nicht. In ersteren finden sie Bedingungen und geistige, geistliche, politische, ökonomische und soziale Strukturen vor, die für eine Akzeptanz der Bewegung günstig sind, in den anderen nicht.[105]

Ich werde mich hier zunächst mit dem Verbreitungsprozess und dann mit seinem Ergebnis befassen. Dabei gehe ich methodisch so vor, dass ich die nationalen Gemeindebünde in die

[104] T. Hägerstrand, *Innovationsförloppet ur korologisk synpunkt*, Lund 1953.

[105] So wurden z. B. die Ausbreitung der Reformation im 16. Jh. in Südwestdeutschland und die der christlichen Missionen in Sambia im 19. und 20. Jh. als solche Prozesse untersucht: M. Hannemann, *The Diffusion of the Reformation in Southwestern Germany 1518-1534*, Chicago 1975 und R. Henkel, *Christian missions in Africa. A social geographical study of the impact of their activities in Zambia*, Berlin 1989.

Betrachtung einbeziehe, die zur IFFEC[106] gehören. Diese Methode ist nicht unproblematisch, da die FEG (noch) weniger als andere konfessionelle Weltbünde eine einheitliche theologische und kirchenorganisatorische Gestalt haben. Sie sind je nach historischem und kulturell-nationalem Umfeld stark geprägt und eng verbunden mit reformierten, lutherischen, presbyterianischen, kongregationalistischen und baptistischen Gemeinden und Gemeindebünden und gehören teilweise auch solchen Bünden an.

1. Die Entstehung in Europa

Die FEG können nicht wie manche anderen Konfessionen eine Jahreszahl und einen Ort angeben, an dem diese Konfession „gegründet" wurde und sich von dort ausbreitete. Jedoch sind die ersten Gemeinden in der Schweiz zu finden (Genf 1817, Bern 1829)[107]. Die FEG und ihre Schwesterbünde sind zum größten Teil in Ländern Europas entstanden. Hier (und in den USA) liegt bis heute auch das Hauptverbreitungsgebiet. Dem trägt die Auswahl der Beiträge in diesem Band Rechnung. Im Vergleich zu anderen konfessionellen Bünden sind FEG in vielen europäischen Staaten allerdings nicht vertreten. Auffällig ist zum Beispiel, dass kein Gemeindebund in Großbritannien zur IFFEC gehört, obwohl der „Initiator" der ersten FEG weltweit in Genf aus Schottland kam. Dies ist darauf zurückzuführen, dass sich die große Mehrzahl der Gemeinden der Kongregationalistischen Kirche von England und Wales, mit denen die FEG in anderen europäischen Ländern theologische Ähnlichkeiten hatten, 1972 mit der Presbyterianischen Kirche von England zur Vereinigten Reformierten Kirche (United Reformed Church) zusammen schloss. Heute gibt es seitens der IFFEC noch Kontakte zur britischen Fellowship of Independent Evangelical Churches, einer Gemeindegruppe, die diese Kirchenunion nicht mitvollzog.

---

[106] Vgl. http://www.iffec.org .

[107] H. Lenhard, *Die Einheit der Kinder Gottes. Der Weg H.H. Grafes (1818-1869) zwischen Brüderbewegung und Baptisten*, Witten/Wuppertal 1977, 20f.

Auch in vielen Ländern Osteuropas existieren keine Bünde von FEG, die Mitglieder in der IFFEC sind. In Russland entstanden Ende des 19. Jh. im Zuge einer Erweckungsbewegung Gemeinden, die sich 1908 zum Allrussischen Bund der Evangeliumschristen zusammenschlossen.[108] Die Bewegung wurde sehr stark geprägt von *Ivan Stepanovič Prochanov* (1869-1935). Dieser hatte Kontakte zu deutschen und schwedischen FEG, arbeitete aber auch mit dem russischen Baptistenbund zusammen. Der Bund der Evangeliumschristen, dessen langjähriger Leiter Prochanov war, hatte 1928 eine Million Glieder, genauso viele wie der Baptistenbund, mit dem er 1944 von Stalin unter Zwang zusammengeschlossen wurde.[109] Prochanov gründete 1928 auch einen internationalen Bund der Evangeliumschristen, zu dem Gemeinden in Osteuropa und in den USA gehörten.[110] Dieser kann als Vorläufer der IFFEC gesehen werden.

2. Globale Ausbreitung durch Außenmission

FEG sind von ihrem Anfang an missionarisch ausgerichtet, was an den Namen der skandinavischen Gemeindebünde besonders deutlich wird. Mission wurde zunächst im jeweiligen Heimatland und in anderen europäischen Ländern betrieben. Durch die europäische Expansion im 19. Jh., die in der Erlangung von Kolonien in Afrika, Asien und Ozeanien resultierte, hatte die Missionsbewegung die Möglichkeit, Missionare in diese Kontinente zu senden. Die Schwedische Allianzmission etwa weist auf ihrer Website darauf hin, dass durch ihre außenmissionarische Arbeit eigenständige Gemeinden in acht Ländern gegründet wurden.[111]

Eine prägende Gründerperson für die Außenmission einiger nationaler Bünde von FEG war der sehr umstrittene *Frederik*

[108] W. Persson, *Freiheit*, 116ff, 140ff.
[109] W. Kahle, *Evangeliumschristen*, ELThG, Bd. 1, Wuppertal/Zürich 1992, 581.
[110] Kahle, ebd.
[111] http://www.alliansmissionen.se/web/In_English.aspx, 3.5.2011.

Franson (1852-1908).[112] Der Sohn schwedischer Einwanderer in die USA war nicht nur ein erfolgreicher Evangelist, sondern hatte die US-amerikanischen und auf seinen Reisen in Europa auch die schwedischen und norwegischen FEG zur Außenmission inspiriert. In Deutschland regte er die Gründung der Deutschen China-Allianz-Mission an (1889), die der China-Inlandmission Hudson Taylors assoziiert war. Nachdem 1952 alle westlichen Missionare China verlassen mussten, begann die nun Allianz-Mission genannte Missionsgesellschaft der deutschen FEG Missionsarbeiten in Brasilien und Japan, später auch auf den Philippinen und in Mali. In Brasilien entstand 1964 daraus ein eigener Bund FEG, der heute IFFEC-Mitglied ist.[113] Zu den Gemeindebünden, die ebenfalls durch die Missionsarbeit von FEG gegründet wurden und heute Mitglieder im Weltbund sind, zählen die Hindustani Covenant Church (Indien, Schwedische Missionskirche) und Hong Kong (Norwegische Mission). Auch die Confraternidad de Iglesias del Pacto Evangélico (CIPE, Bruderschaft der FEG) in Lateinamerika, zu der Gemeinden in Argentinien, Chile, Ecuador, Kolumbien, Mexico und Uruguay gehören, ist überwiegend durch die Missionsarbeit der US-amerikanischen ECC entstanden.

Aus manchen Missionsarbeiten sind FEG-Gemeindebünde entstanden, die aber (bisher) nicht Mitglieder der IFFEC geworden sind.[114] Dies trifft z.B. zu auf die Thailand Covenant Church und Taiwan Covenant Church sowie die Evangelical Covenant Church of Kenya, die alle durch Missionare der ECC (USA) gegründet wurden. In der Demokratischen Republik Kongo wurden Kirchen von den amerikanischen IFFEC-Mitgliedskirchen gegründet, darunter die Communauté des Eglises Evangéliques de Ubangi et Moanga (CEUM) mit ca. 200.000 Mitgliedern (ECC). Die Communauté Evangélique du Congo (D.R. Kongo) und die Eglise Evangélique du Congo (Republik Kongo) gehen auf die Arbeit der schwedischen und

---

112 Hierzu Persson, *Freiheit*, 250ff und D. Heinz, *Frederick Franson*, in BBKL (http://www.bautz.de/bbkl/f/franson_f.shtml, 28.4.2011).

113 Persson, a.a.O., 345f.

114 Mitteilung von Präses A. Hörsting vom Bund FEG, dem ehemaligen Leiter der AM, vom 24.1.2011.

norwegischen Missionen zurück. Die letztgenannte Kirche ist die mit Abstand größte protestantische Kirche ihres Landes (mehr als 200.000 Mitglieder). Die Evangelical Free Church of the Philippines entstand durch die Bemühungen von Missionaren der EFCA. Später war hier auch die deutsche AM beteiligt. Die Arbeit der AM hat auch zur Entstehung der Union des Eglises Protestantes au Mali geführt. In Japan gibt es vier Bünde FEG, die durch die Arbeit von schwedischen, US-amerikanischen (ECC und EFCA) und deutschen Missionaren aus FEG entstanden sind. Sie bilden eine Föderation, die aber ebenfalls nicht Mitglied in der IFFEC ist.[115]

Nicht alle Gemeinden und Gemeindebünde, die durch Missionsarbeiten von FEG und Covenant churches entstanden, sind heute auch in dieser Konfessionsfamilie organisiert. Da die FEG immer sehr kongregational strukturiert waren und keine so ausgeprägte konfessionelle Identität haben wie etwa die Lutheraner, die Methodisten oder die Baptisten, schließen sich manche aus der Mission entstandene Gemeinden anderen Kirchen oder Gemeindebünden an.[116] Dies trifft zum Beispiel auf den Gemeindebund in Nepal zu, der auf die Arbeit der finnischen Mission zurück geht. In Tansania arbeiten die Missionare der deutschen AM innerhalb der Africa Inland Church.

Andererseits sind auch einige nationale Bünde Mitglied in der IFFEC, die nicht aus der Missionsarbeit einer mit einer FEG verbundenen Missionsgesellschaft entstanden sind. Ein Beispiel ist die Eglise Evangélique Libre de Nouvelle Calédonie et des Îles Loyauté in Neukaledonien, einem französischen Außengebiet im Pazifik. Sie ist entstanden aus der Arbeit der kongregationalistischen London Missionary Society, die bereits im 19. Jh. hier wirkte, und der reformiert geprägten Pariser Missionsgesellschaft. Heute ist diese Kirche mit etwa 40.000 Mitgliedern die größte evangelische Kirche dieses Territoriums. Außer

[115] Persson, a.a.O., 248f.

[116] Selbst manche ältere europäische Gemeindebünde sind Mitglieder nicht nur der IFFEC, sondern auch anderer internationaler konfessioneller Bünde, so z.B. des Reformierten Weltbundes (Schwedische Missionskirche, Tschechien, Bulgarien) oder des Baptistischen Weltbundes (Estland).

in der IFFEC ist sie auch Mitglied im Reformierten Weltbund. Andere Beispiele für IFFEC-Mitgliedskirchen, die durch Missionsarbeiten anderer Gesellschaften entstanden sind, sind die Evangelical Free Church of India und die Evangelical Church of Maraland (ebenfalls in Indien).

3. Statistik der weltweiten Verbreitung

Wie bereits gesehen, sind nicht alle nationalen Kirchen, die man zur „Konfession" der FEG rechnen kann, in der IFFEC vertreten. Zu dieser gehören (nach deren letzter Vollkonferenz 2010 in Spanien) 32 Kirchen bzw. Gemeindebünde in 30 Ländern. Tabelle 1[117] zeigt, dass mehr als die Hälfte der vertretenen Länder in Europa liegen. In Belgien (flämisch – wallonisch), Finnland (finnisch – schwedisch) und der Schweiz (deutsch – französisch) sind jeweils zwei Bünde entstanden, die unterschiedliche Sprachen verwenden. Aus Afrika ist kein Gemeindebund vertreten. In Europa sind 41 %, in Nordamerika 50 % der weltweit etwa 5600 Gemeinden zu finden. Von den weltweit insgesamt etwa 640.000 Mitgliedern befinden sich 27 % in Europa und 45 % in Nordamerika. 27 % leben im „Rest der Welt", also überwiegend in Asien und Lateinamerika. Hier zeigt sich, dass die durchschnittliche Gemeindegröße in den Ländern des globalen Südens deutlich größer ist als in Europa. In Neukaledonien liegt sie bei 412, in Indien bei fast 200. Dagegen haben die Gemeinden in Europa durchschnittlich zwischen 50 und 100 Mitglieder.

In den allermeisten Fällen sind die FEG im nationalen Kontext sehr kleine Kirchen. Ihr Anteil an der jeweiligen Gesamtbevölkerung beträgt meist weniger als 1 Promille. Eine große Ausnahme bildet hier, wie oben erwähnt, Neukaledonien, das allerdings mit seinen lediglich 246.000 Einwohnern selbst eine

[117] Bei den Mitgliedern werden in der Regel nur Erwachsene gezählt. Aufgrund der unterschiedlichen Taufauffassungen in den verschiedenen nationalen Bünden von FEG ist dies aber nicht einheitlich der Fall. Manchmal werden Kinder, Freunde und Besucher in den Zahlen ebenfalls erfasst.

kleine politische Einheit darstellt. Hier gehören 16 % der Bevölkerung zu FEG. Eine relativ große zahlenmäßige Bedeutung haben FEG in der Kirchenlandschaft in Skandinavien. In Schweden stellt die SMK mit ihren 60.000 Mitgliedern (mit Kindern und Besuchern bis zu 130.000) 0,65 % der Bevölkerung und ist damit die zweitgrößte Kirche des Landes nach der alles dominierenden lutherischen Kirche, die bis zum Jahr 2000 Staatskirche war. Auch in Estland und Finnland haben die FEG eine relativ große zahlenmäßige Bedeutung, während in den USA, wo zwar absolut gesehen die beiden größten Gemeindebünde zu finden sind, ihre relative Bedeutung in der sehr vielfältigen kirchlichen Landschaft aber gering ist.

Außer den in Tab. 1 und den oben genannten Bünden FEG, die nicht in der IFFEC vertreten sind, gibt es weitere Arbeiten, Kontakte und Partnerschaften zu Kirchen in Australien, Burkina Faso, China, Costa Rica, Dominikanische Republik, Elfenbeinküste, Ghana, Grönland, Guyana, Indonesien, Italien, Kosovo, Kambodscha, Kamerun, Litauen, Malaysia, Mazedonien, Moldawien, Mongolei, Nicaragua, Österreich (Bund Freier evangelikaler Gemeinden), Papua Neuguinea, Peru, Portugal, Pakistan, Palästina, Rumänien, Russland, Türkei, Ukraine, Ungarn, Vietnam, Zentralafrikanische Republik und Zentralasien.[118]

Tabelle 1: Mitgliedsbünde in der IFFEC 2010[119] (eigene Zusammenstellung auf der Grundlage von Persson, *In Freiheit und Einheit,* der Webpages der IFFEC und ihrer Mitgliedsbünde sowie einer Mitteilung von Präses Ansgar Hörsting vom 24.1.2011)

[118] Mitteilung von Präses A. Hörsting vom 24.1.2011.

[119] Die Confraternidad de Iglesias del Pacto Evangélico ist in Argentinien, Chile, Ecuador, Kolumbien, Mexiko und Uruguay vertreten.

	Anzahl der Gemeinden	Mitglieder	Anteil an Bevölkerung (Promille)
Belgien (2 Bünde)	53	3.000	0,3
Brasilien	44	3.200	0,02
Bulgarien	38	3.700	0,5
Dänemark	24	2.100	0,4
Deutschland	450	38.500	0,5
Estland	83	6.000	4,5
Finnland (2 Bünde)	119	15.660	3,0
Frankreich	50	6.000	0,1
Griechenland	60	3.000	0,3
Hongkong	11	1.500	0,2
Indien (3 Bünde)	484	94.000	0,08
Kanada	140	9.100	0,3
CIPE*	236	27.212	–
Neukaledonien	97	40.000	162
Niederlande	37	5.689	0,35
Norwegen	100	9.100	1,9
Polen (2 Bünde)	64	3.700	0,1
Schweden (2 Bünde)	870	73.500	8,0
Schweiz (2 Bünde)	134	12.500	1,6
Slowakei	16	2.135	0,4
Spanien	69	4.818	0,1
Tschechien	74	10.000	0,96
USA (2 Bünde)	2680	282.540	1,58
Venezuela	70	8.000	0,3

* Confraternidad de Iglesias del Pacto Evangelico, vertreten in Argentinien, Chile, Ecuador, Kolumbien, Mexiko und Uruguay

Die IFFEC ist im Vergleich zu den anderen konfessionellen Weltbünden eine kleine Organisation. Während ihr (mit Kindern und Freunden) etwa eine Million Menschen zugerechnet werden können, zählen zum Beispiel zum Lutherischen und Baptistischen Weltbund, zum Weltrat Methodistischer Kirchen oder zur Weltgemeinschaft Reformierter Kirchen jeweils zwischen 50 und 100 Millionen Menschen. Die letzten drei haben Mitgliedskirchen in jeweils mehr als 100 Ländern. In all diesen, wie auch in der Römisch-Katholischen und der Anglikanischen Kirche, bilden die Menschen im globalen Süden mittlerweile die deutliche Mehrheit. Dies trifft für die IFFEC, auch wegen des kongregationalen Selbstverständnisses (das sie allerdings etwa mit den Baptisten teilt) und ihres im Vergleich zu den anderen konfessionellen Weltbünden schwachen Organisationsgrades nicht zu. Zählte man allerdings alle Kirchen dazu, die im weiteren Sinne zur Konfessionsfamilie der FEG gehören, so wäre dies wohl auch für sie der Fall.

Nicht nur weltweit sind FEG, wie auch andere Kirchen, geographisch ungleich verteilt. Dies gilt auch für die geographische Verbreitung der zu einem nationalen Bund gehörenden Gemeinden. Im Folgenden wird dies und die Gründe dafür am Beispiel zweier Bünde, der deutschen FEG und der US-amerikanischen EFCA dargestellt. Ähnliches wie für diese Kirchen kann man auch für andere Gemeindebünde beobachten. So haben die SMK und die Schwedische Allianzmission ihre „Hochburg“ um Jönköping, erstere auch in den Provinzen Västra Götaland.[120] In Finnland hatte die Erweckungsbewegung des 19. Jh., aus der heraus die FEG entstanden, ebenfalls bestimmte räumliche Schwerpunkte.[121]

---

[120] B. Gustafsson, *Svensk kyrkogeografi. Med samfundsbeskribning*, Lund 1971, 42ff, vgl. auch G. Fur, *„Frikyrklighet“ och socialgeografiska regioner i Småland*, Svensk Geografisk Årsbok, 1952, 58-64.

[121] Vgl. A. Haavio, *Zur Soziologie der evangelischen Bewegung in Finnland*, Temenos, 1, 1965, 31-54.

4. Die räumliche Verbreitung zweier Gemeindebünde in Deutschland und in den USA

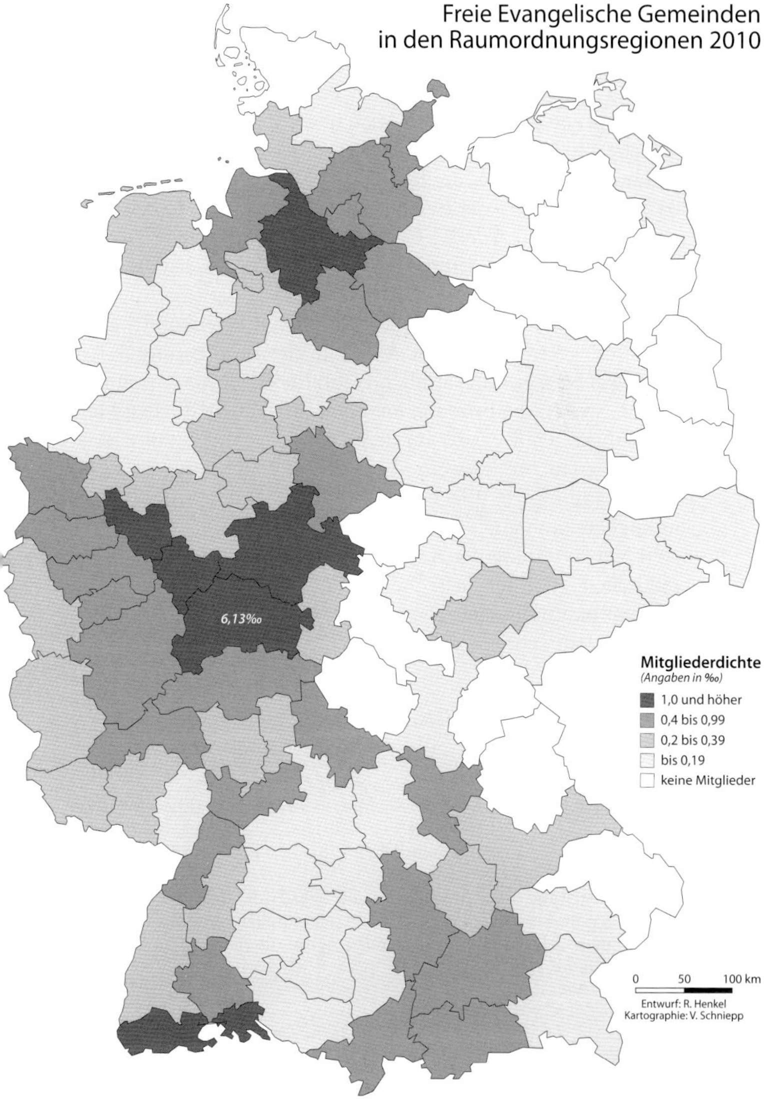

Die FEG in Deutschland weisen wie alle Kirchen ein räumliches Verbreitungsmuster auf, das durch ihre Geschichte bestimmt ist. Die Entwicklung bis 1995 wurde bereits andernorts dargestellt.[122] Herausragendes Kennzeichen war in den frühen Jahrzehnten eine sehr starke räumliche Konzentration auf den südwestfälisch-mittelhessischen Raum, in denen weitere Gemeinden nach der Gründung der ersten Gemeinde 1854 in Wuppertal entstanden waren. Auch heute stellt dieser Raum die deutsche Hochburg des Gemeindebundes dar. In den Raumordnungsregionen[123] Mittelhessen und Siegen, in denen im Jahr 2010 lediglich 1,8% der Bevölkerung Deutschlands lebten, finden sich alleine 20% der FEG-Mitglieder bundesweit (Karte 1). Hier stellen die FEG-Mitglieder immerhin 0,61% bzw. 0,37% der jeweiligen Gesamtbevölkerung. Besonders stark sind die Gemeinden in den ehemaligen Landkreisen Biedenkopf[124] und Dillenburg vertreten, wo ihr Anteil an der Bevölkerung 3,7% bzw. 2,4% beträgt. Eine ähnliche räumliche Konzentration wie die FEG weisen die Brüdergemeinden (bzw. „Christlichen Versammlungen") auf,[125] was auf deren teilweise gemeinsame Entstehungsgeschichte hinweist. Eine zweite Hochburg der FEG bildet Hamburg.[126] Wie bei den meisten anderen deutschen Freikirchen kann auch für die FEG gesagt werden: „Die regionalen Schwerpunkte der Anfangs- und Frühzeit der jeweiligen Freikirchen scheinen sehr beständig zu sein. Die heutigen Hauptverbreitungsgebiete sind auch diejenigen der Anfangsjahre und -jahrzehnte."[127] Sehr schwach vertreten sind die FEG

---

[122] R. Henkel, *Atlas der Kirchen und der anderen Religionsgemeinschaften in Deutschland – eine Religionsgeographie*, Stuttgart 2001, 151ff.

[123] Zur Raumgliederung des Bundesgebiets in 96 Raumordnungsregionen, die von der Größenordnung zwischen den Kreisen und den Bundesländern liegen und die auch die räumlichen Einheiten für Karte 1 darstellen, siehe Henkel, *Atlas*, 32ff.

[124] Die Entstehung und Ausbreitung der FEG, der Christlichen Versammlungen und der Landeskirchlichen Gemeinschaften im Altkreis Biedenkopf, dem „Hessischen Hinterland", wurde untersucht von G. Lehmann, *Der Wind bläst, wo er will*, Wuppertal 1974.

[125] Henkel, *Atlas*, 197ff.

[126] Vgl. ebd., 152.

[127] R. Henkel, *Die freikirchliche Landschaft in Deutschland. Untersuchungen über die räumliche Verteilung der Freikirchen*, in: FF 9 (1999), 214-263, 261.

in Ostdeutschland. Hier existieren lediglich (einschließlich Berlin) 38 meist kleine Gemeinden mit insgesamt 1400 Mitgliedern.

Fragt man nach den Gründen für dieses Verbreitungsmuster der FEG, so ist darauf hinzuweisen, dass sie wie etwa die methodistischen Gemeinden, die Brüdergemeinden und viele landeskirchliche Gemeinschaften aus der neupietistischen Erweckungsbewegung des 19. Jh. heraus entstanden sind. Diese konnten gut in kleinbäuerlich-industriellen Mischgebieten Fuß fassen, die im Zuge der Industrialisierung vorher ländlicher Räume einem rapiden Wechsel ausgesetzt waren. Zu diesen Gebieten gehören das Bergische Land, das Siegerland, der Lahn-Dill-Raum, Württemberg und der Raum Erzgebirge-Vogtland.[128] Die ersten drei sind Hochburgen der FEG. Hier waren viele Menschen durch die massiven Veränderungen in den Lebensbedingungen verunsichert und offener für das Evangelium. Es ist auffallend, dass östlich des Hessischen Hinterlandes, in Richtung Marburg, das Auftreten von FEG abrupt abbricht. Diese Grenze ist identisch mit der zwischen dem industrialisierten Gebiet und einem Raum, in dem die Landwirtschaft weiter wirtschaftliche Hauptgrundlage blieb und wo demzufolge kein großer Umbruch erfolgte. Auch die politischen Grenzen, die ja in Deutschland (bis heute) weitgehend durch das frühneuzeitliche Prinzip des „cuius regio, eius religio" (Augsburger Religionsfriede 1555) mit den Konfessionsgrenzen einhergehen, spielen eine Rolle: Während die FEG wie gesehen im Siegerland stark vertreten sind, konnte im nordwestlich benachbarten ganz überwiegend katholischen Kreis Olpe bis vor kurzem keine Gemeinde gegründet werden. Wie die anderen Freikirchen konnten sich auch die FEG viel leichter in den evangelischen Gebieten etablieren als in den katholischen.

Im Unterschied zu einigen anderen Freikirchen in Deutschland können die FEG in den letzten Jahrzehnten ein Mitgliederwachstum aufweisen[129] (Tab. 2). War das Wachstum bis in

---

[128] Ders., *Religions- oder Kirchengeographie – Anmerkungen zu einem bisher wenig beachteten Fach*, in: Zeitschrift für Theologie und Gemeinde, 5 (2000), 161-176, 167.

[129] Zum Vergleich: Dem BEFG, der dem BFEG in vielem ähnlich ist, gehörten 1955 noch 97.926 Mitglieder in 527 Gemeinden, 2009 nur noch 83.285 Mitglieder in 690 Gemeinden an.

die 1970er Jahre hinein noch verhalten, so wurde es danach deutlich schneller. Insgesamt haben sich sowohl die Zahl der Gemeinden als auch die der Mitglieder von 1955 bis 2010 fast verdoppelt. Ein Grund für dieses Wachstum ist, dass die Inlandmission des Bundes gezielte Bemühungen unternahm, in bisher „FEG-freien“ Räumen Gemeinden zu gründen, insbesondere in Großstädten.[130] 1975 gab es FEG lediglich in 36 Großstädten.[131] Diese Zahl hat sich bis 2010 auf 72 verdoppelt. In nur noch zehn deutschen Großstädten sind heute keine FEG zu finden.

Tabelle 2: Wachstum der Freien Evangelischen Gemeinden in Deutschland (1955 und 1975: Bundesrepublik und DDR) nach dem Zweiten Weltkrieg

	Anzahl der Gemeinden	Mitgliederzahl
1955	255	20.905
1975	276	21.430
1995	366	30.277
2010	463	39.100

(Quelle: Angaben der Bundesgeschäftsstelle in Witten)

Dieses Wachstum weist ebenfalls ein spezielles Raummuster auf: Vor allem im süddeutschen Raum sind viele neue Gemeinden entstanden. In den beiden Ländern Baden-Württemberg und Bayern existierten 1975 zusammen lediglich neun Gemeinden mit 838 Mitgliedern, 2010 waren es bereits 93 Gemeinden mit 7.611 Mitgliedern. In Deutschland sind heute nur noch 14 der 96 Raumordnungsregionen „FEG-frei“. Neun von ihnen liegen in Ostdeutschland, vier in Bayern. Trotz dieses generellen Wachstumstrends sank aber im betrachteten Zeitraum auch in einigen Regionen die Mitgliederzahl.[132] Dies trifft auf die beiden größten Städte Deutschlands, Berlin und Hamburg, zu, wobei Berlin nie eine FEG-Hochburg war. Auch im Ruhr-

[130] Henkel, *Atlas*, 155.
[131] Städte mit heute über 100.000 Einwohnern.
[132] Vgl. Henkel, *Freikirchliche Landschaft*, 257ff.

gebiet nahm die Präsenz der FEG im Zeitraum 1955 bis 2010 sowohl absolut als auch relativ ab. In den Neuen Bundesländern, in denen die FEG (im Unterschied etwa zu den anderen beiden klassischen Freikirchen, den Baptisten und den Methodisten) ebenfalls nie stark vertreten waren, sind allerdings die Versuche, durch Gemeindeneugründungen Fuß zu fassen, auch (noch) nicht von einem großen Erfolg gekrönt worden.[133]

Evangelical Free Church of America in den US-Bundesstaaten 2000

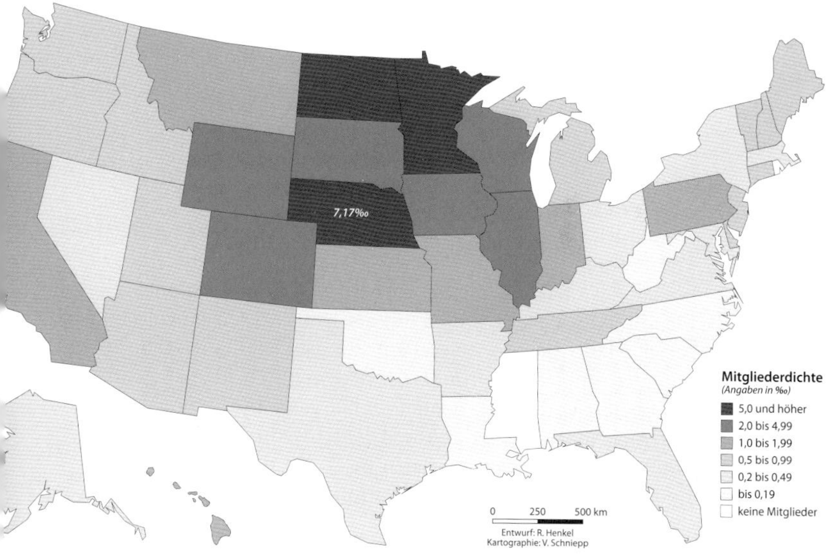

Die EFCA ist zwar global gesehen mit 162.000 Mitgliedern und insgesamt 358.000 Kindern, Freunden und regelmäßigen Besuchern der mitgliederstärkste Gemeindebund in der IFFEC. Unter den sehr zahlreichen und vielfältigen Denominationen in den USA sind sie jedoch eine verhältnismäßig kleine. Alleine

[133] Vgl. S. Schröder, *Konfessionslose erreichen. Gemeindegründungen von freikirchlichen Initiativen seit der Wende 1989 in Ostdeutschland*, Neukirchen-Vluyn 2007.

25 Denominationen haben mehr als eine Million Mitglieder.[134] Im Historischen Religionsatlas von Gaustad und Barlow, dem Standardwerk über die US-amerikanischen Religionen und Kirchen,[135] sucht man die beiden Bünde FEG vergeblich. Die räumliche Verteilung der Mitglieder in den 1480 Gemeinden der EFCA[136] (Karte 2) lässt eine deutliche Konzentration im oberen Mittelwesten erkennen. Die höchste Dichte (Mitglieder pro Einwohner) ist im Staat Nebraska zu registrieren. Hier gehören 12.270 Menschen, d.h. 0,7% der 1,8 Mio. Einwohner des Staates, zur EFCA. Danach weisen die Staaten North und South Dakota, Minnesota, Iowa und Wisconsin die höchsten Werte auf. Eine ähnliche Verteilung ist auch bei der ECC zu beobachten.[137] In diesem Raum gibt es einige Counties, in denen der Anteil der EFCA-Mitglieder über 5 % der Bevölkerung beträgt. Im gesamten Osten, Süden und Westen der USA ist die Kirche deutlich weniger stark vertreten. In den Staaten Mississippi und Rhode Island ist keine einzige EFCA-Gemeinde vorhanden. Fragt man nach den Gründen für diese räumliche Verbreitung, so ist mit Marty[138] darauf hinzuweisen, das Ethnizität das „Skelett" der US-amerikanischen Religionen und Denominationen ist: Die schwedischen und (zu einem geringeren Maße die norwegischen) Einwanderer, die diese Gemeinden im 19. Jh. gründeten, siedelten sich überwiegend in den oberen Mittelwest-Staaten an. Die genannte Region ist auch diejenige, in der heute der Anteil der schwedischstämmigen Personen in den USA am höchsten ist.[139] Auf den entscheidenden Zusammenhang zwischen Migrationsherkunft und Kirchenzu-

---

[134] http://hirr.hartsem.edu/research/fastfacts/fast_facts.html#largest, 2.5.2011.

[135] E.S. Gaustad & Ph.L. Barlow, *New Historical Atlas of Religion in America*, New York 2001.

[136] Die hier verwendeten Daten sind allesamt der umfangreichsten und sehr komfortabel aufgearbeiteten Zusammenstellung religionsstatistischer Fakten, den Association of Religion Data Archives (ARDA, http://www.thearda.com/Denoms/D_1438.asp, 3.5.2011) an der Pennsylvania State University, entnommen.

[137] http://www.thearda.com/Denoms/D_1368_d.asp, 3.5.2011

[138] M.E. Marty, *Ethnicity: The skeleton of religion in America*, Church History, 41(1), 1972, 5-21.

[139] http://en.wikipedia.org/wiki/Swedish_American#cite_note-15.

gehörigkeit wird auch, mit Karten und konkreten Zahlen, in der klassischen religionsgeographischen Studie von Zelinsky[140] hingewiesen. Dieser sondert eine Upper Middle Western Religious Region aus, in der die lutherischen Kirchen, zu der der überwiegende Teil der eingewanderten Schweden gehörte, und teilweise die Katholiken dominieren.[141] Aber auch in diesen Mittelwest-Staaten sind die FEG nur eine kleine Minderheit. Die dominierenden Denominationen sind hier neben den Katholiken die Evangelisch-lutherische Kirche von Amerika, die Lutherische Missouri-Synode und die United Methodists. Die EFCA rangiert meist auf den Plätzen zehn bis 13. Die Kirche versucht, Gemeinden auch in Regionen zu gründen, in denen sie bisher nicht oder schwach vertreten ist.[142] Die wichtigste dieser Regionen ist der South East District der Kirche, der die Staaten Louisana, Mississippi, Alabama, Georgia, Florida, North und South Carolina, Kentucky und Tennessee umschließt, also der so genannte Bible Belt, in dem die meisten Menschen zu baptistischen Gemeinden gehören. Hier finden sich nur 66 EFCA-Gemeinden. Der Bible Belt ist aber in den Augen der Kirche durchaus eine „zu missionierende" Region, was auf der Website wie folgt begründet wird: „Join us in the Southeast because there is much to do and no state has over a 23% church attendance of its population and most states have a lot less church attendance. The days of the Bible Belt are declining. Individuals now say we are Baptist or raised Baptist but not practicing. That says a lot, doesn't it? Besides, religious people need Jesus!"[143]

---

[140] W. Zelinsky, *An approach to the religious geography of the United States pattern of church membership in 1952*, Annals of the Association of American Geographers 51(2), 1961, 139-193.
[141] Zelinsky , a.a.O., 164, 193.
[142] http://www.plantingchurches.com/app, 3.5.2011.
[143] Ebd.

D. HEUTIGE SITUATION IN 17 NATIONALEN FEG-BÜNDEN

EUROPA

Der Bund Freier Evangelischer Gemeinden in Deutschland

Johannes Demandt

1. Historische Entwicklung und rechtliche Situation

Siehe dazu Beitrag von Hartmut Weyel in diesem Band.[144]

2. Mission und Evangelisation

Ebenso wie in anderen Freikirchen ist im Bund FEG die Überzeugung zu Hause, dass Gemeindeaufbau nicht durch natürliche Fortpflanzung geschieht, sondern durch das Wirken Gottes in der Verkündigung des Evangeliums von Jesus Christus. Mission ist eine Urfunktion der Kirche, sie hat ihren Grund und ihr Vorbild in der Sendung des Sohnes Jesus Christus durch den Vater im Heiligen Geist. Dem suchen die Gemeinden auf verschiedene Art und Weise zu entsprechen. Im Gottesdienst wird die Ortsgemeinde befähigt, auf Gottes Wort zu hören und ihn zu loben, dann aber wiederum sich in die Alltagswelt senden zu lassen, um Zeuge des gekreuzigten und auferstandenen Jesus Christus zu sein. In den letzten Jahrzehnten wurde das Missionsverständnis des Bundes durch den Lausanner Kongress für Weltevangelisation (1974) wesentlich beeinflusst. Zwar kann die begriffliche Unterscheidung je nach Kontext nicht immer durchgehalten werden, doch umfasst „Mission" seither deutlicher als zuvor sowohl das Wortzeugnis als auch das Tatzeugnis, Evangelisation und Diakonie bzw. soziales Handeln.

---

144 O. 14-35. Vgl. auch J. Demandt, *Wandel eines freikirchlichen Gemeindeverständnisses,* 87-122.

Die worthafte Bezeugung des Evangeliums geschieht in den regelmäßigen, zum Teil altersspezifischen Veranstaltungen der Gemeinde, jedoch auch in den Begegnungen am Arbeitsplatz, in Nachbarschaft und Familie. Gelegentlich werden Vorträge zu aktuellen Themen angeboten und mit einer Einladung zum Glauben verbunden. Häufig geschieht dies auch im Rahmen einer zeitlich überschaubaren Veranstaltungsreihe, in der die Grundlagen des christlichen Glaubens vermittelt werden (z.B. in „Alpha-Kursen“).

Die diakonische Bezeugung des Evangeliums geschieht oft im Stillen: Alte und kranke Menschen werden besucht und gepflegt, Trauernde werden getröstet, Menschen in akuter materieller Notlage erfahren Hilfe durch Privatinitiative oder einen Sozialfonds. Im besten Sinne diakonisch ist eine Gemeinde dadurch, dass sie in ihrer Zusammensetzung das ganze soziale Spektrum der Gesellschaft widerspiegelt und sich nach Kräften für die Unterstützung und womöglich Integration der Schwächeren und Bedürftigen einsetzt. Das gelingt noch längst nicht überall, doch sind vielerorts hoffnungsvolle Aufbrüche zu beobachten.

Die missionarische Arbeit vor Ort wird auf Bundesebene durch besondere Arbeitszweige ergänzt. Über viele Jahre gab es eine eigene Zeltmission, mit der in den Sommermonaten Evangelisationen durchgeführt wurden. Weil sie mit hohen Kosten verbunden war und die Nachfrage seitens der Gemeinden in den letzten Jahren stark gesunken war, wurde sie 2010 eingestellt. Ein Referent für Evangelisation, unterstützt durch einen Arbeitskreis, bietet den Gemeinden seine Hilfe in der Planung und Durchführung evangelistischer Aktionen an.

Professionelle Hilfe an kranken und alten Menschen leisten die Diakonischen Werke „Bethanien“ in Solingen und „Elim“ in Hamburg. Die Auslandshilfe des Bundes hat mit einer Vielzahl von Hilfsgütertransporten nach Ost- und Südosteuropa dazu beigetragen, dass materielle Not gelindert werden konnte.

Die Allianz-Mission ist die Auslandsmission des Bundes. Sie arbeitete zunächst vorwiegend in Japan und Brasilien, heute zusätzlich in Mali, Tansania, Sri Lanka, Kambodscha, Vietnam, den Philippinen, Russland, Tadschikistan und einigen europäischen Ländern. Derzeit werden über 120 Langzeitmissionare und ca. 30 Kurzzeitmissionare in 21 Ländern unterstützt.

3. Mitgliederentwicklung[145]

1960 gehörten zum Bund FEG 248 Gemeinden mit 21.492 Mitgliedern. Sie konzentrierten sich im Wesentlichen auf Gebiete in Nordrhein-Westfalen, Hessen und Hamburg. Seit ca. 1970 kam es zu einem deutlichen Anstieg von Gemeindegründungen, besonders im süddeutschen Raum. Im Herbst 2010 hatte der Bund in 463 Gemeinden ca. 39.100 Mitglieder; hinzukommen als regelmäßige Besucher ca. 20.000 Kinder, Jugendliche und Freunde.

Mehr als 400 Pastoren und Pastorinnen sowie über 60 Gemeindereferenten und -referentinnen sind als Angestellte des Bundes oder einer Gemeinde tätig.

Das erfreuliche Wachstum des Bundes resultiert zum Teil aus dem Zugewinn von Menschen, die in Kindergottesdienst, Jungschar- und Jugendgruppen mit dem Evangelium bekannt wurden, zu einem nicht geringen Teil jedoch auch aus Christen, die aus unterschiedlichen Gründen ihre bisherige Gemeinde einer anderen Denomination verlassen haben und eine neue geistliche Heimat suchen (Transferwachstum). Dieser Sachverhalt stellt häufig auch vor das Problem, dass die neuen Gemeindeglieder eine konfessionelle Prägung mitbringen, die nicht immer leicht mit einer FEG-Identität vereinbar ist. Dass mit dem zahlenmäßigen Wachstum des Bundes allerdings keine entsprechende Steigerung der freiwilligen finanziellen Beiträge einhergeht,[146] stellt eine – auch geistliche – Problematik dar. Der Verzicht auf die Erhebung von Kirchensteuer ist gut begründet und hat sich bewährt, er erfordert jedoch eine gerechte Verteilung der finanziellen Lasten des Bundes auf *alle* Gemeinden. Wenn in diesem Abschnitt die Statistik wichtig ist, darf ehrlicherweise nicht verschwiegen werden, dass in den letzten Jahren manche Gemeinden auch Mitglieder verloren haben und einzelne ihre Arbeit sogar ganz einstellen mussten.

Mit unterschiedlicher Intensität versuchen der Bund und die Gemeinden, Kräfte in die Neugründung von Gemeinden zu investieren. Dabei sind besonders Regionen im Blick, in denen es bisher noch wenige oder gar keine Freikirchen gibt.

---

145 Vgl. *Sterbende und wachsende Gemeinden*, ThGespr 26 (2002), Beiheft 4.

146 Mitteilung des Bundesgeschäftsführers Klaus Kanwischer auf dem Bundestag in Dietzhölztal am 18.9.2010.

4. Gottesdienst, Liedgut, Liturgie

Zentrale Veranstaltung jeder FEG ist der Gottesdienst, der meist von der schlichten evangelisch-reformierten Tradition geprägt ist. In seinem Mittelpunkt steht die *Predigt,*[147] alle anderen liturgischen Elemente sind ihr mehr oder weniger zugeordnet. In den meisten Gemeinden wird vom Verkündiger erwartet, dass er seine auf einen biblischen Text oder ein biblisches Thema bezogene Predigt sorgfältig vorbereitet und lebendig vorträgt. In ihr soll die Situation der Hörer ernst genommen und der seelsorgliche Zuspruch des Evangeliums laut werden, ohne dass der ethische Anspruch fehlt. Angeregt durch die Praxis US-amerikanischer Gemeinden werden in jüngerer Zeit mancherorts gelegentlich kleinere *Theaterstücke* vorgetragen, die zur Predigt hinführen. Wenn die Darsteller begabt sind und der Inhalt mit dem Prediger gut abgestimmt ist, werden diese als hilfreiche Ergänzung empfunden.

In einem Gebet nach der Predigt wird in irgendeiner Form auf diese geantwortet und werden verschiedene Anliegen fürbittend vor Gott gebracht. Häufig, aber nicht immer wird dieses Gebet mit dem gemeinsam gesprochenen *Vaterunser* abgeschlossen.

Rückläufig ist die früher weit verbreitete Gewohnheit einer offenen *Gebetsgemeinschaft* innerhalb des Gottesdienstes, in der sich einige Teilnehmer in frei formulierten oder fest geprägten Worten an Gott wenden. Die Gründe dafür dürften nicht nur in der abnehmenden Akzeptanz sich wiederholender Gebetsfloskeln liegen, sondern auch in einer zunehmenden Scheu vor dem öffentlich vorgetragenen persönlichen Gebet.

Wurden die Gottesdienste über viele Jahrzehnte hin wesentlich durch *Lieder* wie diejenigen von Paul Gerhardt, Hermann Heinrich Grafe, Philipp Friedrich Hiller, Martin Luther, Philipp Spitta, Gerhard Tersteegen sowie durch (oft von Ernst Geb-

---

[147] Neuere Ansätze der Emerging-Church-Bewegung wollen dem Bedürfnis postmoderner Menschen dadurch Rechnung tragen, dass stärker gemeinschaftsfördernde Elemente den Gottesdienst prägen. Diese können m.E. eine willkommene Ergänzung sein, die zentrale Bedeutung einer guten Predigt jedoch nur zum Schaden der Gemeinde in Frage stellen. Vgl. A. Härtner, *Neue Ausdrucksformen von Gemeinde als Herausforderung,* in: W. Haubeck/W. Heinrichs, Gemeinde der Zukunft, 64ff.

hardt übersetzte) Erweckungslieder aus dem Englischen geprägt, so kam es im 20. Jh. dazu, dass sie durch Lieder des überwiegend freikirchlich orientierten Christlichen Sängerbundes ergänzt und zum Teil ersetzt wurden. Im derzeit sowohl im Bund FEG als auch im Bund EFG in Gebrauch befindlichen Liederbuch „Feiern und Loben" findet sich auch neueres Liedgut u.a. von Günter Balders, Albert Frey, Gerhard Schnitter, Manfred Siebald und Peter Strauch. Gleichwohl ist zu beobachten, dass sich – vor allem in jüngeren Gemeinden – ein dramatischer Umbruch und Verlust vollzieht: Lieder, die älter sind als ca. 20 Jahre (!), darunter auch krisenbewährte Lieder wie „Befiehl du deine Wege", „Wer nur den lieben Gott lässt walten" oder „Die Nacht ist vorgedrungen", werden fast nicht mehr gesungen und geraten in Vergessenheit. Stattdessen werden neue Lieder mit deutschem oder englischem Text gesungen, die häufig aus „charismatischen" Kreisen stammen. Manche von ihnen stellen eine wertvolle Ergänzung des Liedguts dar, andere werden aufgrund mangelhafter sprachlicher und musikalischer Qualität vermutlich kaum über einen längeren Zeitraum in Gebrauch sein. Ihren besonderen Platz haben diese Lieder meist in einer so genannten Zeit des „Lobpreises", in der mehrere Lieder nacheinander gesungen und vom „Lobpreisleiter" teils mit erklärenden Worten verbunden werden. Als hilfreich erweist sich, wenn sich alle Generationen und Befürworter verschiedener Stilrichtungen immer wieder über ihre wechselseitigen Erwartungen verständigen und sich in der Gottesdienstgestaltung mit einer guten Mischung des Liedguts entgegenkommen. Gelegentlich, z.B. im Rahmen eines Taufgottesdienstes, berichten Einzelne von *persönlichen Glaubenserfahrungen*; dies wird meist als willkommene Bereicherung und Ermutigung erlebt.

Die in der Regel monatliche Feier des *Abendmahls* (auch Herrnmahl genannt) ist entweder integrativer Bestandteil des Gottesdienstes oder geht ihm voraus bzw. folgt auf ihn. Sie ist prinzipiell offen für Alle, die in einer persönlichen Glaubensbeziehung zu Jesus Christus leben, auch wenn sie zu einer anderen Kirche gehören.

Einen Schwerpunkt bildet in den meisten Gemeinden die Arbeit mit Kindern. In der Regel findet parallel zum sonntäglichen Erwachsenen-Gottesdienst auch ein Kindergottesdienst – häufig in mehreren Altersgruppen – statt, in dem das Evangelium altersgemäß vermittelt wird.

5. Verhältnis zur Kultur

Im Verhältnis zur Einwohnerzahl Deutschlands stellen die FEG nur eine kleine Minderheit dar. Die Einflussnahme auf die Kultur des Landes ist relativ schwach entwickelt, zum einen, weil die personellen Ressourcen sehr gering sind, zum andern aber auch aufgrund eines eher schwachen Bewusstseins der Gemeinden und ihrer Glieder für eine kulturelle Mitverantwortung. Jedoch darf nicht unterschätzt werden, dass die Gemeinden mit ihren vielfältigen Arbeitszweigen und Veranstaltungen einen wichtigen, elementaren Beitrag zur Bildung von Kindern, Jugendlichen und Erwachsenen leisten. Einzelne Künstler, darunter Musiker, haben gesellschaftliche Anerkennung gefunden.

Schon immer waren FEG im Verhältnis zur Kultur nicht nur Gebende, sondern – vielleicht mehr noch – auch Empfangende. Beispielsweise haben Musik, Literatur und moderne Medien einen größeren Einfluss auf den persönlichen Glauben als Vielen bewusst ist; und dies durchaus nicht nur im negativen, sondern auch im positiven Sinne.

6. Verhältnis zur Gesellschaft

Hinsichtlich einer offiziellen Positionierung in politischen Fragen üben FEG im Allgemeinen eine gewisse Zurückhaltung. Diese versteht sich zum Teil als Reaktion auf eine als unangemessen empfundene „Politisierung" der Kirche, wie sie mit der Studentenrevolte von 1968 einherging, zum Teil ist sie aber auch grundsätzlicher Natur. Das Wort Jesu, sein Reich sei „nicht von dieser Welt" (Joh 18,36) wurde oft so verstanden, als seien die politischen Dinge zweit- und drittrangig. Jedoch hat die allmähliche Rezeption der „Lausanner Verpflichtung" von 1974 (bes. Art. 5) und des „Manifests von Manila" von 1989 (bes. Art. 4)[148] dazu beigetragen, dass der Blick für jegliche Ausbeu-

[148] Vgl. H. Marquardt/U. Parzany, *Evangelisation mit Leidenschaft*, Neukirchen 1990, 322. 336f. Ein ähnlicher Impuls ist auch vom Folgekongress in Kapstadt 2010 ausgegangen. Vgl. R. Hille, *Kapstadt 2010 – Perspektiven eines beeindruckenden Kongresses*, in: Mitteilungen, Anregungen und Berichte aus dem Arbeitskreis für evangelikale Theologie, 17/1, Juni 2011, 2-6.

tung von Menschen geschärft und der Einsatz für Gerechtigkeit zunehmend als integraler Bestandteil christlichen Handelns verstanden wird. Zu aktuellen politischen Fragen erfolgen gelegentlich Stellungnahmen der Bundesleitung, manchmal verweist sie auf solche der VEF oder der DEA, in deren Gremien Mitglieder aus FEG traditionell vertreten sind.

Seit Einführung der Bundeswehr im Jahre 1955 gab es in FEG Befürworter und Kritiker dieser Institution. Nicht wenige junge Männer haben von dem im Grundgesetz garantierten Recht Gebrauch gemacht, den Kriegsdienst zu verweigern. In den letzten Jahrzehnten wurden sowohl Wehrdienst- als auch Zivildienstleistende von einem jeweils dafür vom Bund FEG Beauftragten betreut. Eine Arbeitsgruppe des Rheinischen Kreises FEG hat 2005 ein Papier verabschiedet, das die christliche Verantwortung für den Frieden beschreibt.[149]

In sexualethischer Hinsicht vertritt der Bund FEG weitestgehend die Überzeugung, dass das biblische Modell der heterosexuellen, lebenslänglichen Ehe maßgeblich ist. Initiativen, die jungen Menschen dazu Mut machen, werden gefördert. In den vergangenen Jahren ist jedoch deutlich geworden, dass in einem viel grundsätzlicheren Sinne an der Beziehungsfähigkeit aller Generationen gearbeitet werden muss, wenn Gemeinde und Gesellschaft fortbestehen sollen.

Seit 1999 besteht ein „Gesprächskreis für soziale Fragen", der in unregelmäßigen Abständen Gesprächsimpulse zur sozialen Verantwortung herausgibt.[150]

7. Ökumenische Situation[151]

Der Bund FEG ist Gründungsmitglied der *Vereinigung Evangelischer Freikirchen* (VEF, 1926). Weil die gemeinsamen Grundüberzeugungen stark ausgeprägt sind (u.a. das Bekenntnis zu Jesus Christus, zur Bibel als alleiniger Richtschnur in allen

[149] „Zur Friedensverantwortung der Freien evangelischen Gemeinden", www.feg-bruehl.de.

[150] www.feg.de.

[151] Vgl. J. Demandt, *Einheit in Jesus Christus. Das Verhältnis Freier evangelischer Gemeinden zu anderen Christen, Gemeinden und Kirchen,* in: MdKI 51, 2000, 3-7.

Lebens- und Lehrfragen, der persönliche Glaube der Mitglieder, der Auftrag zur Mission und die Hoffnung auf den wiederkommenden Herrn), erkennen sich die VEF-Mitglieder gegenseitig als Kirchen an und pflegen sie auf verschiedenen Arbeitsebenen vielfältige Beziehungen.[152] Innerhalb der VEF bestehen besonders enge Beziehungen zum Bund Evangelisch-Freikirchlicher Gemeinden und zur Evangelisch-methodistischen Kirche; in den letzten Jahren wurden jedoch auch die Kontakte zum Mülheimer Verband Freikirchlich-Evangelischer Gemeinden und zum Bund Freikirchlicher Pfingstgemeinden verstärkt.

Da die *Deutsche Evangelische Allianz (DEA)* sich nicht als Bund von Kirchen, sondern von Brüdern und Schwestern versteht, kann es hier keine korporative Mitgliedschaft des Bundes FEG geben. Jedoch wird es in den örtlichen, regionalen und nationalen Gremien der DEA gern gesehen, dass Delegierte aus den sie unterstützenden Denominationen vertreten sind. Faktisch sind die Beziehungen auf Allianzbasis deshalb ökumenischer Natur, allerdings auf den evangelischen Bereich beschränkt. Seit jeher beteiligen sich Glieder von FEG – auch leitend – an den Aufgaben der DEA. Aufgrund ihrer in mancher Hinsicht integrativen Position (z.B. in der Tauffrage) fällt es ihnen relativ leicht, Brücken über die konfessionellen Gräben zu schlagen und in diesem Sinne ökumenisch zu wirken. Auf diese Weise tragen sie dazu bei, vor allem das missionarische Anliegen wach zu halten. Dies geschieht auch im Rahmen der auf den internationalen Kongress für Evangelisation von 1974 zurückgehenden „Lausanner Bewegung" („Koalition für Evangelisation in Deutschland").

Obwohl es bei der Entstehung der *Arbeitsgemeinschaft Christlicher Kirchen* in Deutschland (ACK) zunächst nach einer Vollmitgliedschaft des Bundes FEG aussah, gehört er ihr seit ihrer offiziellen Gründung nur als Gastmitglied an.[153] In den Jahren

---

[152] *Freikirchenhandbuch,* 141f.

[153] Der damalige Bundesvorsteher (Präses) Karl Glebe brachte sich sehr konstruktiv in die ACK-Arbeit ein. Vgl. K.H. Voigt, *Das erste und älteste Gastmitglied in der ACK. Zum Weg der Entscheidungsfindung im Bund FEG.* Eine Kopie des bisher unveröffentlichten Manuskripts befindet sich im Zentralarchiv der EmK in Reutlingen. Vgl. auch H. Weyel, in diesem Band o. 32.

des Bestehens der DDR war der dortige Bund FEG Vollmitglied der AGCK,[154] und auch heute bestehen innerhalb des Bundes einige regionale und lokale Vollmitgliedschaften. Hier und da anzutreffende Vorbehalte gegenüber einem stärkeren ökumenischen Engagement haben ihren Grund meist in der Sorge, man könne durch Mehrheitsbeschlüsse in Gremien für inakzeptable volkskirchliche Positionen vereinnahmt werden und dadurch sein eigenes freikirchliches Profil einbüßen. Auch lasse sich die Einheit des Leibes Christi nicht durch einen Zusammenschluss mit Volkskirchen als corpora permixta darstellen, in welchen Glaubende wie Nichtglaubende unterschiedslos kirchliche Entscheidungen mitbestimmen können. Wenn in FEG insgesamt dennoch eine zunehmende ökumenische Offenheit festzustellen ist, so hat dies mehrere Gründe. Dazu gehört die Erfahrung, dass in den ökumenischen Gremien niemand gegen seine Überzeugungen zu gemeinsamem Handeln genötigt wird. Sodann auch die Erfahrung beglückender gemeinsamer Gottesdienste und persönlicher Begegnungen, in denen die theologischen Gemeinsamkeiten mit anderen Kirchen von größerem Gewicht sind als die Differenzen.[155] Und schließlich wird immer deutlicher, dass in einer Zeit zunehmender Säkularisierung das Christus-Zeugnis in der Öffentlichkeit nur dann wahrgenommen wird, wenn es gemeinsam und überzeugend gelebt wird.

---

[154] So das Kürzel der Arbeitsgemeinschaft Christlicher Kirchen in der DDR.

[155] Solche bestehen freilich fort. So wird z.B. der Anspruch der Römisch-katholischen Kirche, *allein* Kirche im eigentlichen Sinne zu sein, von FEG zurückgewiesen. Auch wesentliche Elemente des Amts- und Eucharistieverständnisses sowie der Mariologie werden aus biblischen Gründen kritisiert. In der Christologie und Teilbereichen der Ethik gibt es hingegen große Gemeinsamkeiten.

Union des Églises Évangéliques Libres de France

Die Union Freier Evangelischer Gemeinden von Frankreich

Mireille Boissonnat[156]

1. Historische Entwicklung und rechtliche Situation[157]

1.1 Ein doppeltes Erbe: die Reformation und die Erweckungsbewegung

Innerhalb des französischen Protestantismus geht die Besonderheit der Union des Églises évangéliques libres (UEEL) aus einem doppelten Erbe hervor, auf dem ihre Identität seit ihrer Gründung im Jahre 1849 beruht. Zunächst sind sie Erben der Reformation des 16. Jh., welche die Autorität der Heiligen Schrift wieder zu Ehren gebracht und das Heil durch den Glauben an Jesus Christus proklamiert hatte. Aber nach der Erfahrung der Religionskriege, der Widerrufung des Edikts von Nantes und den Verfolgungen des 18. Jh. war der französische Protestantismus zu Beginn des 19. Jh. todkrank. Gewiss, die französische Revolution hatte den Protestanten die Freiheit des Gottesdienstes gebracht, jedoch war der Protestantismus mehr von der Philosophie der Aufklärung gekennzeichnet als vom Evangelium, seine Verkündigung war moralisierend. Andererseits hatte der Protestantismus (ebenso wie der Katholizismus und die jüdische Religion) 1802 einen offiziellen Status erhalten, gesetzlich verankert in einem von Napoleon aufgezwungenen Konkordat. Dieses hob in der Tat das autoritäre Zusammenspiel von Gemeinden und Synoden auf. Die Pastoren wurden (wie die Priester und Rabbiner) zu Funktionären und mussten der Regierung Treue schwören.

---

156 Übersetzung aus dem Französischen von Johannes Demandt.
157 Vgl. C. Baty, *Les Églises Évangéliques Libres*, Valence 1999.

In jener Zeit, seit den Jahren 1815-1818, manifestierte sich eine lehrmäßige und geistliche Erneuerung: der „Réveil“ (die Erweckungsbewegung). Er hat seine Wurzeln einerseits in den Genfer Erbauungsversammlungen, andererseits in den dortigen Bibelstunden, die von dem Schotten *Robert Haldane* für Theologiestudenten organisiert wurden. Der Réveil bekräftigte die großen evangelischen Wahrheiten, die von der Reformation ans Licht befördert worden waren: die Göttlichkeit Christi, die Inspiration der Heiligen Schrift und Heil durch den Glauben an das Erlösungswerk Christi. Er betonte besonders die Notwendigkeit eines persönlichen Glaubens. Außerdem kämpfte eine Strömung des Réveil für die Trennung von Kirche und Staat, es entstanden unabhängige Gemeinschaften, die Gemeinden von Bekennenden sein wollten, sie lebten am Rande dessen, was das Konkordat erlaubte. All dies rief inmitten des Protestantismus eine lang anhaltende Polemik hervor, die erst mit der Verkündung des Gesetzes über die religiöse Neutralität des Staates („laïcité“) von 1905 zur Ruhe kam. Dieses Brodeln – ein Bild des romantischen Jahrhunderts, in welchem er sich vorwärts bewegte, – gab dem Protestantismus sein Leben zurück, bewirkte jedoch im Endeffekt seine Zersplitterung!

Ende 1848 fand eine Generalversammlung des Protestantismus statt. Sie debattierte im Wesentlichen über die Notwendigkeit einer Lehrbasis für die protestantische Kirche. Eine Minderheit von Pastoren, darunter Frédéric Monod, trat dafür ein, dass die Lehre der Kirche ein Glaubensbekenntnis zur Grundlage haben müsse, jedoch folgte ihnen die Generalversammlung darin nicht. Daraufhin gaben sie ihr Amt auf, wurden jedoch von gewissen unabhängigen Gemeinden aufgenommen und bildeten die konstituierende Synode der Union des Églises évangéliques libres von Frankreich; das war die Geburtsstunde der jetzigen Union von 1849.

1.2 Seit 1849

Die Anfänge waren sehr bescheiden (ungefähr 14 Gemeinden), jedoch war das Ende des 19. Jh. mit einer Periode der Festigung verbunden. Die großen Grundsätze der Synode, als da sind: >die reine Lehre aufrechterhalten, persönliches Glaubensbekenntnis, Trennung von Kirche und Welt<, festigten diese junge Union. Obgleich sie von bescheidener Größe geblieben ist, hat sie doch immer für eine evangelische Einheit gekämpft, jedoch nicht um den Preis der Treue zur Lehre.

Seit 1930 rief paradoxerweise eine Einheitsbewegung, die alle protestantischen Kirchen in einer einzigen reformierten Kirche zusammenfassen wollte, einen schmerzhaften Bruch hervor. Tatsächlich schien der Grundsatz einer Kirche der Bekennenden nicht durch die neue Kirche gewährleistet zu sein, und andere Lehren als die einzig evangelisch-rechtgläubige mussten nebeneinander bestehen. Nach einer dramatischen Synode im September 1938 reduzierte sich der Bund auf die Hälfte seiner Gemeinden, nämlich jene, die beschlossen hatten, außerhalb der Einheitsbewegung zu bleiben. Die Beschwerlichkeiten des Weltkriegs verschärften die Krise noch, die Union erlitt einen schweren Niedergang.

Erst seit den 1960er Jahren hat sich die Entwicklung wieder gedreht. Heute hat die Union die Dynamik ihrer Anfänge wiedergefunden und nimmt im 21. Jh. mit ihren 50 Gemeinden innerhalb des französischen Protestantismus einen beachtlichen Platz ein.

1.3 Juristische Situation

Die UEEL ist offiziell unter der Rubrik einer >Union von kultischen Vereinigungen< eingetragen – entsprechend den Begrifflichkeiten des Gesetzes von 1905 – genauso wie alle anderen dazugehörigen Gemeinschaften auch.

Die halbsynodale Organisationsstruktur der Union sieht gewisse Zuständigkeiten für die Synode und deren Kommissionen vor und unterstreicht dadurch, dass nicht jede Gemeinde ihre eigene Wahrheit schafft; zugleich gibt diese Organisationsstruktur jeder Ortsgemeinde eine weitgehende Selbstständigkeit und unterstreicht damit, dass bei Übereinstimmung im Wesentlichen die Vielfalt der Situationen und Erfahrungen ein Segen ist.

2. Mission und Evangelisation

Typisch evangelisch hat die UEEL die Verkündigung der Guten Nachricht an Alle immer im Zentrum des Gemeindelebens gesehen. Abgesehen von den Gottesdiensten, die für Alle zugänglich sind, sind heute vor allem die Alpha-Kurse und die auch für Nachbarn offenen Hauskreise in den Stadtteilen die bevorzugten Mittel, um Außenstehende zu erreichen.

Schon sehr früh hat sich die Union mit Kommissionen ausgestattet, die unter der Aufsicht der Synodalkommission (Bundesleitung) tätig sind und besonders zu Fragen von Mission und Evangelisation arbeiten. Die Kommission für Evangelisation leitet an und ermutigt zur Gründung neuer Gemeinden, wacht über die Entwicklung von Evangelisations- und Gemeindegründungsprojekten und bietet den Gemeinden und Gemeindegründungsteams seine Hilfe bei der Verkündigung des Evangeliums an. Besonders hat sie die Entstehung eines Pionierprojekts in der Stadt Poitiers begleitet. Dieses Projekt konkretisierte sich 2009 durch die Anstellung eines Pastors mit dem Schwerpunkt Evangelisation, der die Bemühungen einer sehr kleinen, aber motivierten Gruppe koordiniert, die von der Gesamtheit der Union getragen wird.

Die >Kommission für Mission< hält bei den Gemeinden ein aktives Interesse für Mission wach, prüft und ermutigt zur Umsetzung von gemeinsamen Projekten unter der Regie von Schwesterkirchen aus aller Welt und schlägt Partnerschaften zwischen der UEEL und anderen Kirchenbünden vor, wenn sich dazu Gelegenheit bietet.

Jetzt zu Beginn des 21. Jh. existieren besondere Verbindungen der Union mit Kongo-Brazzaville und Gemeinden des Pazifiks ebenso wie mit Madagaskar und der Insel Réunion. Die Partnerschaften zielen im Wesentlichen auf einen Austausch von Ressourcen für die Ausbildung von Verantwortlichen der Gemeinden.

Mehr als durch großartige Visionen oder auf mehrere Jahre ausgelegte Pläne, die auf Fortschritte wie in einem Unternehmen zielen, werden die Arbeitsschritte ziemlich pragmatisch festgelegt, und zwar entsprechend den geschätzten Kosten und nach dem Prinzip des größtmöglichen Konsenses. Die Union bleibt bescheiden, und jedes einzelne ihrer Projekte erfordert die Mitarbeit Aller – Gemeindeglieder wie Pastoren – entsprechend ihren Kompetenzen, die sie für diesen Dienst zur Verfügung stellen können.

3. Mitgliederentwicklung

Gestützt auf den zur Synode 2009 vorgelegten Bericht folgen hier einige Fakten, die das Profil der UEEL beschreiben: Während die Gemeinden früher vorwiegend in den ländlichen Gebieten zu Hause waren, sind sie heute eher in den mittelgroßen Städten zwischen 10.000 und 100.000 Einwohnern verwurzelt.

Die Zahl der eingetragenen Mitglieder bewegt sich bei 2.500, die Zahl derjenigen, die an den Aktivitäten der Gemeinden teilnehmen (einschließlich der Jugendlichen, die in der Regel keine eingetragenen Mitglieder sind) ist annähernd doppelt so hoch.[158]

Die Zahl der Gottesdienstbesucher kann zwischen 20 und 300 betragen, die Mehrheit der Gottesdienste hat ca. 60 bis 80 Besucher.

Die Alterspyramide beginnt diejenige der Gesellschaft im Allgemeinen widerzuspiegeln, jedoch in einer ganzen Anzahl von Gemeinden gibt es ein dynamisches Engagement ihrer jungen Leute.

Außer dem Gemeindegründungsprojekt in Poitiers ist erwähnenswert, dass mehrere größere Gemeinden über ein Projekt des >Ausschwärmens< in die eigene Ortschaft nachdenken.

4. Gottesdienst, Liedgut, Liturgie

Der Gottesdienst ist der große Moment, in dem sich die Gemeinde versammelt, der Ort, an dem alle willkommen sind, und auch der herausragende Ort für Evangelisation.

In dieser Hinsicht erklärt das halbsynodale Prinzip eine gewisse Bandbreite in Ablauf und Stil. Auch gleichen die Gemeinden den in kirchlicher und kultureller Hinsicht sehr unterschiedlichen Hintergründen ihrer Mitglieder. Der Gottes-

[158] In Gemeinden arbeiten 38 Pastoren (davon vier Frauen), sechs Pastoren sind für andere Aufgaben freigestellt.

dienst erfährt also heutzutage auf der Grenze zwischen Tradition und Moderne bedeutsame Veränderungen. Jedoch kann man sagen, dass die Frömmigkeit der Gemeinden eher bei einem nüchternen und gastfreundlichen Stil angesiedelt ist, strukturiert, aber ohne eine starre Liturgie, lebendig, aber nicht charismatisch.

Das Thema der Synode von 2009 >Christus feiern im Gottesdienst< zeigte die Bedeutung, welche die Gemeinden der Union der zentralen Stellung des Wortes im Gottesdienst beimessen wollen. Sie erinnerte angesichts des um sich greifenden Konsumententums und Individualismus, welche gerne als zu erreichendes Ziel persönlichen Wohlbefindens angesehen werden, daran, dass es vor allem das Lob des gekreuzigten und auferstandenen Christus ist, was die Glaubenden für diese Zeit der Neuorientierung zusammenbringen muss.

Wenn man das Modell eines frei-evangelischen Gottesdienstes schematisieren müsste, so könnte man sagen, dass er in einem ersten Teil darin besteht, dass sich die Versammlung, geleitet von einem ihrer Glieder (Pastor oder nicht), in Gebet und Lied an Gott wendet. In einem zweiten Teil, vermittelt durch den Verkündiger (Mann oder Frau, meist – aber nicht ausschließlich – ist es der Pastor bzw. die Pastorin), wendet sich Gott an die versammelte Gemeinde. In einem dritten Teil, nämlich im Abendmahl, dominiert nicht das Gegenüber von Mensch zu Mensch, sondern die Gemeinschaft mit Gott und mit den versammelten Schwestern und Brüdern.

Seit einigen Jahren hilft eine Liturgiekommission den Gottesdienstleitern, die verschiedenen Dimensionen zu reflektieren, die dauerhaft im Gleichgewicht zu halten sind: die vertikale Dimension der Beziehung zu Gott und die horizontale Dimension der Beziehung zu den Schwestern und Brüdern; die räumliche Dimension hinsichtlich der lokalen und universalen Gestalt der Kirche; und schließlich die Dimension der Erfordernisse der jeweiligen Zeit, nämlich einen Weg zwischen Tradition und Innovation zu finden.

Ebenso muss ein Gleichgewicht hinsichtlich des Liedguts gefunden werden. Das zeitgenössische Repertoire (unter Benutzung eines Beamers) scheint derzeit bevorzugt zu werden, jedoch gibt es auch das Anliegen, besonders hinsichtlich der Musik das doppelte Glaubenserbe der Reformation des 16. Jh. sowie der Erweckungsbewegung des 19. Jh. zu bewahren.

5. Verhältnis zur Kultur

Die französische Kultur definiert sich, ein wenig stereotyp, als der Philosophie Descartes' verpflichtet, sehr geprägt von einer katholischen Vergangenheit, die aber überwunden ist, sehr gebunden an seine nationale Souveränität und die republikanischen Werte, die der Laizismus predigt. Finden sich diese Charakteristika auch im Leben der Gemeinden? Ohne Zweifel!

Die Frömmigkeit der Églises libres ist, wie wir gesehen haben, deutlich mehr intellektuell als emotional. Eine bedeutende Anzahl von Gemeindegliedern wie übrigens auch von Pastoren und Pastorinnen stammten aus Familien katholischer Tradition und bleibt davon geprägt, auch wenn ihr persönlicher Glaube sich in einem evangelischen Milieu gebildet hat. Die Églises libres sind sehr dem Prinzip der Trennung von Kirche und Staat verpflichtet und beanspruchen für sich das Recht, ihren Gottesdienst ohne Einschränkung seitens der staatlichen Autoritäten feiern zu können.

Das demokratische Funktionieren einer jeden Gemeinde ebenso wie der Union in ihrer Gesamtheit spiegelt denselben Willen zur Teilhabe an der Leitungsverantwortung für die eigenen Angelegenheiten wider, wie dies im politischen Bereich der Fall ist. Ausländischer Einfluss kann willkommen sein, wird jedoch nicht gesucht, ein gewisser gallischer Stolz herrscht vor.

Aber zu alledem gesellen sich heute die unvermeidbaren Folgen einer extrem bedeutsamen Vermischung der Völker und so der wechselseitigen Beeinflussung sehr unterschiedlicher kultureller Elemente. Die Gemeinden können dadurch nur bereichert werden. Die Églises libres in den großen Städten sind sehr offen für die kulturelle Vielfalt, die durch den Prozess der Globalisierung noch beschleunigt wird. Sie nehmen viele Christen vor allem aus Afrika und der Karibik auf und tragen damit zu deren besserer Integration in die französische Gesellschaft bei. Ist dies nicht vielleicht auch eine uns geschenkte Möglichkeit, um die Realität der weltweiten Kirche besser zu verstehen?!

Ebenso zeigen die Gemeinden eine wirkliche Aufmerksamkeit, ein Engagement sowie einen kritischen Blick für die Botschaften der Gesellschaft, seien sie politischer, künstlerischer oder die Umwelt betreffender Natur.

6. Verhältnis zur Gesellschaft

Nach den Grundsätzen der Union ist die Praxis des pastoralen Dienstes unvereinbar mit der Zugehörigkeit zu einer politischen Partei. Als offiziell gemeldete Kultgemeinschaften haben die Gemeinden strikt nur das Recht zur Veranstaltung von Gottesdiensten.

Jenseits des persönlichen Engagements der Mitglieder, welches entsprechend ihren Überzeugungen ihrer eigenen Einschätzung überlassen ist, zeigt sich die Präsenz der Gemeinden in der Gesellschaft somit auf dem Weg über angemessene Strukturen.

6.1 Die Protestantische Föderation von Frankreich (FPF)

Diese ist das offizielle Gegenüber der staatlichen Organe für die protestantische Welt. Als solche wird die FPF über seinen Präsidenten (derzeit Pastor Claude Baty, Mitglied der UEEL) zu einer bedeutsamen Anzahl von gesellschaftlichen Themen konsultiert (Gesetz zur Bioethik, Fragen bezüglich der Einwanderungsthematik, Reform des Strafrechtssystems usw.). Die FPF meldet sich durch ihren Präsidenten im Namen der Protestanten Frankreichs auch öffentlich zu Wort, wenn dieses oder jenes aktuelle Thema eine Stellungnahme erfordert. Die verschiedenen Kommissionen der FPF erarbeiten zu jenen Fragen Dokumente, die den Mitgliedskirchen dann als Diskussionsbasis dienen.

6.2 Die diakonischen Verbände

Diese Verbände, durch das Gesetz von 1901 ins Leben gerufen, sind generell der Ortsgemeinde angegliedert. Sie sollen sich um karitative, humanitäre, Freizeitgestaltungs- sowie kulturelle Aktivitäten kümmern, die die Gemeinde betreibt, um ihren Einfluss zu vergrößern und ihrem Umfeld zu dienen. Sie sind berechtigt, Gelder für das Betreiben dieser Aktivitäten zu sammeln, allerdings ohne Gewinnorientierung, und müssen die Prinzipien einer transparenten Geschäftsführung respektieren.

7. Ökumenische Situation

Die Devise der Union definiert in gewisser Weise den Rahmen der Öffnung, in welchem sich die Beziehungen zu Christen anderer Denominationen verstehen und gelebt werden: >In den wesentlichen Dingen Einigkeit; in den zweitrangigen Freiheit; in allem die Liebe.< Zu den wesentlichen Dingen kann man die Sorge um Glaubwürdigkeit des christlichen Zeugnisses unter unsern Zeitgenossen nennen. Diese Sorge treibt die Mehrheit der Gemeinden dazu, brüderliche Beziehungen zu den örtlichen Gemeinden ihrer Umgebung zu unterhalten, und zwar über die Pastoren, die ihren Amtskollegen und den Priestern mehr oder weniger regelmäßig begegnen, ebenso über zwischengemeindliche Aktionen, die häufig aus Anlass von hohen Festtagen des Kirchenjahrs stattfinden. Die Freiheit jedes Einzelnen ist groß, und vieles liegt an der Qualität der persönlich geknüpften oder nicht geknüpften Beziehungen, jedoch ist das Ausgangsprinzip ein Prinzip des Austauschs und der Offenheit. Innerhalb des Protestantismus hat die UEEL sogar eine Scharnierfunktion, und zwar zwischen den sogenannten >historischen< Kirchen (Reformierte und Lutheraner) einerseits und den evangelikalen Kirchen andererseits. Diese Position erlaubt reichhaltige Beziehungen ohne Scheuklappen, verpflichtet aber auch zu einer Ausgeglichenheit, die auszuhalten manchmal ein wenig schmerzhaft ist. Aber das ist der Preis für das zweifache Erbe, welches sogar die Identität der Union begründet!

Κοινωνία των Ελευθέρων Ευαγγελικών Εκκλησιών Ελλάδας (KEEEE)

Die Gemeinschaft Freier Evangelischer Gemeinden in Griechenland

Ioannis P. Kremidas und Ananias Kavakas

0. Einführung

Griechenland ist die Geburtsstätte der Demokratie und hat damit die westliche Zivilisation stark beeinflusst. Ungefähr 95 % der 11,2 Millionen Einwohner Griechenlands bezeichnen sich als griechisch-orthodox. Obwohl nur ca. 2 % der Bevölkerung regelmäßige Kirchgänger sind, sind die Glaubenslehre, die Sakramente sowie die kirchlichen Feste und Feiertage ein wesentliches Element des Lebens und der Kultur Griechenlands. Griechenland war das erste europäische Land, in das das Evangelium gebracht wurde. Allerdings sind statistisch gesehen heute die Muslime den griechischen Protestanten zahlenmäßig überlegen. Die Anzahl der evangelikalen Christen in Griechenland beträgt nach Schätzungen etwas über 20.000.[159] Etwa 7.000 Mitglieder verteilen sich jeweils auf die Greek Evangelical Church (presbyterianisch-kongregational geprägt) und auf die KEEEE. Die Free Apostolic Pentecostal Churches in Greece (Pfingstgemeinden) zählen ungefähr 8.000 Mitglieder, während die verbleibenden 5.000 Personen zu sonstigen pfingstlichen oder charismatischen Gruppen oder zu unabhängigen oder konfessionellen Kirchen gehören. Die Gesamtzahl der evangelikalen Christen im ganzen Land beträgt weniger als 0,18 %.

Kirche und Staat waren in Griechenland über Jahrhunderte fest miteinander verbunden. Die Griechisch-Orthodoxe Kirche ist in Griechenland Staatsreligion. Nur sie kann als eine sich selbst regierende Institution öffentlichen Rechts arbeiten. Alle anderen bekannten religiösen Gruppen können sich entfalten,

[159] Von insgesamt ca. 30.000 Protestanten (Anm. des Hg.).

sind aber vom griechischen Staat nicht offiziell anerkannt. Die Stellung der Freikirchen in Griechenland unterscheidet sich nicht von der der restlichen protestantischen Glaubensgemeinschaften oder von der der Römisch-katholischen Kirche. Entsprechend der Verfassung des griechischen Staates ist jeder Bürger frei in der Ausübung seiner religiösen Praxis, aber es ist verboten, Anhänger zu werben.[160] Die Durchsetzung der Gesetze über den Proselytismus hat evangelikale Gläubige vor die Gerichte gebracht. Im Lauf der Jahre sind einige von ihnen nur dafür verurteilt worden, dass sie Christus gefolgt sind.

1. Historische Entwicklung und rechtliche Situation

Während der Jahre der Diktatur des Regimes von Ioannis Metaxas forderte ein Gesetz aus dem Jahr 1938, dass alle in Griechenland existierenden religiösen Gruppen sich unter dem Namen einer bekannten Glaubensgemeinschaft ausweisen sollten. Dieses Gesetz zwang alle oben erwähnten Gruppen von Gläubigen, den Namen „Ελεύθερες Ευαγγελικές Εκκλησίες" (Freie Evangelische Gemeinde) anzunehmen. Nach dem Zweiten Weltkrieg (1946) versammelten sich die Repräsentanten von 27 Ortsgemeinden, um die KEEEE zu gründen. Die Anfänge jener evangelischen Treffen können in vier verschiedenen Teilen des Landes zurückverfolgt werden und liegen nur wenige Jahre auseinander.[161]

Kreta: Gegen Ende des 19. Jh. entstand eine kleine Gemeinschaft von Christus-Gläubigen als eine Frucht der Arbeit reisender Bibelverkäufer (BFBS), ursprünglich angestoßen von *Theodore Michaelidis* (1887-1985) und *Ioannis Bosdogiannis* (1896-2002). Beide waren Mitglieder der Greek Evangelical Church (Presbyterianer/Kongregationalisten). Der seit 1902 für diese Ortsgemeinde verantwortliche Mann war *Nickolaos Maragoudakis*, der mit der Brüderversammlung in Athen verbunden war. Im Jahr 1922 ging die örtliche Verantwortung u.a. auf *Georg Karvounakis* und *Georg Paidakis* über. Karvounakis

160 Art. 13, § 2, 3 der Verfassung Griechenlands von 1975/1986/2001.
161 A. Kavakas, History of Free Evangelical Churches, *God's interventions – Human responses*, Athen: Armonia Publishers, 2003.

war 1877 in dem Dorf Kampoi auf der Insel Kreta geboren worden. Er kam zum Glauben an Jesus Christus durch den Dienst von *Deinomache Panagiotidou*, einen Englischlehrer, der gezwungen war, nach England auszuwandern, nachdem es zwei Anschläge auf ihn gegeben hatte. Während seiner Zeit in England studierte er Zahnmedizin, und sein Lebensziel war es, in sein Heimatland zurückzukehren, um dort das Evangelium zu predigen. Durch den Dienst dieser Brüder gewann die Ortsgemeinde in Chanea neuen Auftrieb. Und durch ihren evangelistischen Einsatz entstanden mehrere kleine neue Brutstätten christlicher Vereinigung. Diese wurden bekannt als „Evangelical Churches". Unnötig zu sagen, dass im Laufe der Jahre die Gläubigen gelegentlich heftige Verfolgungen durch die orthodoxen Geistlichen erleiden mussten, die die örtlichen Autoritäten für die Erreichung ihrer Ziele einzuspannen wussten.

Makedonien-Thrakien: Athanasios Katsarkas, geboren 1873 in Adrianoupolis (Thrakien), kam 1898 mit Hilfe der Gläubigen der Greek Evangelical Church in dieser Stadt zum Glauben an Christus. Diese Gemeinde war im 19. Jh. durch das Wirken amerikanischer Missionare gegründet worden, die sich in Istanbul und verschiedenen anderen Städten des Osmanischen Reiches mit der Absicht, das Evangelium zu verkündigen, niedergelassen hatten. Einige Jahre später geriet Katsarkas in einen Gegensatz zu bestimmten Gemeindegrundsätzen und Amtshandlungen. In der Folge davon traten er und mehrere andere Gläubige aus. Damit taten sie etwas, was andere Brüder in anderen Ländern Europas auch getan hatten, obwohl überhaupt kein Kontakt zwischen ihnen bestand und sie noch nicht einmal voneinander wussten. Nach dem Ersten Weltkrieg wurden die Gläubigen dieser Gemeinschaft gezwungen, Adrianoupolis zu verlassen. Die Mehrheit ließ sich in Thessaloniki nieder, wo sie damit fortfuhren, sich in der gewohnten Weise zu treffen, und es ablehnten, sich jemals anders anzureden als mit >Brüder<. Durch die weitreichende Wirkung dieser örtlichen Vereinigung wurden einige andere ähnliche Vereinigungen von Gläubigen in Makedonien und Thrakien gegründet, trotz der heftigen Verfolgung von Seiten des orthodoxen Establishments.

Peloponnes: Theophanis Zafiropoulos wurde 1873 in Paranesti Drama in Makedonien geboren. Seit seiner Kindheit hatte er den dringenden Wunsch, Gott kennenzulernen und orthodoxer Priester zu werden. Deshalb besuchte er die Klöster auf dem

Berg Athos, war aber bald von den fragwürdigen moralischen Grundsätzen einiger Mönche enttäuscht. Später hörte er das Evangelium von Bruder *Mercurios Antoniades* (Thessaloniki). Er begann damit, das Schweizer christliche Magazin *„La Vie et la Liberté"*, übersetzt ins Griechische, herauszugeben. Zafiropoulos heiratete sodann *Anthoula Antoniades*, die Tochter von Mercurios Antoniades. Weil er Zahntechniker werden wollte, studierte er, entschied sich dann aber, nicht in diese Berufslaufbahn einzutreten, sondern Gott als reisender Prediger des Evangeliums zu dienen. Aus diesem Grund ging er zum Studium der englischen Sprache nach London; während dieser Zeit kam er in Kontakt mit den Offenen Brüdergemeinden. Bis zu seiner Rückkehr nach Griechenland wurde er durch diese Gemeinden in Großbritannien finanziell unterstützt. Später ließ er sich in Patras nieder und begann seine abenteuerliche Mission, das Evangelium von Jesus Christus in ganz Griechenland zu verkündigen. Während dieser Tätigkeit geriet er in heftige bis gewaltsame Verfolgung durch Vertreter der orthodoxen Kirche. Eine Folge seines evangelistischen Einsatzes war, dass auf der Peloponnes viele Vereinigungen von Christusgläubigen neu gegründet wurden. Zafiropoulos wurde von Gott in kraftvoller Weise gebraucht, um das Evangelium in viele Gegenden Griechenlands zu tragen, insbesondere nach Kreta, Makedonien und Thrakien.

Athen: Im Jahr 1910 lernte *Constantinos (Kostas) Metallinos* (geboren 1891 auf Korfu), ein atheistisch eingestellter Student der Mathematik, durch das Bibellesen und durch Pascals *„Pensées sur la Religion"* den Herrn Jesus Christus kennen. Später kam er in Kontakt mit anderen Studenten, mit denen ihn ein ähnlicher Glaube verband.[162] Sie begannen ihre Bibelstudien in einer orthodoxen Bruderschaft, aber wegen ihrer >ketzerischen Ideen< wurden sie bald vertrieben. Ihre Treffen wuchsen zunehmend, besonders durch den Eifer von Metallinos, der jede Gelegenheit nutzte, Anderen seinen Glauben zu bezeugen. Er übernahm bald ein hohes öffentliches Amt in der Regierung[163] und hielt sogar in den Vorhöfen der Halle des griechi-

---

[162] Z. Yerasimos, *Kostas Metallinos, God's Messenger to Greece*, unabhängige Publikation des Autors in den USA, 1982.

[163] Greek Institute of the Bible, *Kostas Metallinos, He still speaks…*, Athen: GIoB Publication, 1963.

schen Parlaments Vorträge über den christlichen Glauben – und dies während der Jahre der Nazi-Besetzung Griechenlands. Als ein Ergebnis des Einsatzes von Metallinos und seiner Mitstreiter wurde die *Licourgou Street-Gemeinde* gegründet, einige andere Gemeinden im Großraum von Athen und in den Vororten machten sich selbstständig. Geleitet durch den Heiligen Geist wurden auch in anderen Gebieten des Landes Gemeinden gegründet. Neue Mitarbeiter zogen mit Begeisterung für das Werk des Herrn aus.

Die Ortsgemeinden werden heute durch einen Kreis von Ältesten geleitet. In den Gemeinden in städtischen Gebieten sind es zum größten Teil ehrenamtliche „Elder Pastors", die von den örtlichen Gemeindeältesten eingesetzt sind. Größere Ortsgemeinden haben einen hauptamtlichen leitenden „Elder Pastor", aber die Zahl der vollzeitlich eingesetzten Mitarbeiter bleibt sehr klein (zur Zeit sechs).[164] Der Bund unterhält in Athen ein Schulungszentrum für Mitarbeiter (als eine Abteilung des Ελληνικό Ινστιτούτο της Βίβλου/*Greek Institute of the Bible* – der offizielle Publikations- und Schulungszweig des Bundes). Diese Einrichtung besuchen junge Menschen, die an einem Dienst in einer Ortsgemeinde interessiert sind und die von ihrer Heimatgemeinde empfohlen wurden. Die zweijährigen Schulungskurse werden jeweils von Oktober bis Mai am Samstagmorgen von Mitarbeitern und Ältesten aus Gemeinden des Großraums Athen durchgeführt.[165]

2. Mission und Evangelisation

Der Missionsfonds der KEEEE unterstützt hauptsächlich Mitarbeiter im Werk der Evangelisation und des christlichen Zeugnisses in Griechenland. Abgesehen davon unterhält der Bund zur Zeit keine eigene Missionsgesellschaft. Diese Situation erlaubt die Zusammenarbeit mit anderen nationalen Gemeindebünden innerhalb der IFFEC oder mit unabhängigen

[164] Die Leitungsstruktur entspricht im Wesentlichen derjenigen der Brüdergemeinden, die in der Regel keinen Pastor haben (Anm. des Hg.).
[165] Z. Yerasimos, *The Strong has Fallen, Kostas Metallinos – His life, work and teaching*, unabhängige Publikation durch den Autor in Griechenland, 1970.

evangelikalen Missionsgesellschaften, die griechische Missionare in die weite Welt senden. Dies bedeutet jedoch nicht, dass es auf Seiten der KEEEE keine Missionstätigkeit gäbe. Während des letzten Jahrhunderts brachte die Einwanderung nach Nordamerika, Australien und Zentraleuropa auch Griechen in Länder, in denen durch die Verkündigung des Evangeliums örtliche griechisch sprechende Gemeinden entstanden. Einige von ihnen waren mit griechischen Radiosendungen und Schriftenmaterial aktiv. Einzelne Gemeinden der KEEEE haben ihr missionarisches Interesse durch ihre Spenden für die Mission, durch kurzzeitige Missionseinsätze in Nachbarländern wie Albanien, in der Republik Mazedonien, Bulgarien und in den Ländern der früheren Sowjetunion ausgedrückt. Im Ganzen ist ein wachsendes Interesse an Missionstätigkeit festzustellen; und viele beteiligen sich am Gebet für die Missionsarbeit, an der Bildung von Unterstützungsfonds und an der Sammlung materieller Güter, um die Not von Menschen in anderen Ländern zu lindern.

Das Jugend-Komitee der KEEEE veranstaltet jährlich seine evangelistische Sommerkampagne in Zentral-Griechenland und auf den griechischen Inseln. Dieser Einsatz erreicht weite Gebiete des Landes und ist über die Jahre für viele zu einer Quelle des Segens und des Heils geworden. Abgesehen davon organisiert das Jugendkomitee verschiedene Jugendkongresse auf dem Freizeitgelände von Sounion und an anderen Orten. Diese Kongresse werden sehr gut besucht, und zwar nicht nur von Gläubigen, sondern auch von Nichtchristen, von denen viele zum Glauben gefunden haben. Verschiedene Internetauftritte und Blogs, die unter dem Schirm des Bundes arbeiten, bemühen sich aktiv um die Verkündigung des Evangeliums, eine Radiostation sendet die Botschaft des Evangeliums im Großraum Korinth. Es gibt eine ganze Anzahl periodisch erscheinender Magazine und Publikationen, die Mehrzahl davon ist evangelistisch und apologetisch ausgerichtet, wie *Elefthero Vima, Logois Zois* und *Efimeridoula* mit evangelistischen Beilagen. Der Bund publiziert und fördert – hauptsächlich für evangelistische Zwecke – jährlich zwei Evangeliumskalender, die Tausende von Menschen in Griechenland, auf Zypern und in griechischsprachigen Vereinigungen in Übersee erreichen. Ebenso gibt es ein ausdrückliches Glaubenszeugnis, das sich während der Semesterzeiten an die Universitäten und Akademien richtet, insbesondere Athen, Thessaloniki und Patras, sowie kontinuierlich auch an die Kinder, die sich zum Sommerlager in Sounion einfinden. Ebenso ist es eine segensreiche Aufgabe für den Bund, die eine Million Einwanderer und Flüchtlinge mit dem Evangelium zu erreichen. Es sind mehrere Gemeinden entstanden, die in großer Zahl Menschen aus dem Ausland aufgenommen haben.

3. Mitgliederentwicklung

Die Verkündigung des Evangeliums vollzieht sich in Griechenland in einem Umfeld, das einerseits durch die postmoderne religiöse Indifferenz und andererseits durch die religiöse Gegnerschaft von Seiten extremistischer Kreise aus der orthodoxen Kirche gekennzeichnet ist. Der zweite Faktor stützte sich in der Vergangenheit auf die Anwendung des bereits erwähnten Antiproselytismusgesetzes. Diese beiden Faktoren haben sich in den vergangenen Jahren als eine echte Herausforderung für das Wachstum der KEEEE erwiesen. Trotzdem veränderte sich der Stand von 42 Gemeinden im Jahre 1980 auf 62 heute. Wenn wir die neun mit uns verbundenen griechischsprachigen Gemeinden im Ausland (Kanada, USA, Australien und Deutschland) hinzunehmen, kommen wir insgesamt auf 71 Gemeinden. Die reine Mitgliederzahl der KEEEE wird auf ca. 2.200 geschätzt, während sich die Gesamtgröße der Gemeinschaft der 71 Gemeinden (einschließlich der jungen Leute und regelmäßigen Besucher) auf ungefähr 3.500 beläuft.

4. Gottesdienst, Liedgut, Liturgie

Die Mehrheit der Gemeinden der KEEEE sind weder einem strengen liturgischen Rahmen verpflichtet noch haben sie für den Ablauf ihrer Zusammenkünfte ein gemeinschaftlich festgelegtes System. Die regelmäßigen Veranstaltungen finden statt am Sonntagmorgen (Gottesdienst mit Predigt, immer gefolgt vom Abendmahl), am Sonntagabend (Evangeliumsstunde), am Mittwoch (Gebetsstunde) und am Freitag (Bibelstudium). An den Sonntagen gibt es regelmäßig die Sonntagschule für die Kinder, an Samstagen Biblischen Unterricht für Teenager und

Jugendtreffen. Gemeinden in größeren Städten bieten Treffen für Studierende an Universitäten an.

In unseren Gottesdiensten singen wir meist traditionelle Lieder – mehrheitlich des 19. und 20. Jh., aus amerikanischen und zentraleuropäischen evangelischen Gesangbüchern übersetzt. In zwanglosen Gemeindetreffen und Jugendkonferenzen singen wir modernere Lieder. Aber wir singen immer in der griechischen Sprache.

5. Verhältnis zur Kultur

Die bisherige Gegnerschaft durch die Orthodoxe Kirche hat etliche evangelikale Vereinigungen in Griechenland in die Isolation geführt. Seit dem Eintritt Griechenlands in die Europäische Union hat sich die Situation ein wenig entspannt. Und allmählich scheint auch Toleranz auf Seiten der orthodoxen Hierarchie zuzunehmen. Die Arbeit und die Zielsetzung ökumenischer Institutionen wie der KEK und der Griechischen Bibelgesellschaft haben stark dazu beigetragen, zwischen Orthodoxen, Evangelischen und Katholiken ein Klima der Kooperation zu schaffen; dies gilt zumindest auf dem Feld der Bibelübersetzung und der Herausgabe christlichen Schrifttums für den liturgischen wie auch den persönlichen Gebrauch. Die Zusammenarbeit zwischen Organisationen wie den Gideons, der Agape-Bewegung etc. mit der Armee, dem Schulwesen, den Strafanstalten usw. hat sich als segensreich erwiesen. Seit ihrer Gründung folgt die KEEEE dem griechisch-orthodoxen Kirchenkalender für die Feierlichkeiten des Osterfestes, dies ist ein Ausdruck der Wertschätzung der wichtigen religiösen und nationalen Gebräuche des Landes.

6. Verhältnis zur Gesellschaft

Traditionell haben Mitglieder der KEEEE sich der aktiven Teilnahme an der Politik und einer Mitgliedschaft in politischen Parteien enthalten. Das hat sich über die Jahre ein wenig geändert, heute ist eine sehr kleine Anzahl von Mitgliedern aktiv mit der Politik verbunden. Die Mehrheit der Mitglieder beteiligt sich an den regionalen, nationalen und europäischen Wahlen.

Die KEEEE steht in der vordersten Front, wenn es darum geht, den Opfern von Katastrophen Hilfe zu leisten. Die KEEEE ist auch an Hilfsmaßnahmen für Flüchtlinge und Immigranten beteiligt. Die Gemeindemitglieder werden ermuntert, sich bei den bewaffneten Streitkräften zu bewerben und für die Verteidigung des Landes Dienst zu tun. Mehrere haben als Armeeoffiziere Dienst getan, und einige sind bei Kriegseinsätzen gefallen.

7. Ökumenische Situation

Die KEEEE hat zum gegenwärtigen Zeitpunkt keinen offiziellen Kontakt mit ökumenischen Körperschaften wie dem ÖRK oder der KEK. Zur Griechischen EA gibt es noch keine offizielle Verbindung, weil diesbezüglich innerhalb der Leitung der KEEEE keine Übereinstimmung besteht. Allerdings gibt es sowohl einige Gemeinden als auch Einzelpersonen, die zur EA gehören. Der vom Exekutivkomitee der KEEEE gewählte gegenwärtige Präsident hat vor einigen Jahren als Präsident der Griechischen EA amtiert. Es scheint so, dass die KEEEE in angemessener Zeit eine außerordentliche Mitgliedschaft in der Griechischen EA in Betracht ziehen wird.

Bond van Vrije Evangelische Gemeenten in Nederland

Der Bund Freier Evangelischer Gemeinden in den Niederlanden

Leo Mietus

1. Historische Entwicklung und rechtliche Situation

Die ersten Vrije Evangelische Gemeenten (VEG) in den Niederlanden bildeten sich Mitte des 19. Jh. aus der Reformierten Kirche als Reaktion auf den Modernismus und die synodale, damals stark hierarchische Struktur dieser Kirche. Sie gehörten damit zu einer Welle, die 1834 mit der so genannten *„Afscheiding“* (Abtrennung) entstand. Diese war konfessionell und synodal orientiert. Die frühen VEG waren jedoch weder konfessionell noch synodal, sondern kongregational geprägt. In Amsterdam wurde 1856 vom ehemaligen mennonitischen Prediger *Jan de Liefde* (1814-1869) die erste VEG in den Niederlanden gegründet. Er arbeitete unter den Armen in der Stadt. Im Dorf Ermelo gründete 1859 Prediger *Hermanus Willem Witteveen* (1815-1884) eine Missionsgemeinde, nachdem er aus der Reformierten Kirche ausgeschlossen worden war. Das Muster für diese Gemeinde war die Herrnhuter Brüdergemeine. Gleichzeitig entstand 1860 im Südwesten der Niederlande aus einer altreformierten Gemeinde, die aus der „Abtrennung“ hervorgegangen war, eine „Christlich-Evangelische Gemeinde“ unter der Leitung des Pfarrers *Huibert Jacobus Buddings* (1810-1870). In den nächsten Jahrzehnten entstanden durch Evangelisationsarbeit verschiedene VEG, und allmählich empfand man das Bedürfnis, die verschiedenen Gemeinden mehr zu verbinden. Ehe 1881 der Bund VEG gegründet wurde, entstand jedoch wegen der Tauffrage eine Trennung zwischen den verschiedenen Schülern und den von ihnen gegründeten Gemeinden. Schüler de Liefdes hatten überwiegend die Glaubenstaufe übernommen, Schüler Witteveens vornehmlich die Kindertaufe. So beteiligten sich verschiedene VEG, die die Kindertaufe ablehnten, an der ebenfalls 1881 gegründeten Union der Baptistengemeinden. Der Bund VEG identifizierte sich durch die Kindertaufe mit dem Hauptstrom der Reformation und wollte sich davon nicht trennen, obwohl man andererseits die Prädestinationslehre Calvins verwarf.

In der Verfassung wurde betont, dass man sich mit der Erweckung in der Reformierten Kirche aus der ersten Hälfte des 19. Jh. verbunden wusste. Der junge Bund wurde damals auch für kurze Zeit von der so genannten Brightonerweckung beeinflusst, die 1875 aus England kam. Später gab es gewisse irvingianische bzw. darbystische Einflüsse, und 1912 wurde, entgegen den ursprünglichen Grundsätzen des Bundes, eine kurze bekenntnisartige Schrift mit einigen eschatologischen Lehrsätzen im Schlussteil des Werkes verfasst. Daneben entstanden intensive Kontakte mit dem Evangelisten *J. de Heer* (1866-1961), einem Mitglied der Reformierten Kirche. Dieser organisierte ab 1905 zusammen mit einigen Predigern aus dem Bund Konferenzen und gründete eine Zeitschrift (*Het Zoeklicht*), worin er verschiedene eschatologische Themen popularisierte und eine Rückkehr der Juden nach Palästina predigte. Seine „Maranathaverkündigung" und die von ihm publizierten Erweckungslieder wurden in den Gemeinden des Bundes Gemeingut. In jener Zeit entstanden auch neue Gemeinden, und so wuchs der Bund nach und nach. Die genannte Eschatologie führte im Bund zu einer gewissen Passivität gegenüber der Gesellschaft und Ökumene. Während des Zweiten Weltkrieges z.B. lehnte der Bund ein gesellschaftliches Engagement ab, weil man glaubte, Gott habe den Ablauf der Geschichte exakt geplant und es gehöre daher nicht zum Auftrag der Gemeinden, dagegen zu protestieren. Nach dem Krieg gab es gewisse Spannungen zwischen den mehr weltabgewandten und den mehr weltoffenen Strömungen im Bund. Das zeigte sich z.B., als man 1948 den ÖRK mitbegründete, aber 1949 dieses Gremium wieder verließ. In den 1970er und 80er Jahren hat man intensiv hierüber diskutiert. 1975 wurde der Bund umstrukturiert, wobei man die Zusammenarbeit im Bund mehr akzentuierte. Das damals neu entwickelte Generalsekretariat hat dabei eine wichtige Rolle gespielt. Gleichzeitig fand auch eine Erneuerung der Missionsarbeit statt. Dadurch kam es jedoch auch zu Spannungen, die u.a. dazu führten, dass sich ab 1979 ca. zehn Gemeinden vom Bund trennten und sich 1994 zum Verband Freier Evangelischer Gemeinden zusammenschlossen. Dem Verband gehören zur Zeit 15 Gemeinden an, wovon acht aus dem Bund stammen.

Dieser hat eine kongregationale Struktur. Es gibt keine höhere Autorität als die des Herrn Jesus Christus in den durch seinen Geist lebendig gewordenen Gemeinden und Gläubigen. Und es gibt keinen episkopalen oder synodalen Ersatz für die Verantwortlichkeit, die den Gemeinden und Gläubigen damit gegeben ist. Die Anerkennung der Herrschaft Jesu Christi in den Gemeinden und bei den Gläubigen ist daher der Ausgangspunkt dafür, dass dem Gemeinde- und Bundesrat der Primat zukommt. Die Gemeinden entwickeln sich zuerst durch empfängliches Hören auf das Evangelium Jesu Christi, der ihnen in der Schrift entgegen tritt; ferner durch das freimütige Zeugnis der Hoffnung, die in ihnen lebendig geworden ist.

Der Bund ist ausgerichtet auf Zeugnis (Mission) und Dienst (Diakonat). Er kennt kein festgelegtes Glaubensbekenntnis, hat aber eine Verfassung, deren kongregationale Prinzipien allerdings als „Wegweiser" verstanden werden.

Seit den 1970er Jahren sind Frauen als Pastorinnen, Älteste und Diakoninnen in den Gemeinden und im Bund aktiv. Diese Entwicklung hat sich nahezu ohne Konflikte durchgesetzt und hängt auch damit zusammen, dass man in der gesellschaftlichen Veränderung hinsichtlich der Position der Frauen eine Wirkung des Geistes Christi sah. In einzelnen Gemeinden arbeiten neben universitär ausgebildeten Pastoren seit 1996 auch „Gemeindearbeiter" mit anerkanntem Hochschulabschluss (für Jugendarbeit, missionarisch-diakonische Arbeit und Gemeindeaufbau).

Seit 1982 wird die Bundesarbeit in der Geschäftsstelle in Velp koordiniert. Das Theologische Seminar erhält einen Zuschuss vom Staat und empfängt daneben finanzielle Unterstützung vom Bund.

Seit 1894 erscheint als Bundeszeitschrift *Ons Orgaan*. Seit 1995 veröffentlicht der Bund eine Reihe mit theologischen Beiträgen, die als Anregungen für die Gemeindearbeit benutzt werden.

Die Bundesleitung besteht aus ehrenamtlichen, unmittelbar von den Gemeinden gewählten Mitgliedern. Sie arbeitet mit verschiedenen Gruppen zusammen, die die finanziellen Aspekte, die ökumenischen und internationalen Kontakte, die Angelegenheiten der Pastoren und Gemeindearbeiter etc. im

Blick haben. Wichtige Fragen werden zunächst mit den Gemeinden diskutiert, bevor sie durch die Jahrestagung des Bundes entschieden werden. Die Selbstständigkeit der Ortsgemeinden wird dabei beachtet. Teamwork und regionale Strukturen sollen weiter entwickelt werden und wo möglich auch die Zusammenarbeit mit protestantischen oder anderen lokalen Gemeinden.

2. Mission und Evangelisation

1927 entstand eine gemeinsame Bundesmission. Unter Verantwortlichkeit der Rheinischen Missionsgesellschaft arbeitete man auf der Insel Samosir (Sumatra/Indonesien). Nach dem Zweiten Weltkrieg war es wegen der politischen Entwicklung nicht mehr möglich weiter zu arbeiten. Seitdem hat der Bund kein eigenes ausländisches Missionsgebiet mehr. Im eigenen Land gründete die Innere Mission nach dem Krieg neue Gemeinden in Städten und Dörfern, wo sich einzelne Mitglieder aus verschiedenen Ortsgemeinden zusammenfanden. 1983 wurde ein für den Bund entworfener missionarischer Gesamtplan abgelehnt, wodurch die Arbeit des damaligen Missionsausschusses vorzeitig endete. Jedoch werden in diesen Jahren neue Projekte initiiert und das Diakonat weiter entwickelt.

Seit 1990 hat der Bund einen Funktionär, der die missionarische und diakonische Arbeit der Gemeinden und des Bundes unterstützt. Man hat in Zusammenarbeit mit anderen Kirchen und Organisationen in verschiedenen Ländern (Tansania, Uganda) wechselnde Projekte und arbeitet mit Schwesterbünden in der Slowakei, in Polen, in der Ukraine und in Frankreich (bis 2008) zusammen. Daneben unterstützt man die Kirche von Südost-Sulawesi (Gepsultra) in Indonesien, Missionsarbeit in Pakistan und Hilfsprojekte für Waisen in Ruanda. In den Niederlanden ist man an einer Organisation für Kirchen der Immigranten beteiligt, unterstützt Hilfe für Drogenabhängige und organisiert im Sommer Ferienwochen für Pensionierte und Behinderte. Gemeindegründung betrachtet man als eine Verantwortlichkeit der Ortsgemeinden, wobei der Bund mit Rat und finanzieller Unterstützung helfen kann. Missionare werden am Hendrik-Kraemer-Institut in Utrecht weitergebildet, wo auch Missionare der Protestantischen Kirche in den Niederlanden (NPK) ihre Fortbildung erhalten. Gelegentlich senden Ortsgemeinden Missionare auch in Zusammenarbeit mit Glaubensmissionen aus.

Die Jugendarbeit des Bundes funktioniert wie eine Plattform für verschiedene Projekte und wirkt u.a. zusammen mit einer der Jugendorganisationen der NPK.

3. Mitgliederentwicklung

Von Anfang an hat sich der Bund nur in den protestantischen Teilen der Niederlande verbreitet. In Großstädten wie Amsterdam, Rotterdam und Den Haag sind die Gemeinden mittlerweile sehr klein geworden. In der Provinz gibt es einige relativ große Gemeinden mit mehr als 400 Mitgliedern. In vielen Gemeinden können pastorale Vollzeitstellen jedoch nicht mehr finanziert werden. Wachsende Gemeinden finden sich nur in der Provinz (zwischen Kampen und Velp).

Zahlenmäßige Entwicklung 1980-2009

	1980	2009
Ortsgemeinden	48	37
Mitglieder	8.100	5.705
Getaufte Kinder	2.300	2.400
Pastoren (einschl. Emeriti)	42	44
Gemeindearbeiter	0	5

4. Gottesdienst, Liedgut, Liturgie

Im letzten Jahrzehnt wurde im Bund viel über die *Taufe* diskutiert. Durch den Einfluss von entsprechenden Einrichtungen in der NPK, die neue Ideen über eine Bestätigung der Kindertaufe entwickelt haben, kennen einige Gemeinden einen gewissen Freiraum für eine „nochmalige" Taufe nach der Kindertaufe. Ob die Kindertaufe eine Glaubenstaufe sei, wird in den Gemeinden nicht zur Diskussion gestellt. Die Frage ist nur, ob man im Bund gewisse Formen von Taufbestätigung anerkennen kann. In einigen Gemeinden werden Kinder auf Wunsch der Eltern gesegnet.

Das *Herrnmahl* wird sechs- bis zwölfmal jährlich gefeiert. Im Allgemeinen genügt für die Teilnahme das öffentliche Bekenntnis des Glaubens; auch Mitglieder anderer Kirchen werden zugelassen. Eine Reihe von Gemeinden lässt Kinder am Herrnmahl teilnehmen. Das Mahl wird üblicherweise vom Pastor oder einem Ältesten ausgeteilt. Hinsichtlich Gottesdienst und Liturgie hat jede Gemeinde ihre eigene Entwicklung. Man singt Psalmen und Kirchenlieder, daneben Erweckungslieder aus verschiedenen Epochen. Viele Prediger tragen liturgische Kleider und folgen den kirchlichen und ökumenischen Bibellesungen. Im Allgemeinen entwickelt man sich analog zur NPK.

5. Verhältnis zu Kultur und Gesellschaft

Der Bund hat 1989 und 1995 eine Neubestimmung des Verhältnisses zwischen Gemeinde und Gesellschaft entwickelt, die der zunehmenden Säkularisierung in der europäischen Kultur Rechnung trägt. Glaube und Gesellschaft bleiben in einer dauernden Wechselwirkung und Spannung auf einander bezogen und bedürfen gegenseitiger Kritik. In diesem Prozess geht der Bund nicht von a priori feststehenden Lehren oder Formen aus, ist sich aber der Gefahr von Oberflächlichkeit und Weltgleichförmigkeit bewusst. Kennzeichnend ist, dass man nicht mit Bekenntnisformeln und biblizistischen Auffassungen arbeiten will, sondern im Vertrauen auf den Herrn, der uns gestern und heute und bis in Ewigkeit führt (Hebr 13,8). Grundlegend für diese Gott- und Weltoffenheit ist die Überzeugung, dass der Heilige Geist nicht nur in Kirche und Gemeinde, sondern auch in der Welt wirkt und neue Formen schafft sowie Wege ins Reich Gottes bahnt. Es ist deutlich, dass solch eine Offenheit eine große Flexibilität erfordert und auch nicht immer zu gleichen Auffassungen führt. Dies macht aber eine Zusammenarbeit nicht unmöglich. Als dienende Gemeinde kann man auf gesellschaftliche Entwicklungen wie z.B. die größere Hochachtung gegenüber Frauen und die Anerkennung von Homosexualität unterschiedlich reagieren. Von einer positiven Erfahrung christlichen Zeugnisses erzählte *Martin Nijkamp* (geb. 1930) auf der Bundestagung 2008: Nach gewalttätigen Anschlägen, wobei eine Moschee niedergebrannt worden war, bezeugten einige

Mitglieder der Gemeinde Utrecht zusammen mit anderen lokalen Kirchen ihre Solidarität mit der örtlichen Muslimgemeinschaft.[166] Auf diese Weise kann man die Verantwortung der Gemeinde in der Welt gestalten. Die neuen gesellschaftlichen Entwicklungen in den Niederlanden und in ganz Europa sowie die neue Situation einer Minderheitskirche bieten andere Möglichkeiten für eine Zusammenarbeit und für ein glaubwürdiges und gemeinsameres Zeugnis in der Welt als es früher möglich war.

6. Ökumenische Situation

Der Bund VEG hat sich von Anfang an nicht von der breiteren protestantischen Strömung in den Niederlanden isolieren wollen. Seit den 1970er Jahren bemühte man sich um eine Intensivierung der bestehenden Kontakte mit den größeren reformierten Kirchen. Dies mündete in Absprachen, wonach deren Pastoren im VEG tätig sein können und umgekehrt. Schließlich ist 2008 eine Vereinbarung mit der NPK geschlossen worden, die eine Zusammenarbeit von VEG und NPK-Gemeinden offiziell ermöglicht. Alle Gemeinden sind darin jedoch frei und bleiben für ihre ökumenischen Kontakte selbst verantwortlich. Im Rahmen dieser Vereinbarung hat der Bund 2007 auch für sein Theologisches Seminar, das von 1927 bis 1937 und von 1945 bis 1970 selbstständig existierte und seit 1970 mit der Universität Utrecht verbunden war, eine neue Regelung getroffen. In der neu entstandenen Protestantischen Theologischen Universität, in der die Theologische Universität der ehemaligen „Abtrennung", die universitären Ausbildungsinstitute der Reformierten Kirche und das Lutherische Seminar verschmolzen sind, ist jetzt auch das Freie evangelische Seminar integriert.

Der Bund war beim Niederländischen Rat der Kirchen einige Jahrzehnte Beobachter und hat 2008 beschlossen, Mitglied zu werden. Daneben gibt es mit einigen Kirchen eine Zusammenarbeit durch verschiedene Organisationen.

Schon 1892 hat der Bund sich in London dem International Congregational Council angeschlossen. Da man sich nicht

[166] *Protokoll der Bundestagung 8. März 2008*, 37.

im Stande sah, regelmäßig den Tagungen dieses Rates beizuwohnen, gerieten die alten Bande in Vergessenheit. Erst am Ende des 20. Jh. entdeckte man wieder die historische Verbundenheit mit diesem Rat, der inzwischen mit dem WARC verschmolzen war.[167] 2008 hat der Bund beschlossen, Mitglied, der WARC zu werden. Der Bund war 1948 Mitbegründer der IFFEC und gehört bis heute dazu.

Im Bund hat sich auch das Verhältnis zu Israel weiter entwickelt. Schon im 19. Jh. hat es ein Bewusstsein der Verbundenheit mit Israel als Volk Gottes gegeben. Im Zweiten Weltkrieg beteiligte sich der Bund jedoch nicht an einer Aussage der anderen Kirchen gegen die Judenverfolgung in den Niederlanden, obwohl man individuell Juden Hilfe anbot. Nach dem Zweiten Weltkrieg gab es eine Neubesinnung. So kam es zu einem Bedauern der antijudaistischen Irrwege der Kirchen, wodurch sie jahrhundertelang die Juden verachtet und verfolgt und nicht gesehen hatten, dass Gottes Bund mit Israel unverbrüchlich ist. Auch gab man zu, dass es ein theologischer Fehler war, Judenmission zu treiben, weil Juden und Christen am gleichen Bund Teil haben. Es war der Christ gewordene Jude *Israel Paulus Tabaksblatt* (1902-1992), der im Hinblick darauf von der „Seelsorge der Anwesenheit" sprach, d.h. von einer Beteiligung ohne missionarische Nebengedanken, wofür z.B. der Kibbuz Nes Ammim als Muster gilt. Der VEG hat deshalb um 1970 für diese Arbeit den alten Namen „Ausschuss für Israelmission" geändert in „Ausschuss für den Dienst an Israel"; dieser befürwortet eine „Theologie nach Auschwitz" mit kritischer und demütiger Selbstprüfung. Mit großer Sorgfalt hat man sich über die Verbundenheit mit dem Staat Israel und den christlichen Gruppen unter den Palästinensern geäußert. Mit bescheidenen Mitteln unterstützt man Friedensinitiativen in Israel. Beeindruckend war das Schuldbekenntnis, das die Bundesleitung und der Ausschuss 1995 veröffentlichten.[168]

---

167 Der WARC (World Alliance of Reformed Churches) und der REC (Reformed Ecumenical Council) vereinigten sich im Juni 2010 unter dem Namen World Communion of Reformed Churches (WCRC).

168 Das Schuldbekenntnis ist erschienen in J. van de Kamp (red.), *Niet u draagt de wortel … Theologische achtergronden bij het beleid van de Kommissie Dienst aan Israël*, Brochurereeks 5, Velp 1996, 77f.

Weitere Literatur:

E. van den Berg u.a., Niet om te twisten. Risico's en uitdagingen voor Vrije Evangelische Gemeenten, Gorinchem 1995.

J. Bos u.a., De Vrije Evangelische Gemeenten en de Oekumenische Beweging. Diskussierapport aangeboden aan de Bondsvergadering 1970 van de Bond van Vrije Evangelische Gemeenten in Nederland.

C. Dekker, Gereformeerd en Evangelisch. Ontstaan en Geschiedenis van de Buddinggemeente te Goes en haar plaats in het Nederlandse Protestantisme in de periode 1839-1881, Kampen 1992, 487-527.

Dopen. Verslag van een extra bondsvergadering op 7 maart 2009, Brochurereeks 29 (2009).

J. van de Kamp (red.), Niet u draagt de wortel ... Theologische achtergronden bij het beleid van de Komissie Dienst aan Israël, Brochurereeks 5 (1996).

J. H. Karelse, Congregationalisme onderzoek naar zijn wording in West-Europa en zijn doorwerking in de Bond van Vrije Evangelische Gemeenten in Nederland alsmede een aanzet tot een nieuwe bibliografie van het congregationalisme, Licentiaatsverhandeling 158, Brüssel 1993.

A. C. Louwerse, In gesprek met de Beginselverklaring van de Bond van Vrije Evangelische Gemeenten in Nederland, Velp 1986.

A. C. Louwerse, De wereld tot woning. Vrije Evangelische Gemeenten en Oekumene, Velp 1993.

A. C. Louwerse, Totdat Hij komt. De Bond van Vrije Evangelische Gemeenten in Nederland van 1933-1942, Brochurereeks 17 (2003).

D. Nauta u.a., Biografisch Lexicon voor de Geschiedenis van het Nederlandse Protestantisme, 6 Bde., Kampen 1983-2006; darin biographische Artikel über J. de Liefde, H.W. Witteveen, H.J. Budding, M. Mooij, J. de Heer und I. P. Tabaksblatt).

M. Nijkamp u.a., Rapport betreffende de problematiek van de toelating van de vrouw tot de ambten in de gemeente van Christus (1968).

M. Nijkamp u.a., Ten antwoord op een stem. Bijdragen bij het 100-jarige bestaan van de Bond van Vrije Evangelische Gemeenten in Nederland, Kampen 1981.

M. Nijkamp, De kerk op orde. Congregationalisme. De derde weg in de kerk van de toekomst, 's-Gravenhage 1991.

G. Siebert, Zendingsgemeenten? Een onderzoek naar de missionaire identiteit van de Bond van Vrije Evangelische Gemeenten, Deventer 1983.

Misjonsforbundet i Norge[169]

Der Missionsbund in Norwegen

Bjørn Øyvind Fjeld

0. Einführung

Der Misjonsforbundet i Norge wurde im Jahre 1884 gegründet. Er ist eine der kleineren Glaubensgemeinschaften in Norwegen. Nichtsdestoweniger ist sein Einfluss in Norwegen und auch international gewichtiger als man hinsichtlich seiner Größe annehmen mag. Zurückzuführen ist dies auf die missionarischen Unternehmungen und auf das Wirken der *Ansgar-Bibelschule* und der *Ansgar-Schule für Theologie und Mission.*

1. Historische Entwicklung und gesellschaftliche Stellung

Vorgeschichte und Hintergrund des Misjonsforbundet sind im Jahr 1856 auszumachen, als in den Städten Skien und Tromsö zwei örtliche Glaubensvereinigungen gegründet wurden. Dort war es durch das Wirken des lutherischen Pastors *Gustav E. Lammers* zu Erweckungen gekommen. Innerhalb weniger Jahre wurden fast fünfzig Gemeinden im ganzen Land gegründet – bevor dann zwei Jahrzehnte Stillstand eintrat. In den Jahren 1883 und 1884 war der schwedisch-amerikanische Evangelist *Frederik Franson* in diese Gemeinden eingeladen worden, um dort zu predigen. Daraufhin erfolgten neue Erweckungen, die im ganzen Land geschahen. Nun suchte man eine engere Zusammenarbeit zwischen den neuen und den älteren Gemeinden. Im Juli 1884 wurde ein Bund der im Lande befindlichen Gemeinden geschaffen mit dem Namen *Det Norske Misjonsforbund (DNM).*[170] Diese zwei ersten Jahrzehnte führ-

---

[169] Der englische Name „Mission Covenant Church of Norway“ wird hier mit der offiziellen und in Norwegen geläufigen Abkürzung „MCCN“ gebraucht.

[170] Dies war bis 2005 der offizielle Name. Zur Geschichte der MCCN zwischen 1856 und 1984, siehe I. Diesen, *Veiryddere,* Ansgar Forlag, Oslo 1980.

ten zu Wachstum, und es entstanden neue Glaubensgemeinschaften. Die vorrangigen Arbeitsschwerpunkte des neu gegründeten Bundes waren die Evangelisation und die Mission. In den Jahren 1912 und 1913 wurden zwei wichtige Entscheidungen getroffen.

Erstens: Eine eigenständige Jugendorganisation wurde nach für das ganze Land gültigen Grundsätzen gegründet. Sie erhielt den Namen *Det Norske Misjonsforbunds Ungdom* (NMU). Und zweitens: Eine Ausbildungsstätte für Pastoren und Missionare wurde eingerichtet mit dem Namen *Misjonsskolen.*

Einer der bemerkenswertesten Marksteine in der Geschichte der MCCN ist die große Erweckungsbewegung vor und während des Zweiten Weltkriegs. Der schwedisch-finnische Evangelist *Frank Mangs* war in dieser Zeit der herausragende Erweckungsprediger. Viele neue Gemeinden konnten gegründet werden, neu zum Glauben gekommene Menschen fanden zu örtlichen Gemeinden des Misjonsforbundet und auch zu anderen. Aber danach folgten einige Jahre, die Probleme mit sich brachten. Der Mitgliederstand der Gemeinden zeigte erst Stagnation und dann Rückgang. Ab 1960 jedoch war eine neue Generation von Leitungspersönlichkeiten nachgewachsen. Dieser Wandel hängt zusammen mit der Gründung der *Ansgar-Bibelschule* (1959) und den neuen Leitungsimpulsen durch Reverend *Ingulf Diesen.* Historisch betrachtet zählten alle Einwohner Norwegens zur lutherischen Staatskirche. Die landesweiten Erweckungsbewegungen des 19. Jh. ereigneten sich zumeist innerhalb dieser Kirche Norwegens. Teile dieser Erweckungsbewegungen aber entwickelten sich außerhalb der lutherischen Kirche, und so entstand die *freikirchliche Bewegung.*

Die MCCN hat immer einen Grundsatz vertreten: *die Einheit aller Gläubigen;* schon Frederik Franson ist dem gefolgt.

Die neu zum Glauben Gekommenen sollten die Gemeinschaft der Gläubigen nicht trennen, weder im eigenen Lande noch darüber hinaus. Neu-Gläubigen wurde in Bezug auf ihre Mitgliedschaft in der Staatskirche Gewissensfreiheit gewährt. Viele blieben als ordentliche Mitglieder in der Staatskirche und waren zugleich Mitglieder in der MCCN. Andere traten aus der Staatskirche aus und wurden in offiziellen Verzeichnissen ordnungsgemäß registriert als >Misjonsforbundet-Übergänger<. Im alltäglichen kirchlichen Leben jedoch blieben beide Gruppen in den vielen örtlichen Gemeinschaften zusammen. Alle

Mitglieder dienten mit gleicher Verantwortung und gleichen Rechten und verwirklichten so die Glaubensverbundenheit in den örtlichen Gemeinden.

2. Mission und Evangelisation

Die zwei Jahrzehnte nach 1884 waren durch Erweckungen und evangelistische Einsätze gekennzeichnet. Fast alljährlich wurden Bibelkurse abgehalten, und junge Leute sind als Missionare und Wegbereiter für Gemeindegründungen ausgesandt worden, Männer wie Frauen gleichermaßen. Der in der ganzen Welt unentwegt umherreisende Evangelist Frederik Franson ermutigte während seiner vielen Reisen in Norwegen zur Evangelisation und zu weltweiter Mission.

Franson war ein Anhänger einer bestimmten Glaubensüberzeugung über das Tausendjährige Reich (Chiliasmus). Das bedeutete, dass er die baldige Wiederkunft des Herrn Jesus Christus erwartete. Der Dienst für die Sache des Herrn war daher der vordringliche Auftrag. Die Menschen wurden inständig ermutigt, Jesus Christus noch vor seiner unmittelbar bevorstehenden Wiederkunft als ihren Retter und Herrn anzunehmen. Diese eschatologische Präferenz beschleunigte zwar die evangelistischen Unternehmungen und die weltweite Mission, andererseits führte sie zu einer Zurückstellung der Vorbereitung und der Ausbildung der Mitarbeiter.

Die örtlichen Gemeinden sandten seit dem Jahre 1889 ihre ersten Missionare nach Südafrika. Für diese und solche in China übernahm die MCCN die Verantwortung. Die finanziellen Möglichkeiten waren eher dürftig, aber dem stand der starke Glaube der Missionare gegenüber. Eine nationale Einrichtung trug die Verantwortung für die Missionare in Südafrika, und zwar >so lange, wie Geld vorhanden ist<, wie es damals im Protokoll hieß. Vor und nach dem Zweiten Weltkrieg erstreckte sich die missionarische Arbeit in Afrika vom Zululand bis Kongo-Brazzaville. Dabei arbeitete die MCCN mit der Mission des Schwedischen Bundes zusammen, der im Jahre 1909 seine Arbeit im Kongo begonnen hatte. Das kürzlich stattgefundene Ereignis einer Hundertjahrfeier bestätigte den Tatbestand einer starken kongolesischen Kirche mit mehr als 150.000 Mitgliedern.

Seit 1979 hat sich die MCCN in der missionarischen Arbeit in Kolumbien (Südamerika) engagiert, in enger Verbindung mit dem Mission Department der Evangelical Covenant Church of America. Die missionarische Arbeit in Kolumbien ist stark durch die soziale Situation geprägt und bemüht sich besonders um Drogenabhängige und um Straßenkinder. Viele Glaubensgemeinschaften sind vor Ort entstanden und wachsen sehr schnell. So ist bereits eine unabhängige nationale Kirchengemeinschaft entstanden. Im Jahre 1951 wurde die letzte Missionarin der MCCN in China, *Annie Skau Berntsen*, gezwungen, das Land zu verlassen. Seit den 1950er Jahren und danach wurden neue Einsätze durchgeführt mit Hilfe von Chinesen, die sich nach Hongkong zurückgezogen hatten. Dabei wurden sozialer Einsatz und evangelistische Bemühungen miteinander verbunden. Das Kirchenwachstum und die Entstehung von neuen Kirchen führten zur Bildung der Mission Covenant Church of Hongkong, die 1993 ihre Unabhängigkeit erlangte. Seit 1995 entstanden wieder Kontakte und eine neue Zusammenarbeit mit verschiedenen der früheren Missionsorganisationen, die im Kernland von China gearbeitet hatten. In den letzten zehn Jahren konnten auch in einem anderen Land in Zentralasien Missionare und Sozialarbeiter Fuß fassen. Ebenfalls in den letzten zwei Jahrzehnten wurden in einigen der früher kommunistischen Ländern Osteuropas sowohl kurzzeitige als auch längerfristige Unternehmungen unterstützt.

Die Evangelisationsarbeit innerhalb Norwegens geschah immer in enger Verbindung mit Projekten von Gemeindeneugründungen, verteilt über das ganze Land. Dabei wachsen einige Gemeinden und blühen auf, andere werden kleiner.

3. Mitgliederentwicklung

Während ihrer 125-jährigen Geschichte hat die MCCN drei ausgeprägte Perioden des Wachstums erlebt, zwei Perioden von gleichbleibender Entwicklung und eine Periode des Rückschritts.[171] Den Erweckungen durch Franson folgten einige Jahr-

---

[171] I. Diesen und H. Hagelia, *Veien videre*, Ansgar Forlag Oslo 1984, 261-264.

zehnte, die durch ein Auf und Ab gekennzeichnet waren und durch Anstrengungen, die der Festigung der Organisation der MCCN-Gemeinschaft galten. Nach Turbulenzen im Zusammenhang mit der Depression der Zwanziger und der beginnenden Dreißiger Jahre erneuerte eine große Erweckung die MCCN. Es begann im Jahre 1932 und hielt 15 lange Jahre an. Die Mitgliederzahlen der Gemeinden verdoppelten sich zweimal und wuchsen von rund 2.000 auf fast 8.000 Mitglieder. Nach dem Zweiten Weltkrieg führten Schwierigkeiten im Zusammenhang mit den theologischen Fragestellungen um Sühne und Buße, verbunden mit einem 10-jährigen Moratorium an der Missionsschule, 15 Jahre lang zu einem Rückgang der Mitgliederzahlen. Jedoch seit 1960 und dann die nächsten 25 bis 30 Jahre ergab sich ein langsames aber stetiges Wachstum. Die letzten zwei Jahrzehnte zeigte sich die Mitgliedersituation gleichbleibend. Gegenwärtig beträgt die Zahl der örtlichen Glaubensgemeinschaften ungefähr 100 und die Mitgliederzahl in diesen örtlichen Gemeinden beläuft sich auf 8.500 erwachsene Gläubige. Bis 1969 war die Zahl der eingetragenen Mitglieder (hier sind nur solche Erwachsene und ihre Kinder gemeint, die die Kirche von Norwegen verlassen haben) um rund 4.000 Übertritte angewachsen.[172] Seit 2011 jedoch, in dem das alte Gesetz *Act relating to Dissenters* ersetzt worden ist durch *Act relating to religious communities, etc.* (Lov om trudomssamfunn og ymist anna), sind die Mitgliederzahlen ständig angewachsen bis zur Zeit auf etwa 9.500.

4. Gottesdienst, Liedgut, Liturgie

Die MCCN ist aus Erweckungen entstanden und zugleich dadurch immer wieder erneuert worden. Dieser Hintergrund hat die Gesinnung und die Art des geistlichen Zusammenle-

[172] Zum langen Kampf um ein besseres Verhältnis zwischen den Minderheitskirchen und dem Staat, siehe die Dissertation von I.F. Breistein, *Har staten bedre borgere?* Tapir Akademisk Forlag, Trondheim 2003. Vgl. auch I. F. Breistein, *Die norwegischen Freikirchen und der Kampf für die religiöse Freiheit 1891-1969*; in: FF 13, 2003, 111-121.

bens der örtlichen Glaubensgemeinschaften für Jahrzehnte geprägt. Anfänglich drehte sich das Geschehen hauptsächlich um die durch das Land reisenden Evangelisten und die Erweckungsversammlungen an Wochentagen und an Sonntagabenden. Zeltmissionen wurden in den Sommerzeiten durchgeführt, und so genannte Kreuzzüge für den Glauben für Erwachsene und für junge Leute wurden das ganze Jahr über abgehalten. In den Erweckungsversammlungen wurden zeitgemäße Musik und christliche Lieder eingesetzt sowie persönliche Zeugnisse und Aufrufe zur Bekehrung und zum Heil. Liturgische Elemente gab es fast gar nicht. Jedoch wurde nach und nach der Gottesdienst am Sonntagmorgen in den Gemeinden immer wichtiger. Die durchreisenden Evangelisten wurden ersetzt durch reguläre Pastoren und bezahlte Mitarbeiter für die Jugendarbeit. Heute versammeln sich die meisten örtlichen Gemeinden am Sonntagmorgen zum Gottesdienst. Viele Gruppen halten ihre aktiven Zusammenkünfte aber weiterhin an Wochentagen ab. Die anfangs bevorzugt betriebenen Missionskampagnen wurden größtenteils ersetzt durch planvolles Vorgehen und durch eine reguläre Schulung und Ausbildung der Mitarbeiter. An die Stelle des Wachstums der Gemeinden durch Erweckungen trat ein biologisch bedingter Zuwachs, d.h. wachsende Familien vergrößerten die Gemeinden. Diese Veränderung geht einher mit einer mehr innergemeindlichen evangelistischen Bemühung wie dem Einsatz des Alpha-Kurses oder den Versuchen, die frohe Botschaft über freundschaftliche Beziehungen und Gruppenaktivitäten weiter zu vermitteln.

Liturgische Elemente fanden ihren festen Platz in den Gottesdiensten, wie zum Beispiel das regelmäßig gesprochene *Vaterunser* und das von Zeit zu Zeit gesprochene *Apostolische Glaubensbekenntnis*. Die *Ordination* von Pastoren wird auf der jährlich abgehaltenen Nationalen Konferenz der MCCN vorgenommen.[173] Die monatliche Feier des *Herrnmahls* und die

[173] Zu den Ordinationsriten der MCCN siehe B.Ø. Fjeld, *Rites for the Ordination of Pastors and Installation of Overseers in seven Protestant, Non-Lutheran Churches in Norway: A Comparative Theological Perspective*, in H. R, Iversen, *Rites of Ordination and Commitment in the Churches of the Nordic Countries*, Museum Tusculanum Press, Copenhagen 2006, 265-289.

Taufe von Gläubigen sind von Anfang an Hauptbestandteil der gottesdienstlichen Praxis in den örtlichen Gemeinden gewesen. Ebenso sind beide Formen der Taufe als Grundlage für eine Mitgliedschaft anerkannt. Jedoch hat es eine große Gruppe der Mitglieder, gemäß dem Grundsatz der Gewissensfreiheit, vorgezogen, ihre Kinder in der *Kirche von Norwegen* taufen zu lassen. Aber in den letzten Jahrzehnten hat eine wachsende Zahl von Mitgliedern der MCCN darum gebeten, ihre Kinder in den eigenen Gemeinden zu taufen. Heute taufen die meisten Gemeinden sowohl erwachsene Gläubige als auch die Kinder ihrer Mitglieder. Andere Kinder werden gesegnet.

5. Kulturelle Beziehungen

Ein unverwechselbares Merkmal der Geschichte der Erweckungen ist die nachdrückliche Betonung einer Unterscheidung von *dazu gehören* und *nicht dazu gehören,* anders gesagt: von *wir hier* und *die da draußen.* Normalerweise ergibt sich daraus ein bewusstes, gläubiges Erwarten des kommenden Reiches Gottes – ›die Welt draußen‹ und ihre ganze Kultur gelten als etwas fehlgeleitet Fremdes. Diese theologische Prämisse hat die MCCN nicht in eine gesellschaftliche Isolation geführt und hat auch keine sektiererischen Züge hervorgebracht. Künstlerische und kulturelle Kreativität unter den Mitgliedern ist zunehmend gefördert worden und wird öffentlich anerkannt. Einige im Land bekannte Künstler stammen aus der MCCN. Dies gilt besonders für die Sparten Gesang und Musik. Viele dieser Künstler haben sich bereit gefunden, ihre Dienste der größeren nationalen christlichen Gemeinschaft zur Verfügung zu stellen. Vor vielen Jahrzehnten noch meinte ein bekennender Christ, zu sportlichen Wettbewerben Nein sagen zu müssen. In den letzten Jahrzehnten haben aber viele christliche Athleten, also auch aus den MCCN-Gemeinden stammende Sportler, ihren Glauben mit dem Sport zu verbinden gewusst. Die Tatsache, dass die Ansgar-Bibelschule heutzutage Kurse anbietet in Musik, Tanz und Sport, verstanden als Ergänzung der Glaubensnachfolge, zeigt die gegenwärtig gültige Einstellung und Beziehung zur Kultur in einem weiten Sinne.

6. Verhältnis zur Gesellschaft

Auf der gesamten Wegstrecke seit den Anfängen der MCCN unterhielten die Gemeinden Beziehungen zur Gesellschaft und waren am politischen Geschehen aktiv beteiligt. Im Jahr 1903 wurde ein Mitglied einer kleinen MCCN-Gemeinde im Norden des Landes als Vertreter der aufstrebenden Norwegischen Arbeiterpartei (Arbeiderpartiet)[174] in das Parlament gewählt. Nachdem die Norwegische Christliche Demokratische Partei (Kristelig Folkeparti) gegründet worden war, sind mehrere MCCN-Mitglieder Abgeordnete im Nationalen Parlament gewesen und einige haben jahrelang als Minister in der norwegischen Regierung Dienst getan. Der jetzige Vorsitzende der Christlichen Demokratischen Partei ist Mitglied der MCCN. Als Erweckungsbewegung wurden die MCCN-Gemeinden vielerorts hauptsächlich von schwer arbeitenden Menschen und von Industriearbeitern unterstützt. Diese Mitglieder zählten politisch oft zum linken Flügel, als Kontrahenten der Staatskirche und der etablierten gesellschaftlichen Gruppierungen. Dieses Engagement beider Seiten in politischen und ethischen Fragen hat die Diskussion belebt, führte aber nicht zu einer Entzweiung der christlichen Gemeinschaft. Während des Zweiten Weltkriegs waren Christen aus den Gemeinden der MCCN patriotische Norweger, Seite an Seite mit allen, die für die nationale Freiheit gekämpft haben. Bezogen auf die gegenwärtigen politischen Probleme im Nahen Osten sind die Meinungen geteilt. In seiner Geschichte befand sich die MCCN unter den stärksten Verteidigern des Volkes und des Staates Israel. Die Existenz des Staates Israel wird als eine Erfüllung der biblischen Verheißung angesehen. Heute verteidigen einige aus ihrem Glauben heraus den Staat Israel, wohingegen andere die Liebe Gottes auch für die Einwohner Palästinas hervorheben. Letztere wollen die Politik und die kriegerischen Aktionen des modernen Staates Israel an den ethischen Grundsätzen der Bibel messen. Alle aber stimmen darin überein, dass Israel ein legitimes Recht hat, sein Land zu verteidigen und die Sicherheit seiner Bürger zu schützen.

---

174 I. Diesen und H. Hagelia, *Veien videre*, Ansgar Forlag, Oslo 1984, 147.

7. Ökumenische Situation

Die Grundaussage der MCCN über die Einheit aller Gläubigen ist ein ökumenisches Prinzip. Aber Ökumene besteht zu einem Teil aus der Ökumene der Kirchen, verwirklicht in dem *Ökumenischen Rat der Kirchen* (ÖRK), zum anderen Teil aus einer Ökumene der Personen, genannt Allianz-Ökumene, nach der *Evangelischen Allianz.* Die Identität der MCCN ist in letzterer verwurzelt, und konsequenterweise ist sie nicht Mitglied im ÖRK. Der Misjonsforbundet i Norge ist vertreten in der *World Evangelical Fellowship* (WEF) und in der *Internationalen Lausanner Bewegung.* Die MCCN hat die *Evangelische Allianz,* die *Lausanner Bewegung* und den *Norwegischen Missionsrat* aktiv unterstützt, und das nicht weniger, seitdem sich die drei Körperschaften vor einigen Jahren zur *NORME* zusammengeschlossen haben. Die gleiche Unterstützung hat der *Freikirchenrat* (Frikirkeradet) *von Norwegen* erfahren, der historisch gesehen eine wichtige Plattform für Minderheitskirchen gewesen ist. Aber den begeisterten Einsatz für die Allianz-Ökumene darf man nicht als einen Ersatz für den ökumenischen Auftrag betrachten, zu einer sichtbaren Einheit unter den Kirchen und den verschiedenen Glaubensrichtungen zu kommen.

Die MCCN stimmte mit Wohlwollen einer vollen Mitgliedschaft zu, als im Jahre 1993 der *Christenrat von Norwegen* (Norges Kristne Rad) gegründet wurde. Die MCCN ist aktiv beteiligt an weiteren ökumenischen Foren, zum Beispiel dem *Forum für Theologische Gespräche* (Teologisk Samtaleorum), und in anderen Ad hoc-Kommissionen für gesellschaftliche Probleme. Dies gilt auch für ein seit kurzem bestehendes Komittee zur Verteidigung theologischer Begründungen für ein stärkeres Engagement der Kirchen, bezogen auf die weltweite Umweltentwicklung und die Klima-Problematik. International ist die MCCN Mitglied der IFFEC und ihrer Kommittees für Jugend, Mission und Theologische Ausbildung.[175] Die *Ansgar-Schule für Theologie und Mission* gehört zur MCCN und wird von ihr unterhalten; Ausgestaltung und Profil sind ökumenisch ausgelegt. Die Ansgar-Institution, mit einer Studentenzahl von

[175] W. Persson, *Free and United, The story of the International Federation of Free Evangelical Churches,* Covenant Publications, Chicago, 1998.

insgesamt 300, setzt sich zusammen aus Studierenden und Lehrenden verschiedener Denominationen. Diese Einrichtung belegt die ökumenische Ausrichtung der MCCN und stellt einen wichtigen ökumenischen Impuls für die Kirche und die Gesellschaft dar, national und international. Die Ansgar-Schule bietet heute fünf verschiedene Bachelor-Abschlüsse an und zwei unterschiedliche Master-Abschlüsse. Beide sind durch die Nationale Akkreditierungsagentur für die Akademische Bildung (NOKUT), in Übereinstimmung mit den Europäischen Standards des Bologna-Prozesses, anerkannt.

die evangelische Zeitschrift „Chrzescijanin" (Christ) herausgegeben werden, Chefredakteur wurde Prochanov. 1908 erlaubte die russische Obrigkeit, dass sich in St. Petersburg die erste Gemeinde evangelikaler Christen registrieren lassen konnte. Hauptleiter dieser Gemeinde war Prochanov. Die Bewegung breitete sich aus, es entstanden viele neue Missionsstationen und Gemeinden. Das Bedürfnis, die vielen neuen Gemeinden in einem Bund zusammenzuschließen, fand seinen Ausdruck in einem ersten Versuch bereits im Jahre 1884 auf einem Kongress in St. Petersburg, woran auch Besucher aus Südrussland, der Ukraine und Baptisten aus dem Kaukasus teilnahmen. Der Kongress war für acht Tage geplant, aber am zweiten Tag wurden die Teilnehmer von der Polizei verhaftet. Schließlich begann am 23. Dezember 1908 in St. Petersburg ein zweiwöchiger Kongress, in dessen Verlauf der Russische Bund Evangelischer Christen ins Leben gerufen wurde. Als Präsident wurde Prochanov gewählt, 20 Jahre diente er in diesem Amt.

1.2 Entwicklung in Polen

Die evangelische Bewegung Russlands breitete sich im Jahre 1908 nach Polen aus. 1909 entstand in Kowel die erste Gemeinde evangelischer Christen. In jenem Jahr wurden 38 Personen aufgenommen. Die neue Bewegung fasste besonders in den östlichen Gebieten Polens Fuß. 1920 entstand in Wolhynien (heute zur Ukraine gehörig) der Bund Evangelischer Christen. Besonders groß war damals die Gemeinde in Rowne, 1923 hatte sie 430 Mitglieder. Im selben Jahr wurde ein „Bund Evangelischer Christen und Baptisten" ins Leben gerufen, jedoch gründete 1925 die Mehrheit der Baptisten einen eigenen Bund. Daraufhin gab man sich den Namen „Bund Slawischer Evangelischer Gemeinden". 1927 wurde der Bund als einzige unter ähnlichen Bewegungen in Polen vom Staat registriert. 1937 eröffnete die Warschauer Gemeinde eine Bibelschule, die Pastoren und Missionare auch für bekenntnisverwandte Gemeinden ausbildete.

Zu Beginn des Zweiten Weltkriegs umfasste der Bund 131 Gemeinden, 288 Gemeindegründungsgruppen, 935 Missionsstationen, 27.383 Mitglieder (davon 18.444 getaufte Erwachsene), 104 Sonntagschulen, 119 Jugendkreise, 112 Chöre, 52 Frauenkreise, zwei Waisenhäuser und eine Bibelschule.

Der Zweite Weltkrieg hat die Gemeindearbeit stark gebremst und sogar fast ganz zum Erliegen gebracht. Nur in Warschau und Lublin konnte man noch Gottesdienste veranstalten. Nach dem Krieg befand sich die große Mehrheit der Gemeinden auf russischer Seite, weil die polnischen Grenzen nach Westen verschoben worden waren. Am 6. Januar 1946 wurde der Bund Evangelischer Christen (BEC) reaktiviert, das Ministerium bestätigte die frühere Registrierung.

Im Jahre 1947 – der BEC zählte damals 40 Gemeinden und Missionsstationen – ging der Bund zusammen mit zwei anderen Bünden eine Föderation unter dem Namen „Vereinte Evangelische Kirche" ein. Auf Druck des kommunistischen Staates musste sich der BEC zusammen mit vier anderen Bünden als „Vereinte Evangelische Kirche" neu konstituieren, jedoch war diese keine echte Föderation mehr. Der Staat wollte die Unterschiede zwischen den einzelnen Bünden auslöschen und verhindern, dass sie selbstständig blieben. Das war für den BEC in Polen keine gute Zeit. Manche Gemeinden verloren ihre Identität, und so schrumpfte die Zahl der Gemeinden. Erst 1987 durften die einzelnen Bünde wieder selbstständig werden, so auch der BEC unter dem heutigen Namen „Kirche Evangelikaler Christen" (KECh).[179] 1988 wurde die KECh in Polen als Verein registriert und 1990 im Register der Kirchen und anderen konfessionellen Vereine eingetragen.

Einige evangelikale Bünde (unter anderen auch die KECh) haben vor kurzem gemeinsam einen Text verfasst, der ihr Verhältnis zum Staat regeln soll. Wird dieses Reglement vom Parlament angenommen, so erhalten diese Bünde mehr Rechte und größere Arbeitsmöglichkeiten.

2. Mission und Evangelisation

Die KECh arbeitet heute in Polen in fünf regionalen Kreisen. Sie hat vier Freizeitheime, führt Freizeiten, Missionseinsätze und Schulungen durch. Sie gibt die Zeitschrift „Evange-

[179] L. Szenderowski, *Ewangeliczni Chrześcijanie*, The Slavic Gospel Association, Wheaton (USA), 1982, 154-220.

likale Stimme" heraus und publiziert Bücher. Die KECh arbeitet mit christlichen Vereinen und Missionen zusammen.

Verschiedene Angebote der Gemeinden beachten, dass die zu erreichenden Menschen in der Regel nicht besonders wohlhabend sind. In den Aktivitäten der Gemeinden liegt also eine immer stärkere Betonung auf dem sozialen Bereich. Es wird jedoch versucht, entsprechende Angebote mit dem evangelistischen Anliegen zu verbinden. Letzteres bleibt weiterhin sehr wichtig oder ist sogar das Wichtigste.

Beispielsweise werden für Kinder aus Heimen oder armen Familien Freizeiten finanziert. Auch hat in den letzten 10 Jahren fast jede Gemeinde die sozialdiakonische Aktion „Weihnachten im Schuhkarton" organisiert, es wurden Tausende von gespendeten Weihnachtspaketen verteilt. Meistens geschah dies in Zusammenarbeit mit Fürsorgeämtern, Kinderheimen, Schulen, Frauenhäusern u.ä. Für bedürftige Familien wurden viele solcher Aktionen in Gemeinderäumen organisiert und mit speziellen Programmen für Kinder und Erwachsene verbunden. Dies ist eine wunderbare Möglichkeit, das Evangelium zu verkündigen.

In den 1990er Jahren schenkten die Gemeinden verschiedene technische Geräte an Krankenhäuser, Fürsorgeheime und ähnliche Einrichtungen. Medikamente und andere Hilfsgüter wurden über das Rote Kreuz und christliche Gemeinden in die Ukraine gebracht. Viele Gemeinden nutzen die Ferienzeit, um evangelistische Einsätze, Kinderlager und Freizeiten durchzuführen. Die aus der Erweckungsbewegung hervorgegangene KECh in Polen versteht Evangelisation als eine ihrer Prioritäten im Gemeindeleben.

3. Mitgliederentwicklung

Wie bereits erwähnt, umfasste die KECh bzw. der BEC zu Beginn des Zweiten Weltkriegs 131 Gemeinden, 935 Missionsstationen und 18.444 getaufte Mitglieder (mit Kindern 27.383). 1947 waren aufgrund der politischen Grenzverschiebung nur 40 Gemeinden und Missionsstationen im polnischen Gebiet verblieben. Ende 2008 hatte die KECh 35 Gemeinden, 23 Missionsstationen und 2076 Mitglieder.

4. Gottesdienst, Liedgut, Liturgie

Den Mittelpunkt des Gottesdienstes bildet die Predigt. Gewöhnlich gibt es gegen Anfang und gegen Ende des Gottesdienstes eine Gebetszeit. Die musikalische Gestaltung des Gottesdienstes kann je nach Geschmack und Möglichkeiten der Gemeinde sehr unterschiedlich sein. In einigen Gemeinden ist eine Musikgruppe (auch Lobpreisgruppe genannt) für die Auswahl und Begleitung der Lieder sowie eigene musikalische Beiträge verantwortlich, in anderen Gemeinden werden die Lieder vom Gottesdienstleiter oder Pastor ausgewählt. Es gibt aber auch Gemeinden, in denen die Gottesdienstteilnehmer die Lieder vorschlagen, mit denen sie Gott loben möchten. Eine Musikgruppe besteht meist aus einigen Sängern und Instrumentalisten, die Gitarre, Piano und Schlagzeug, manchmal aber auch Blech- und Streichinstrumente, spielen. In den Gemeinden ohne Musikgruppe wird der Gesang häufig von einem Instrument wie Gitarre oder Piano (Keyboard) begleitet. Da die Gemeinden der KECh meist sehr klein sind – eine 50 bis 60 Mitglieder zählende Gemeinde darf schon als groß gelten – kann es passieren, dass niemand da ist, der ein Instrument zur Liedbegleitung spielen kann.

Im Gottesdienst werden durchschnittlich etwa 10 Lieder gesungen. Diese sind so ausgewählt, dass sowohl ältere als auch jüngere Gottesdienstbesucher mit dem ihnen vertrauten Liedgut Gott loben können. Deshalb kommen alte Hymnen ebenso vor wie neuere und auch ganz moderne Lieder. Dafür werden verschiedene Gesangbücher benutzt. In vielen Gemeinden entstehen jedoch auch eigene mit Übersetzungen moderner fremdsprachiger Lieder oder auch solchen polnischer Komponisten.

5. Verhältnis zu Kultur und Gesellschaft

Die Gemeinden und die KECh als Ganze sind zu klein, um in der Politik eine Rolle zu spielen. Es gibt auch zu wenige Mitglieder, die sich in der Politik engagieren. Lediglich in einigen größeren Gemeinden trifft man im politischen Bereich tätige Personen, aber das ist eher die Ausnahme und nicht das Ergebnis gezielter Gemeindeaktivitäten. Man versteht sich vor allem als Bürger des Reiches Gottes, diese Bürgerschaft gilt im

Vergleich zur irdischen als wichtiger. Wir glauben auch, dass die Menschen vor allem eine innerliche, geistliche Befreiung und Veränderung brauchen, die nur Gott in seiner Gnade geben kann, was durch den Glauben an Jesus als Herrn und Heiland geschieht. Erst dann können sie in ihrer Umwelt gesund und positiv handeln. Kein politisches System kann die Situation von Menschen heilen – wenn sie aber eine persönliche Beziehung zu Jesus Christus haben, kann das große und positive Auswirkungen auf ihre ganze Umwelt haben, dann können sie „Salz der Erde“ sein.

Die KECh versteht sich als evangelikaler und konservativer Zweig der polnischen evangelischen Szene. Dies ist besonders im Bereich der Ethik zu spüren. Während im Allgemeinen eher postmoderne Tendenzen vorherrschen, versucht die KECh eine biblische Ethik zu lehren und umzusetzen.

Zum Thema Krieg und Militärdienst gibt es unter den Mitgliedern der KECh Polens unterschiedliche Überzeugungen. In den vergangenen Jahren sind Viele zur Armee gegangen, während Andere dies abgelehnt haben.

6. Ökumenische Situation

Die KECh in Polen ist Mitglied und Mitgründerin der Polnischen Evangelischen Allianz. Auf internationaler Ebene ist sie Mitglied der IFFEC. Die KECh ist offen für Kontakte und realisiert dies hauptsächlich durch Beziehungen mit verwandten Bewegungen. Kongresse und Konferenzen werden gemeinsam mit anderen evangelikalen Gemeindebünden veranstaltet, meistens mit Brüdergemeinden und Baptisten, manchmal aber auch mit Pfingstgemeinden. Örtlich wird die Zusammenarbeit auf verschiedene Art und Weise praktiziert, u.a. durch Pastorentreffen aller evangelikaler Gemeinden.

Svenska Missionskyrkan

Die Schwedische Missionskirche

Walter Persson

1. Historische Entwicklung und rechtliche Situation

Die Schwedische Missionskirche (SMK), die von 1878 bis 2002 den Namen Svenska Missionsförbundet (Schwedischer Missionsbund) trug, ist aus der am Beginn des 19. Jh. sich auf lutherischem Boden unter pietistischem und angelsächsischem Einfluss ausbreitenden Erweckungsbewegung hervorgegangen und im Wesentlichen eine kongregationale Kirche. Während einer Predigerkonferenz am 2. August 1878 in Stockholm wurde sie von 37 selbstständigen Gemeinden gebildet. Die erste dieser Ortsgemeinden war 1855 gegründet worden.

Die damals überall in Schweden begonnenen Gemeindebildungen kamen aus der so genannten neuevangelischen Erweckung. Zu dieser Zeit waren alle Bürger Schwedens gesetzlich Mitglieder der lutherischen Staatskirche. Die ersten Gemeinden haben sich darum nicht so sehr als Gemeinden einer neuen Kirche gesehen, sondern mehr als Vereine innerhalb der bereits existierenden Kirche. Die Mitglieder waren bekennende, persönlich bekehrte Christen. Sie vertraten die Meinung, dass ein Glaubender das Abendmahl nur zusammen mit bekehrten Christen feiern sollte. Sie waren auch davon überzeugt, dass sie den Auftrag hatten, ihre Mitmenschen zum persönlichen Glauben zu führen, sowohl vor Ort als auch weltweit. Die Hauptanliegen waren Lehre und Mission. Hinzu kam bald die Frage, wie es möglich sei, gegenüber der schwedisch-lutherischen Staatskirche selbstständig zu werden.

Die als Kriegsgefangene bis nach Tobolsk in Sibirien verschleppten schwedischen Soldaten der 1709 in Poltava besiegten Heere Karls XII. bekamen in Russland Hilfe aus Halle und Herrnhut. Die Schwedische Kirche sandte regelmäßig von der pietistischen Erweckung beeinflusste Priester als Seelsorger und Kaplane zu den Gefangenen. Als die Kriegsgefangenen nach etwa 25 Jahren wieder nach Schweden zurückkehrten, gab es im Umfeld der vom Pietismus berührten lutherischen Priester manche Sprengel, wo die Heimkehrer den schon vorhandenen pietistischen und herrnhutischen Einfluss verstärken konnten. Während die Strömung der Aufklärung weiter anwuchs, breitete sich auch die Erweckung weiter aus.

Sie wurde begünstigt durch die sorgfältige Erziehung mit dem Katechismus Luthers, die von der Schwedischen Kirche für alle Bürger zur Pflicht gemacht worden war.[180] 1815 wurde die Schwedische Bibelgesellschaft gegründet, die große Mengen von Bibeln verteilte. 1819 kam ein neues Kirchengesangbuch heraus, dazu auch viele kleinere Sammlungen mit Erweckungsliedern. Eine Menge von Zeitschriften und kleineren Schriften erschien. Bezeichnend ist, dass die Erweckten oft *Läsare* (Leser oder Studierende) genannt wurden. Die Erweckung war mitgeprägt von einer Dimension allgemeinen sozialen und bildungsmäßigen Bewusstseins des 19. Jh. Mit der geistlichen Erweckung waren auch eine Verantwortlichkeit für den Einsatz gegen Alkoholkonsum und andere soziale Bestrebungen verknüpft.

Zunächst machte sich die Erweckungsbewegung meist innerhalb der lutherischen Kirche bemerkbar, es gab baptistische Gruppen und methodistischen Einfluss. Einer der leitenden Prediger war *Carl Olof Rosenius*, ein Laienprediger innerhalb der lutherischen Kirche. Er stand auch in enger Verbindung mit *George Scott*, einem methodistischen Pastor, der 1830 aus England nach Stockholm gekommen war. Damals gab es einen englischen Industrieellen, *Samuel Owen*, der mit der Produktion der ersten Dampfschiffe in Schweden beschäftigt war. Mit Owen kamen viele englische Industriearbeiter, gemeinsam gründeten sie eine Gemeinde in Stockholm. Andere „Erweckte" waren der Lektor *Paul Peter Waldenström* und der Pfarrer der schwedischen Kirche, *E. J. Ekman*. Diese Männer kamen aus der innerkirchlichen Bewegung „Evangeliska Fosterlandsstiftelsen" (EFS, Evangelische Vaterlandsstiftung). Die EFS war in ganz Schweden verbreitet, und die ersten Ortsgemeinden, die sich der SMK anschlossen, gehörten zuvor oftmals zur EFS.

---

[180] *Christliche Erziehung in Europa*, Bd. 3, Stuttgart 1975, Kap. V-VII: Schweden, von S. Rodhe, K.-E. Brattgård und W. Persson.

Die ersten Erweckungsprediger waren Männer, doch gab es auch viele aktive Bibelfrauen und Gastgeberinnen der Hausgemeinden, die oft als Seelsorgerinnen tätig waren. Viele Frauen haben sich von Anfang an in der Mission engagiert.

Die damals aktuellen theologischen Fragen betrafen hauptsächlich das Thema Versöhnung. Die so genannte objektive oder orthodoxe Auffassung war, dass Gott durch den Tod Christi „bezahlt" worden sei und sich, statt zornig zu sein, aufgrund dieser Bezahlung mit der Menschheit versöhnt habe. Die andere Auffassung, die die neuevangelische oder die subjektive genannt wurde, bestand darin, dass Gott sich nicht wegen Christus verändert, sondern sein ewiges Wesen, seine immerwährende Liebe in seinem Sohn ein für alle Mal gezeigt habe. Gott habe so die Folgen der Sünde auf sich genommen, Leiden und Tod getragen und damit die Sünde besiegt.

In der theologischen Debatte stellte Waldenström immer dieselben Fragen, die auf die Bibel gestützt waren und die noch heutzutage oft in der SMK zu hören sind: „Was steht geschrieben?" und „Wo steht es geschrieben?"

Die entscheidende Bibelstelle in der Versöhnungsdebatte war 2. Kor 5, 17-19 (21): „Ist jemand in Christus, so ist er eine neue Kreatur; das Alte ist vergangen, siehe, Neues ist geworden. Aber das alles von Gott, der uns mit sich selber versöhnt hat durch Christus und uns das Amt gegeben, das die Versöhnung predigt. Denn Gott war in Christus und versöhnte die Welt mit sich selber und rechnete ihnen ihre Sünden nicht zu und hat unter uns aufgerichtet das Wort von der Versöhnung."

Die andere große Frage war, ob das Abendmahl für alle offen sei oder nur für den Glaubenden.

Die Erweckungsbewegungen kamen bald mit der offiziellen Kirche und dem Staat in Konflikt. Dazu gehörte auch, dass es in der Gesellschaft und unter vielen Glaubenden Proteste gegen die staatskirchlichen Ordnungen gab. Sie betrafen auch die Ausbildung der Prediger und Missionare der immer größer werdenden Auslandsmission. Die Staatskirche und auch die EFS verlangten, dass Prediger und Missionare als Pfarrer der Staatskirche ordiniert werden sollten. Dass die EFS diesen Standpunkt vertrat, war einer der Faktoren dafür, dass sich die SMK aus Ortsvereinen und einzelnen Personen der EFS bildete. Die EFS veranstaltete jedes Jahr eine Konferenz für Prediger. Sie fand in der englischen oder methodistischen Kirche in Stockholm statt, wo Rosenius, Ekman und Waldenström oft predigten.

Am 2. August 1878 gab es eine solche Konferenz. In einer Sitzung, in der man die Ausbildung der Missionare, das Abendmahl, die Theologie der Versöhnung und andere aktuelle Fragen behandelte, war Pfarrer Ekman Vorsitzender. Waldenström war gerade anderweitig beschäftigt, als der Beschluss gefasst wurde, einen Schwedischen Missionsverbund zu gründen. 37 Repräsentanten von Ortsgemeinden setzten ihren Namen unter diesen Beschluss. Danach gab es eine Betstunde, an welcher auch Waldenström teilnahm.

Ekman wurde zum Präsidenten des Verbunds gewählt. Er neigte stärker zur Gründung einer Freikirche als Waldenström, der innerhalb der EFS und damit auch innerhalb der schwedischen Staatskirche bleiben wollte. Zwischen diesen beiden Männern gab es in der Folgezeit in theologischen und kirchlichen Fragen immer wieder Spannungen, bis Ekman 1904 gezwungen wurde abzutreten und Waldenström an seine Stelle trat. Er blieb bis zu seinem Tod 1917 Präsident und Missionsleiter.

Der 1878 gegründete Svenska Missionsförbundet war ein Verbund für Missionsarbeit in Schweden und anderen Ländern. Mitglieder dieses Verbunds waren Ortsgemeinden von evangelischen Christen. Das Selbstverständnis der SMK hat sich im Laufe der Zeit vom Verbund zur Kirche gewandelt. Dies schlägt sich deutlich in vielen begrifflichen Veränderungen nieder, zum Beispiel ist aus dem „Missionshaus“ die „Missionskirche“ geworden, aus der „Missionsleitung“ die „Kirchenleitung“, aus der „Generalkonferenz“ die „Kirchenkonferenz“ usw. Einzelne Begriffe wie „Missionsvorsteher“ für den Kirchenleiter werden einstweilen noch beibehalten, werden aber in Zukunft sicher verändert, um das neue kirchliche Bewusstsein zu unterstreichen. Bedingung für die Mitgliedschaft in den Ortsgemeinden ist weiterhin das persönliche Bekenntnis zu Jesus Christus als Herrn und Heiland.

Gesetzlich wurden die Gemeinden bis 1996 als Vereine und der Svenska Missionsförbundet als nationaler Verband dieser Vereine verstanden. Dann wurde vom schwedischen Reichstag ein neues Religionsgesetz verabschiedet, welches den Begriff Kirche zum ersten Mal auch für andere Glaubensgemeinschaften als die schwedisch-lutherische Kirche zu gebrauchen erlaubte.

In Schweden werden alle Organisationen, die sich selbst Kirche nennen und öffentliche Gottesdienste feiern, auch rechtlich als Kirchen anerkannt. Daraus ergeben sich steuerliche Erleichterungen, das Recht auf staatliche Unterstützung, das Trauungsrecht, das geschützte Recht auf das Beichtgeheimnis und anderes. In diesen Angelegenheiten ist es sehr wichtig, die Religionsfreiheit und Selbstständigkeit zu beachten. Um solche Fragen kümmert sich vorzugsweise der ökumenische Christenrat. Es gibt auch eine Kammer, die auf Vorschlag der Kirchen und anderer Religionsgemeinschaften von der Regierung ernannt wird und eng mit ihr zusammenarbeitet.

2. Mission und Evangelisation

Es war eine logische Folge der Erweckung, die Missionsarbeit zu fördern. Von Beginn an entfaltete die SMK, die „Mission“ bewusst in ihrem Namen trägt, ihre Aktivitäten in den zwei Bereichen Heimatmission und Außenmission. Die Heimatmission umfasste Evangelisation, Erziehungsarbeit, Ausdehnung und Zusammenarbeit der von Anfang an strikt kongregationalen Ortsgemeinden. In der Folge organisierten sich die Gemeinden schon bald in regionalen Bezirken. Zunächst wurden diese Bezirke „Ansgarsförbund“ genannt – als Erinnerung an den in den Jahren 829 bis 830 aus Bremen nach Schweden gekommenen Missionar Ansgar. Dass die Erweckten häufig auf Ansgar Bezug nahmen, zeigt meines Erachtens, dass sie sich nicht außerhalb der Tradition des schwedischen Christentums stellten.

Eine vorherrschende Tradition der SMK besteht darin, dass sie sich eher inklusiv als exklusiv versteht. Deshalb behandelt sie in ihren Gemeinden öffentlich verschiedene Fragen, die in engeren kirchlichen Kreisen tabuisiert werden oder als Thema ungeeignet erscheinen. Die dieser Vorgehensweise zugrunde liegende Überzeugung ist, dass die Gemeinde nicht durch Ausschlüsse von Mitgliedern „sauber“ und von Sünde befreit wird, sondern dass Versöhnung und Heiligung dadurch stattfinden, dass alles vor Christus gebracht wird. Nicht wir, sondern Christus bewahrt seine Gemeinde und rettet sie.

Die Außenmission wurde nicht als separate Arbeit verstanden, sondern als genuiner Bestandteil des Aufgabenbereichs der

Gemeinden und des Bundes. Die ersten Missionare wurden nach Russland und Lappland gesandt. Es erscheint allerdings kurios, dass die Mission unter den Lappen (Samen) als Außenmission betrachtet wurde, obwohl Lappland teilweise zu Schweden gehört. Jedoch mussten die Missionare eine andere Sprache lernen.

1881 kam der erste Missionar in den Kongo. Seit 1960 gibt es in den beiden Kongostaaten zwei selbstständige evangelische Kirchen mit fast einer halben Million Mitglieder. Schwedische Missionare arbeiten in beiden Kongokirchen unter afrikanischer Leitung im theologischen, technischen und medizinischen Bereich mit.

China war in der Zeit nach dem Ersten Weltkrieg die größte Missionsarbeit der SMK. Eine selbstständige chinesische Kirche „Der rechte Weg" wurde 1926 gegründet und besteht heute als Teil der Unierten Evangelischen Kirche Chinas fort. Während der Frühzeit des Kommunismus gab es geheime Kontakte mit unterirdischen Hausgemeinden. Die offizielle Missionsarbeit wurde nach dem Zweiten Weltkrieg mit den früheren Chinamissionaren in Japan fortgesetzt. Dort gibt es nun eine selbstständige Schwesterkirche, mit der die SMK zusammenarbeitet.

In den letzten Jahren des 19. Jh. unterhielt die SMK Missionsarbeit unter Muslimen besonders in Persien, Xinkjiang (heute Teil Chinas) und anderen mittelasiatischen Ländern. Hier wie in vielen anderen Ländern betrieben die Missionare eine wichtige Übersetzungsarbeit. Es gab auch Buchdruckereien, und in der kommunistischen und islamistischen Zeit der letzten Jahrzehnte wurden Bibeln und christliche Literatur verteilt.[181]

Während der Christenverfolgungen in Xinkjiang, dem damaligen Ostturkestan, flohen die dortigen Missionare der SMK über den Himalaya nach Indien. Dort, in Maharashtra, haben sie ihre Mission unter Muslimen fortgesetzt. Aus dieser Arbeit stammt die heute noch wachsende Hindustani Covenant Church, womit die SMK in Verbindung steht.

Seit 1965 hat die SMK – zusammen mit der Schwedischen Kirche – eine missionarische Arbeit in der Pakistanischen evan-

---

[181] W. Persson, *Översättningar i missionen*, in: Den Svenska Bibeln 450 år, Stockholm 1991, 378-394.

gelischen Kirche, besonders im Bereich der theologischen Ausbildung.

Ende des 19. Jh. unterhielt die SMK Missionsarbeit auch in Alaska. Diese wurde später an die Covenant Church (USA) übergeben. Seit 1968 arbeitet die SMK mit dieser Kirche in Ecuador zusammen. In Mittelamerika unterhält die SMK noch Missionsarbeit gemeinsam mit der Mährischen Kirche.

Die Missionsarbeit entwickelt sich weiter, besonders mit Unterstützung und in Zusammenarbeit mit schon existierenden Kirchen in Russland, Europa und im Orient. Durch ökumenische Kontakte, besonders in der IFFEC und im Reformierten Weltbund, ergeben sich neue Missionsaufgaben. Die Missionsarbeit verändert sich ständig in ihren Formen, besteht jedoch in ihrer Substanz als ein sehr wichtiger Teil der SMK fort.

3. Mitgliederentwicklung

Die Absicht der Gründer war, die SMK als einen für alle christlichen Gemeinden offenen Verbund zu gestalten. Persönliche Mitgliedschaft war nur in den Ortsgemeinden möglich. Dafür sollte es außer dem Glauben keine anderen Bedingungen wie etwa ein bestimmtes *Taufverständnis* oder formuliertes Bekenntnis geben. Die Gründer hatten wirklich die Hoffnung, eine Gemeinschaft für alles christliche Leben zu schaffen. Doch diese Hoffnung erfüllte sich nicht. Verschiedene Zusatzbestimmungen in Teilen der SMK betreffs Taufe, Liturgie, Bekenntnis, Ethik und anderes machten es unmöglich, die Utopie einer einzigen christlichen Bekenntniskirche zu verwirklichen. Positiv ist jedoch, dass die SMK die ursprüngliche Sehnsucht ihrer Gründerväter nicht vergessen hat und deshalb ganz offen für verschiedene ökumenische Beziehungen ist.

Von Beginn an schlossen sich eine Vielzahl bereits existierender Ortsgemeinden, EFS-Vereinigungen und neu entstehender Gruppen von Erweckten der SMK an, die bis 1928 stetig wuchs. Damals gab es mehr als 100.000 Mitglieder, zusätzlich noch 100.000 Kinder und junge Leute, und dies in einem Land von etwa sechs Millionen Einwohnern. Am Beginn des 21. Jh. liegt die Einwohnerzahl Schwedens über neun Millionen, während die Mitgliederzahl der SMK sich fast halbiert hat. Jedoch gibt es etwa 170.000 Menschen, die regelmäßig an den

Veranstaltungen und besonders den Gottesdiensten teilnehmen.

Traditionell wurden neue Mitglieder dadurch gewonnen, dass sie die Veranstaltungen für Kinder, Jugendliche und Erwachsene durchliefen. Dies hat sich am Ende des 20. und am Beginn des 21. Jh. gewandelt. Die meisten Mitglieder werden (wieder) durch persönliche Kontakte gewonnen, und zwar in der Studierendenarbeit, durch soziale Projekte sowie durch musikalische und kulturelle Veranstaltungen. Persönlicher Umgang mit glaubenden Menschen, private Bibellese und verschiedene weniger organisierte Begegnungen scheinen mehr und mehr eine Rolle zu spielen. Die auf diese Weise Christ gewordenen Menschen suchen in erster Linie nicht eine bestimmte Denomination, sondern eine Gemeinschaft von Glaubenden. Dasselbe Phänomen ist zu beobachten, wenn Kirchenmitglieder an einen anderen Ort umziehen, sie halten mehr nach einer lebendigen Gemeinde als nach einer bestimmten Denomination Ausschau.

Die SMK hat 686 Ortsgemeinden, mehr als 100 von ihnen sind auch anderen evangelischen Freikirchen angeschlossen. Da die ökumenische Zusammenarbeit vor Ort oft von großer Bedeutung ist, ergeben sich natürlich aus praktischen Gründen Kooperationen der verschiedenen Gemeinden. Deren Verbindung mit der jeweiligen Kirchenleitung bleibt jedoch bestehen, um der überörtlichen Verantwortung für Mission, Ausbildung und andere Aufgaben nachzukommen. Durch ihre Auslandsmission und ökumenischen Verbindungen hat die SMK einen weltweiten Horizont und engagiert sich in verschiedenen internationalen Fragen.

Die veränderte Mitgliedersituation schafft insofern ein ökonomisches Problem, als die eingeschriebenen und damit verantwortlichen Mitglieder nur einen geringen Teil der Besucher darstellen. Jedoch geht die Bedeutung der Arbeit nicht zurück. Seit den 1950er Jahren ist die Anzahl der regelmäßigen Teilnehmer an der Gemeindearbeit ständig gewachsen. Diese Situation ist ein Spiegelbild der Gesellschaft, in der die Menschen weniger als früher zu verbindlicher Mitgliedschaft in einer Organisation bereit sind. Dies hängt vielleicht mit einem wachsenden Individualismus zusammen und ist natürlich eine Herausforderung für die Gemeinden. Die größte Frage für die SMK ist heute, wie es am besten gelingen kann, Menschen unter diesen neuen Voraussetzungen zu Christus zu führen. Fragen von

Gemeindewachstum, missionarischem Engagement und wie man das Evangelium in der Ausgestaltung der Kultur und im gesellschaftlichen Leben zur Geltung bringen kann, sind von großer Bedeutung.

4. Gottesdienst, Liedgut, Liturgie[182]

Eine Folge der Freiheit ist, dass die Gottesdienste in den verschiedenen Gemeinden ganz unterschiedlich gestaltet werden. In den größeren Gemeinden ist er oft liturgisch festgelegt, in anderen Gemeinden kann er mehr den Charakter einer christlichen Feier oder Zusammenkunft mit persönlichen Zeugnissen haben.

Da die Gemeinde nicht in erster Linie durch gemeinsame theologische Auffassungen zusammengehalten wird, kommt dem *Herrnmahl* eine besondere Bedeutung zu. Es wird von einem Pastor oder einem von der Gemeinde dazu berufenen und vertrauenswürdigen Mitglied geleitet. Es wird wenigstens einmal pro Monat, in manchen Gemeinden auch öfter gefeiert. Jeder, der Gemeinschaft mit Jesus Christus sucht, ist eingeladen, am Herrnmahl teilzunehmen.

Die Auslegung des Wortes Gottes geschieht durch die Predigt. In vielen Gemeinden gibt es Studiengruppen, die – aufgrund eines Gesetzes für alle Organisationen – durch einen ökumenischen Studienverband vom Staat finanziell unterstützt werden. Die Begegnung in solchen Gruppen wird oft mit einer Gebetsgemeinschaft verbunden. Es ist eine Art moderner Konventikel.

Musik und gemeinsamer *Gesang* sind ein wichtiger Teil des Gemeindelebens. Ein Gesangbuch mit 868 Liedern ist eine ökumenische Koproduktion der sieben schwedischen Freikirchen. Der erste Teil (mit 325 Liedern) ist auch in den Pfingstgemeinden, der schwedisch-lutherischen Kirche und der römisch-katholischen Kirche in Gebrauch. Dies ist ein wichtiges Zeichen und ein wirksames Instrument zur Förderung der ökumenischen Gemeinschaft in Schweden.

---

182 Vgl. auch W. Persson, *Möteskullturen i Svenska Missionsförbundet,* in: H. Andreasson, *Liv och rörelse SMK historia och identitet,* Stockholm 2007, 335-348.

5. Verhältnis zur Kultur

Die Schwedische Missionskirche verpflichtet sich in ihren Grundsätzen zum Einsatz für Gerechtigkeit, Frieden und eine bessere Umwelt. Mit ihrer Verantwortung für die Schöpfung engagiert sie sich für eine gerechte Verteilung und Verwaltung der Ressourcen der Welt. Die Kirche bietet den Menschen auch einen offenen Raum, um ihre Fragen im Licht der christlichen Offenbarung zu reflektieren. Das heißt, dass die SMK in ihrer Arbeit und Verkündigung sich den Herausforderungen der gegenwärtigen Gesellschaft und Welt stellt.

6. Verhältnis zur Gesellschaft

Traditionell engagieren sich Mitglieder der SMK-Gemeinden in Gesellschaft und Politik. Sie tun dies nicht, weil sie eine bestimmte politische Richtung unterstützen, sondern weil es zur christlichen Verantwortung gehört, in der Gegenwart zu wirken. Vorherrschend sind liberale und sozialdemokratische Politiker, aber es gab und gibt in allen demokratischen Parteien auf lokaler, regionaler und nationaler Ebene, auch in leitenden Funktionen und als Minister, Mitglieder der SMK-Gemeinden. Es gibt Aktivisten in Friedensorganisationen, bei den Grünen und auch in der Pflugscharbewegung und bei Greenpeace. Aber es gibt auch Offiziere und aktive Soldaten, die zur SMK hören. Aus gemeindlicher Sicht kommt es darauf an, dass Christen aus ihren Überzeugungen eigenverantwortliche Schlussfolgerungen ziehen. Soweit wir wissen, hat es in unseren Gemeinden nie nationalsozialistische Mitglieder gegeben, wohl aber echte Kommunisten und manche Sozialisten.

7. Ökumenische Situation

Während der letzten 50 Jahre hat das Bewusstsein „SMKler“, Baptist, Methodist oder etwas anderes zu sein, mehr und mehr abgenommen. Die Entwicklung scheint mehr dahin zu gehen, sich als „Glaubender“ eines bestimmten Ortes zu verstehen. Diese Situation fördert alle Art von ökumenischer Zusammenarbeit. Es hat auch die Zusammenarbeit mit der schwedischen Kirche befördert. (Diese Kirche ist seit dem Religionsgesetz von 1996 die offizielle Kirche und Volkskirche geblieben, sie ist aber nicht mehr Staatskirche.) Seit einiger Zeit arbeitet eine Delegation des schwedischen Baptistischenbundes, der Methodistenkirche und der SMK daran, eine gemeinsame evangelische Freikirche zu bilden. Der klare Wille dazu ist schon von den drei genannten Kirchen offiziell erklärt worden. Inzwischen haben die zuständigen Gremien dieser Kirche ihre Zustimmung erteilt. Nur noch der Name der neuen Kirche fehlt bisher. Es handelt sich um einen Schritt, der schon seit den 1960er Jahren durch enge Zusammenarbeit vorbereitet wurde.

Örtliche und nationale Beziehungen werden mit anderen Gemeinden und Denominationen innerhalb der ökumenischen Arbeit gepflegt. Die Verlagsarbeit wird mit der schwedischen Kirche innerhalb einer Mediengesellschaft betrieben. Die Ausbildung und theologische Forschung erfolgen in gemeinsamer Verantwortung mit den Baptisten und den Methodisten und teilweise auch der schwedischen Kirche in der Hochschule „Stockholms Teologiska Högskola". Die Jugendarbeit wird zusammen mit den Jugendverbänden der baptistischen und der methodistischen Kirchen in der Organisation „Equemenia" betrieben. Die SMK ist Mitglied des Schwedischen Christenrats und nimmt an fast allen ökumenischen Gemeinschaftsprojekten, die nicht konfessionellen Sonderregelungen unterliegen, teil. Die SMK ist ferner Mitglied im Lausanner Komitee und Gründungsmitglied des Nordischen Ökumenischen Rates, in der KEK, der WCRC, dem ÖRK und der IFFEC.

Die Veränderungen im Leben einer Kirche ereignen sich parallel zu dem, was man in der übrigen Gesellschaft sehen kann. Wohin dies führen wird, ist schwierig zu sagen. Es scheint mir ganz deutlich, dass die Entwicklung und das Leben der Kirchen auch von den allgemeinen Veränderungen der Gesellschaft und der Menschheit beeinflusst werden. Als Christen müssen wir uns aber immer daran erinnern, dass der Herr nach seinem eigenen Wort jeden Tag bis an das Ende der Zeit bei uns ist. Unsere Gemeinden und Kirchen sind nicht das, was ewig bleiben soll, sondern ein zeitlicher Ausdruck des Reiches Gottes. „Mein Reich ist nicht von der Art dieser Welt", sagt Jesus, aber er sagt auch: „Mir ist alle Macht im Himmel und auf Erden gegeben." Unsere Aufgabe ist es, die Versöhnung zu verkündigen und das Evangelium in alle Welt zu tragen.

Die Freien Evangelischen Gemeinden in der Schweiz

Ueli Jungen

1. Historische Entwicklung und rechtliche Situation

Die Ursprünge der FEG in der Schweiz gehen an den Anfang des 19. Jh. zurück. Der Rationalismus beherrschte Fakultäten und Kirchen. Die reformatorische Bibelgläubigkeit wurde verlassen und durch eine Religion der Vernunft ersetzt. Im Mai 1817 wurde in Genf, der Stadt des Reformators Calvin, den Pfarrern verboten, die biblischen Wahrheiten zu verkündigen, für die Johannes Calvin gekämpft hatte. Pfarrer *César Malan*, der trotz des Verbots die evangelischen Wahrheiten verkündigte, erhielt Kanzelverbot. Er baute im Garten seines Hauses die „Kapelle des Zeugnisses", in der sich die Gläubigen an den Sonntagen versammelten. Weitere Männer gründeten dann ähnliche freie Gemeinden. So kam es zum „Réveil", der Genfer Erweckungsbewegung, die in den folgenden Jahren weitere Kreise zog und zur Gründung freikirchlicher evangelischer Gemeinden führte.

Bern war in einer ähnlichen kirchlichen Situation wie Genf. *Karl von Rodt* (1805-1861), der aus einer vornehmen Berner Patrizierfamilie stammte, wurde von der Erweckung in Genf erfasst. Aus innerer Überzeugung schloss er sich einer kleinen Gruppe in Bern an, die das Ziel hatte, eine von der Staatskirche unabhängige Gemeinde aufzubauen. Diese Gruppe, die sich „Eglise de Dieu" nannte, wurde 1828 ins Leben gerufen. Die bernische Regierung schritt ein Jahr später hart gegen diese Gruppe ein und verbannte unter anderem Karl von Rodt aus dem Kanton Bern. Während der Verbannung hielt sich Karl von Rodt in Genf auf und lernte hier die führenden Männer des „Réveil" persönlich kennen. Er reiste dann weiter nach Paris und London, wo er die angelsächsische Erweckungsbewegung und ihre verschiedenen geistlichen Schwerpunkte kennenlernte. Er machte auch theologische Studien und ließ sich aufgrund seiner Glaubensüberzeugung taufen. Zwei Jahre nach dem politischen Umschwung 1831, der im Kanton Bern Glaubens-

und Gewissensfreiheit garantierte, kehrte von Rodt nach Bern zurück. Er begann mit evangelistischem Eifer in Bern und den umliegenden Städten und Dörfern vom Staat unabhängige Gemeinden zu gründen, die etwa ab 1850 „Freie Evangelische Gemeinden" genannt wurden. Während seines kurzen Lebens gründete er in der Westschweiz über 30 Gemeinden. Durch persönliche Kontakte – weit über die Landesgrenzen hinaus – konnte Karl von Rodt, vor allem in Deutschland und Norwegen, die freikirchliche Bewegung stark mitprägen.

Die Gemeinden, die aus seiner Arbeit hervorgegangen waren, schlossen sich 1877 vorübergehend zu einem Bund zusammen. 1910 wurde dann der heutige „Bund der Freien Evangelischen Gemeinden in der Schweiz" definitiv geschlossen.

Es gab auch immer wieder Bemühungen, einen internationalen Bund zu schließen. Es waren Vorläufer der IFFEC, die 1948 zu Ehren von Karl von Rodt in Bern gegründet wurde.

In der Ostschweiz war *Stephan Schlatter* (1805-1880), der Vater des Tübinger Theologieprofessors Adolf Schlatter, eine bekannte Gründerfigur. Der Apotheker Stephan Schlatter war viel zu evangelistischen Diensten in Verkündigung und Verkauf von Bibeln unterwegs. Aufgrund des starken Liberalismus in der Staatskirche gründete er 1837 in St. Gallen die erste FEG. Die Gemeindeglieder litten oftmals unter Diskriminierungen, bis die neue Bundesverfassung 1848 auch ihnen volle Glaubens- und Gewissensfreiheit garantierte. Schlatter lernte Karl von Rodt aus Bern kennen und merkte, dass sie die gleichen Glaubensüberzeugungen hatten. Die FEG St. Gallen schloss sich daraufhin dem damaligen Bund FEG an, und Schlatter half weitere Gemeinden in der Ostschweiz zu gründen.

2. Mission und Evangelisation

Die FEG in der Schweiz fördern die Gemeindeaufbauarbeit in verschiedenen Bereichen:

Gemeindeentwicklung: Dieser Bereich will den Gemeinden helfen, sich weiter zu entwickeln. Er wendet sich an die Gemeindeleitungen, aber auch an die Arbeitszweige der verschiedenen Altersgruppen.

Kinder- und Jugendarbeit: Die Kinder– und Jugendarbeit will junge Menschen zu einem echten, missionarischen Leben mit

Jesus führen. Dieses Ziel soll durch Schulung und Freizeitangebote erreicht werden. In diesem Arbeitsgebiet sind die Kommissionen der Kinder-, Jungschar- und Jugendgruppen vertreten.

Schulungen: Durch Schulungen im Gemeindebau sollen die Gemeinden und ihre Mitarbeiter/innen unterstützt werden. Dazu zählen Seminare wie „Ausbildungskurs Gemeindeleitung", „Ältesten- und Mitarbeiterschulung" usw. Hier ist auch die Gemeindeberatung zugeordnet. Sie steht Gemeindeleitungen und Pastoren für Schulung, Beratung und Coaching zur Verfügung.

Leiterschaft: Dadurch fördert die FEG Schweiz die Ausbildung von Pastoren. Sie pflegt Kontakte zu Ausbildungsstätten, stellt Dozenten zur Verfügung und begleitet die Studierenden. Auch werden Beziehungen gefördert durch Pastorenkonferenzen und regionale Pastorentreffen. Dem Bereich „Leiterschaft" ist die Theologische Kommission angegliedert, die zu aktuellen Fragen theologische Stellungnahmen erarbeitet. Eine wichtige Aufgabe ist es auch, Gemeinden und Pastoren bei einem Wechsel zu beraten und zu begleiten.

Innovation/Projekte: Die FEG Schweiz will gezielt Innovationen fördern, damit die Gemeinden lebendig bleiben. So werden Trends in Evangelisation und Gemeindebau untersucht und bewertet. Was erstrebenswert scheint, wird durch Schulungen und Kongresse in geeigneter Weise in die Gemeinden eingebracht. Dabei hilft ein Entwicklungsfonds, neue Projekte auch finanziell zu unterstützen.

Vision Schweiz (Inlandmission): Die „Vision Schweiz" setzt dort Missionare ein, wo sie von einer wachsenden Gruppe von Christen gerufen wird. Oder sie hilft Gemeinden, die eine Gemeinde aufbauen. Dabei hat sie das Ziel, selbstständige Gemeinden zu bauen. Die Leitung liegt beim Missionsrat. Sie lebt von freiwilligen Spenden.

Vision Europa (Europamission): Nach 40 Jahren „Evangelische Europamission" wurde dieses Werk 1990 von der FEG Schweiz übernommen. Dazu kamen Aufbauarbeiten in Österreich, die schon vorher unterstützt wurden. Die „Vision Europa" arbeitet vor allem in den südlichen Ländern Europas. Die Leitung liegt beim Missionsrat und wird durch Länderverantwortliche wahrgenommen. Der Missionsleiter wird teilzeitlich angestellt. Auch „Vision Europa" lebt von freiwilligen Spenden.

Weltweite Mission: Die FEG in der Schweiz haben keine eigene weltweite Missionsgesellschaft. Dafür arbeiten sie eng mit bestehenden Missionsgesellschaften zusammen, in denen nicht wenige Missionare arbeiten, die aus FEG kommen. Dies ist die „Schweizer Allianz Mission" (SAM) und die „Vision Africa"(VIA).

3. Mitgliederentwicklung

In der Gründungszeit, ab 1850, erlebten die FEG eine rasche Verbreitung. Allein im Kanton Bern entstanden vor allem durch Karl von Rodt innerhalb weniger Jahre über 30 neue, kleinere und größere Gemeinden. Ähnliche Entwicklungen gab es einige Jahre später auch in der Zentral-, Ost- und Nordschweiz. Durch die markanten Gründerfiguren entstanden gemeindliche Aufbrüche. Es folgten dann Jahre einer Konsolidierungsphase. 1877 wurde ein erster Bund in der Schweiz geschlossen, der aber um die Jahrhundertwende wieder aufgelöst wurde. Leider stellt man ab 1890 einen starken Rückgang der Gemeindetätigkeit fest. Auch andere Freikirchen sind in diesem Zeitraum entstanden, und manche kehrten wieder zur Landeskirche zurück. 1910 erfolgte eine Neugründung des Bundes der FEG in der Schweiz, dieser besteht noch bis heute. 17 selbstständige Gemeinden mit verschiedenen Außenstationen schlossen sich damals zusammen. Langsam zeigte sich wieder ein leichtes Wachstum, sodass 1970 knapp 30 Gemeinden gezählt werden konnten. 1975 wurde die Inlandmission gegründet, aus deren Arbeit bis heute über 30 Gemeinden hervorgegangen sind. 1980 waren dem Bund 38 Gemeinden angeschlossen, und durch stetiges Wachstum waren es 57 FEG im Jahr 1990.

Im Jahre 2009 umfasste der Bund über 70 selbständige Gemeinden, die jeweils noch einzelne Zweiggemeinden haben. Hinzu kommen noch rund 30 befreundete Gemeinden. Im Bund FEG werden ca. 7000 eingeschriebene Mitglieder gezählt, hinzu kommen noch rund 5000 Freunde, das heißt regelmäßige Gottesdienstbesucher.

4. Gottesdienst, Liedgut, Liturgie

Über Jahrzehnte war ein Gottesdienst in einer FEG grundsätzlich von der reformierten Liturgie geprägt. Das heißt, die Predigt war eine klare Bibelauslegung und war auch der dominante Hauptteil des Gottesdienstes. Einleitend sang man zwei bis drei Lieder, die durch Schriftlesung und Gebet unterbrochen wurden. Der Abschluss bestand meistens in Gebet, Lied und Segen. Die Liederbegleitung geschah durch Orgel, Harmonium oder Klavier. Die Lieder waren einerseits dem reformierten Kirchengesangbuch entnommen, und zum großen Teil sang man das Liedgut aus den angelsächsischen Erweckungsbewegungen. Viele Jahre, ja Jahrzehnte, blieb der Gottesdienststil fast gleich. In den verschiedenen Gemeinden wurden die Gottesdienste ohne große nennenswerte Unterschiede gefeiert. *Taufe* und *Abendmahl* gestaltete man meistens in einem schlichten Stil. Die Liturgie stellte der jeweilige Prediger selbst zusammen. Mehrheitlich wurde auch der ganze Gottesdienst durch den Prediger/Verkündiger geleitet.

In den letzten 30 bis 40 Jahren gab es einen recht großen Umbruch. Neue und moderne Lieder wurden immer mehr ins Gottesdienstprogramm aufgenommen. Ein Moderator gestaltet den Gottesdienst, der verschiedene Elemente enthält wie Anbetungszeit, Möglichkeit für persönliche Erlebnisberichte, Gelegenheit fürs freie Gebet, Segnung und natürlich weiterhin als wichtiger Faktor die Predigt. Auch wurden die Orgel und das Harmonium durch moderne Liedbegleitung (Musikband) abgelöst. Die neueren Veränderungen sind in den einzelnen Gemeinden ganz unterschiedlich vor sich gegangen. Generell kann man beobachten, dass kaum noch in einer FEG ein liturgisch reformierter Gottesdienst abgehalten wird. Überall wird recht unterschiedlich die Gottesdienstform den heutigen Gegebenheiten und Bedürfnissen angepasst.

5. Verhältnis zur Kultur

Die Schweiz hat eine der ältesten Demokratien. Noch heute wird die „direkte Demokratie“ mit großer Überzeugung praktiziert. Das heißt, jeder schweizer Bürger kann regional und national politisch durch Wahlen und Abstimmungen mitbestimmen. Dies gibt auch den christlichen Gemeinden ein bestimmtes Gepräge. So sind die FEG recht stark nach demokratischen Prinzipien aufgebaut und strukturiert. Die einzelnen Gemeinden legen viel Wert darauf, dass sie selbständig und autonom arbeiten können. Auch innergemeindlich läuft vieles nach demokratischen Prinzipien ab. Eine hierarchisch kirchliche Struktur kennen die FEG nicht.

6. Verhältnis zur Gesellschaft

Die FEG verstehen sich als evangelikale Freikirche, die von den Landeskirchen und vom Staat unabhängig ist. Jede Gemeinde ist selbständig und am Ort als rechtlicher Verein konstituiert. Die FEG ist eine Freiwilligkeitskirche und erwartet eine persönliche Entscheidung für die Mitgliedschaft aufgrund des Glaubens an Jesus Christus. Sie wird durch freiwillige Beiträge ihrer Mitglieder finanziert. Ein gemeinsames Glaubensbekenntnis haben sie nicht. Fast jede Gemeinde hat ihren Statuten auch ein kurzes, oft recht allgemein abgefasstes Glaubensbekenntnis angefügt.

Stellungnahmen zu politischen und ethischen Strömungen hat der Bund FEG bisher nicht abgegeben.

7. Ökumenische Situation

Die FEG der Schweiz haben keine Beziehung zur ökumenischen Bewegung. Dafür sind sie Mitglied der „Schweizerischen Evangelischen Allianz“(SEA). Praktisch alle Gemeinden arbeiten lokal innerhalb der SEA. Die SEA versteht sich als Allianz von Christen aus Landes- und Freikirchen und auch von verschiedenen christlichen Werken. Die SEA will die Zusammenarbeit evangelischer Christen fördern. Zudem ist der Bund FEG Mitglied des „Verbandes evangelischer Freikirchen und Gemeinden in der Schweiz“(VFG). Zu diesem Verband gehören 13 freikirchliche Körperschaften mit über 600 lokalen Gemeinden und einem breiten Fächer angeschlossener diakonischer Werke vorwiegend in der deutschsprachigen Schweiz. Die „Leiterkonferenz der Freikirchen“ (Hauptverantwortliche der Freikirchen) leitet zugleich die Generalversammlung des Verbandes.

Zu den Hauptaufgaben des VFG gehören:
- Zusammenarbeit im Blick auf den missionarischen Auftrag in der Öffentlichkeit und in der Gesellschaft.
- Förderung und Pflege einer vertieften Gemeinschaft mit den Verbandsmitgliedern.
- Förderung der Akzeptanz der Freikirchen in der Öffentlichkeit.
- Gesprächspartner sein für andere Kirchen und Verbände.
- Eintreten für christlich-ethische Werte in unserer Gesellschaft.

Im Auftritt der Christen in den öffentlichen Medien spielten Exponenten der FEG immer wieder eine wichtige Rolle. So wurde es möglich, dass die wöchentliche Fernsehsendung „Fenster zum Sonntag" im staatlichen Fernsehen ausgestrahlt werden kann und so die Anliegen der Freikirchen einer breiten Öffentlichkeit zugänglich gemacht werden. Einige Gemeinden und viele Mitglieder unterstützen auch aktiv den „Evangeliums-Rundfunk"(ERF), der in der Schweiz eine bedeutende evangelische Radio- und Fernseharbeit betreibt.

Fédération romande d'Eglises évangéliques en Suisse

Französischsprachiger Bund evangelischer Gemeinden in der Schweiz

Jean-Charles Moret[183]

0. Vorbemerkung

Die Darstellung der Fédération romande d'Eglises évangéliques der Schweiz (FREE) erfordert einige Vorbemerkungen, damit besser verständlich wird, wovon wir reden. Die Kantone Genf, Waadt, Neuenburg und der französischsprachige Teil des Kantons Bern bilden dafür den maßgeblichen historischen Rahmen. Die Bevölkerung dieser Kantone war mehrheitlich calvinistisch und jeder Kanton hatte seine eigene kirchliche Organisation.

Die Geschichte der evangelikalen Kirchen beginnt am Anfang des 19. Jh. mit der Erweckung („Réveil") in Genf. Diese Erweckung brachte sehr bald zwei Zweige hervor: die evangelikalen Versammlungen und die Freien Gemeinden. Die evangelikalen Versammlungen haben sich schnell in anderen französischsprachigen Kantonen verbreitet.

Im Kanton Neuenburg nannten sich die aus der Erweckung hervorgegangenen Kirchen „Eglises libres" (Freie Gemeinden). Im Kanton Waadt verließ 1848 ein Teil der Pastoren die Waadtländische Landeskirche, um die Freien Gemeinden des Kantons Waadt zu bilden. Sie bestanden bis zu ihrer Wiedereingliederung in die Landeskirche im Jahre 1966 fort und nannten sich damals „*Eglise Evangélique réformée du Canton de Vaud*" (Evangelisch-refomierte Kirche des Kantons Waadt).

Es gibt bzw. gab also in der französischsprachigen Schweiz drei Größen mit dem Namen >frei<, die nicht verwechselt werden dürfen: 1. die Freie Gemeinde von Genf, die heute von einer eher charismatischen Linie geprägt ist; 2. den Bund der

[183] Übersetzung aus dem Französischen von J. Demandt.

Freien Evangelischen Gemeinden (Fédération des Eglises Evangéliques libres, FEEL, der im Jahre 2007 zur FREE wurde), und 3. die bis 1966 bestehenden Freien Gemeinden des Kantons Waadt. Lediglich die FEEL war ein Zweig der FEG in der Schweiz (zum VFG gehörig), und sie selbst Mitglied der IFFEC. Nur für diese interessieren wir uns im Folgenden.

Eine Annäherung der FEEL mit der *Union des Assemblées évangéliques de Suisse romande* (AESR) führte 2007 zu einer vollständigen Fusion, um einen neuen Bund zu bilden, die *Fédération romande d'Eglises évangéliques (FREE*). Im Folgenden werden wir diesen Schritt genauer erläutern.

Im internationalen Bereich erhält die FREE die Verbindungen beider Bünde, aus denen sie hervorgegangen ist, aufrecht. Deshalb ist sie Vollmitglied sowohl in den *Brethren Assemblies* als auch in der IFFEC.

1. Historische Entwicklung und rechtliche Situation[184]

1.1 Entstehung der evangelikalen Kirchen

Die Erweckung („Réveil") entstand im Kreis der Studenten der theologischen Fakultät von Genf, wo man Griechisch und Hebräisch studierte, aber kaum einmal die Bibel aufschlug. Um 1810 kam ein mährischer Prediger namens Mettetal von Montbéliard gelegentlich nach Genf, um einige Überlebende einer von Zinzendorf auf seiner Durchreise im Jahre 1741 gegründeten Gruppe zu ermutigen. Diese Gruppe traf sich bei dem Vater eines Theologiestudenten namens Bost. *Bost junior* und seine Freunde bildeten die *Gesellschaft der Freunde,* >um sich gegenseitig zur Ausdauer und zum Glauben an die Liebe Gottes zu ermutigen<. 1817 hielt sich der schottische Prediger *Robert Haldane* sechs Monate in Genf auf. Mit seinen Studenten las er den Römerbrief und prägte ihren Glauben.

Es war *César Malan*, der den Funken ins Pulverfass schleuderte, als er im März 1817 in einer überfüllten reformierten Kirche voller Engagement über Lk 19,10 predigte: „Der Men-

---

[184] Vgl. M. Lüthi, *Aux Sources Historiques des Eglises Evangéliques. L'évolution de leurs ministères et de leurs ecclésiologies en Suisse Romande*, Bevaix 2003.

schensohn ist gekommen zu suchen und selig zu machen, was verloren ist." Die Vereinigung der Pastoren reagierte mit der *Verordnung vom 3. Mai 1817,* die den Studenten bei Strafe, nicht zum Abschlussexamen der Fakultät zugelassen zu werden, auferlegte, nicht über die göttliche Natur Christi, die Erbsünde, die Gnade und die Vorherbestimmung zu predigen. Am 21. September 1817 feierte eine Gruppe von einem Dutzend Personen zum ersten Mal außerhalb der offiziellen Staatskirche das Abendmahl, und zwar unter der Leitung von César Malan. Dies war die Geburtsstunde der Assemblées de frères, die sich dann weiter ausbreiteten, besonders im Kanton Waadt.

Von der Erweckung erfasste Reformierte sehnten sich danach, einen von bibelorientierter Theologie geprägten Ort der Verkündigung und des Gebets zu haben, ohne sich von der Staatskirche zu trennen. 1834 errichteten sie die *Chapelle de l'Oratoire.* 1847 wurden sie zu einer Freikirche. Diese setzt noch heute mit sechs Gottesdienstorten ihre Entwicklung fort. Offiziell ist sie an die *Fédération des Eglises protestantes de Suisse* angebunden.

1.2 Die Fédération des Eglises Evangéliques libres (FEEL)

Seit 1825 besuchten Evangelisten aus Genf und dem Waadtland den Kanton Neuenburg und trugen damit zur Förderung der Erweckung bei. Ein Lehrer namens *Magnin,* hervorgegangen aus der Erweckungsbewegung, verließ seinen Wohnort La Sarraz (Waadt) und zog nach Coffrane (Neuenburg). An mehreren Orten bildeten sich Hauskreise. Nach Coffrane und Neuenburg kamen welche in Fleurier, Gorgier, La Côte-aux-Fées, Les Ponts, La Sagne, Le Locle und La Chaux-de-Fonds hinzu. Jedoch im Unterschied zu den evangelikalen Gemeinschaften des Kantons Waadt, die sich mehr in Richtung der Brüdergemeinden orientierten, neigten diejenigen des Kantons Neuenburg stärker den Freikirchen zu. 1942 vereinigten sie sich zur Fédération des Eglises évangéliques libres (FEEL).

1.3 Die darbystische Krise

Zu jener Zeit entstand eine größere Krise bezüglich der Autoritätsfrage. Seit 1837 besuchte *John Nelson Darby,* der sich jeder in der Gemeinde eingesetzten Autorität radikal widersetzte, regelmäßig die französische Schweiz. 1842 verließen etwa 60 Glieder die Hauptkirche «Frères» von Genf, um eine Versammlung nach den Grundsätzen Darbys zu gründen. Ein bedeutender Teil der aus der Erweckung hervorgegangenen Gemeinden folgte Darby. Die evangelikale Einheit zerbrach. Indessen ist festzuhalten, dass die Freien Gemeinden im Kanton Neuenburg dem Einfluss Darbys deutlich mehr widerstanden haben als die Brüderversammlungen im Kanton Waadt.

1.4 Fusion der FEEL und der AESR, die Entstehung der FREE

Die FEEL umfasste 13 Ortsgemeinden, während die AESR 36 Gemeinden hatte, und zwar hauptsächlich in den anderen Kantonen. In Erinnerung an ihre gemeinsamen Anfänge in der Erweckungsbewegung bauten sie ihre Beziehungen auf und fassten ihre erste formelle Zusammenarbeit ins Auge, nämlich die Zusammenlegung der beiden Zeitschriften unter dem neuen Titel „Vivre".

Seit 1993 haben Begegnungen zwischen den Pastoren der FEEL und der AESR Beziehungen geschaffen, die schließlich zu einer jährlichen gemeinsamen Pastorentagung geführt haben. 1997 richteten die Pastoren eine Anfrage an die Leitungsorgane von FEEL und AESR, in der sie diese zu einem Schritt der Annäherung aufforderten. 1999 benannten diese Instanzen eine Untersuchungskommission, welche die Übereinstimmungen und Unterschiede zwischen FEEL und AESR evaluieren sollten.

Im Jahre 2001 billigten die AESR und die FEEL eine Absichtserklärung, welche die bestehende Zusammenarbeit bestätigte, die Notwendigkeit wechselseitiger Informationen betonte und sich das Prinzip gegenseitiger Vertretung zu Eigen machte. Diese Erklärung wurde für eine Laufzeit von zwei Jahren unterzeichnet, d.h. bis 2003.

Eine für die Verständigung zwischen FEEL und AESR eingesetzte Studienkommission stellte eine Untersuchung an, die acht Punkte klären sollte: Geschichte und Strukturen, Lehre, Gemeindeverständnis, Gesellschaft, charismatische Erneuerung und Ökumene, Frauenpastorat, Strukturen und missionarisches Engagement, Inlandmission und Weltmission. Im März 2002 hieß es im Bericht: > *Die Studienkommission für die Verständigung hat zwischen den beiden Gemeindebünden keine empfindliche Divergenz festgestellt, welche die bestehenden oder künftigen Beziehungen beeinträchtigen könnten.* < Im Frühjahr 2003 wurde die Gültigkeit der Erklärung bis zum 31. Dezember 2006 verlängert. Am 25. November 2006 wurde während einer historischen Generalversammlung die Entscheidung getroffen: Die Bünde von AESR und FEEL lösen sich auf und machen ab Januar 2007 Platz für die *Fédération romande d'Eglises évangéliques (FREE).* Nur eine einzige Gemeinde der FEEL zog sich zurück.

1.5 Rechtliche Situation

Jede Ortsgemeinde bildet einen unabhängigen Verein, wie dies vom Bürgerlichen Gesetzbuch der Schweiz geregelt ist. Die FREE bildet ebenfalls einen Verein, der die Gemeinden als Bund zusammenführt. Der Sitz befindet sich in St. Prex im Kanton Waadt.

2. Mission und Evangelisation

Die FEEL und die AESR hatten eine missionarische Vision entwickelt. Die FEEL sandte Missionare über bestehende Missionsgesellschaften (SIM, Wycliff usw.) aus, während die AESR sich ihre eigene Sendungsstruktur geschaffen hatten, den *Service missionnaire Evangélique (SME).* Die FREE hat bei ihrer Gründung all diese missionarischen Verpflichtungen von FEEL und AESR übernommen.

Heute ist die FREE weltweit präsent durch Beziehungen mit etwa 40 ausgesandten Einzelpersonen oder Ehepaaren, und zwar in sechs Ländern Afrikas (die wichtigsten örtlichen Partner befinden sich im Tschad und im Kongo), in vier Ländern Asiens, drei Ländern des Nahen Ostens sowie in Europa (Frankreich, Italien, Rumänien). Die SME beteiligt sich an einem Netzwerk von Beziehungen mit Organen der Entwicklungshilfe wie >Pain pour le Prochain< und DDC (Direction du Développement et de la Coopération suisse).

Evangelisation wurde lange Zeit durch die Organisation >Tente romande< betrieben. Seit 1927 hat sich diese Zeltarbeit ausgebreitet und trug zur Entstehung mehrerer Gemeinden der FREE bei. Die Vermehrung der Gemeinden geschah vor allem durch das Ausschwärmen der Gemeindeglieder. Eine Kommission >Gemeindegründung< begeleitet die neuen Gemeinschaften.

Eine einzelne Gemeinde betreibt Evangelisation besonders mittels eines Konzepts von Heilungsdiensten, und zwar in Verbindung mit der *Association internationale des Ministères de Guérison.*

3. Mitgliederentwicklung

Das zahlenmäßige Wachstum der FREE ist aufs Ganze gesehen langsam. Es variiert stark von einer Gemeinde zur anderen. Im Laufe der letzten 20 Jahre mussten einige Gemeinden schließen, während zehn andere neu entstanden. Heute haben die 49 Gemeinden ungefähr 4300 Mitglieder, 2000 Kinder und Jugendliche sowie etwa 1500 Sympathisanten.

4. Gottesdienst, Liedgut, Liturgie

Die FREE vereint sehr unterschiedliche Gemeinden: die einen sind sehr >klassisch-evangelikal<, die anderen >offen charismatisch<. Die *Gottesdienste* sind gut besucht. Parallel werden für Kinder und Teenager nach Altersgruppen getrennte, unterschiedliche Programme angeboten. Der Bund gibt keinerlei *Liturgie* vor. Im Allgemeinen nimmt das gesungene Lob einen sehr breiten Raum ein. Die im Wesentlichen zeitgenössischem Repertoire entnommenen *Lieder* werden von Lobpreisgruppen geleitet. In den meisten Gemeinden wird an jedem Sonntag das *Abendmahl* gefeiert. Die *Predigt* wird sowohl vom Pastor als auch von Gemeindegliedern gehalten. Mehr und mehr beteiligen sich daran auch Frauen. Aufgrund der Entwicklung audiovisueller Technik sind die Gottesdienste weniger ein spontaner Ausdruck der Gemeindeglieder (wie es früher der Fall war) als das Ergebnis einer vorherigen Vorbereitung.

5. Verhältnis zur Kultur

Das demokratische System der Schweiz und das Konsensprinzip haben zu einer Kultur beigetragen, die auch die interne Organisation der Gemeinde sowie die Art der Entscheidungsprozesse prägt. Die Gemeindeglieder werden dazu aufgefordert, sich mit ihrem Votum zu den verschiedenen Fragen zu äußern, die das Gemeindeleben berühren.

Verkündigung und Frömmigkeit spiegeln auch die Kultur wider. Sie drückt sich eher in einer pragmatischen Art aus als in weitschweifigen theoretischen Ausführungen. Regelmäßig werden thematische Konferenzen abgehalten, die sich mit den gesellschaftlichen Fragen beschäftigen. Die Referate werden von Theologen, Psychologen und anderen Fachleuten gehalten. Die derzeitige Vermischung von Völkern und Vorstellungen führt die Gemeinden weg von ausgetretenen Pfaden hin zu neuen Perspektiven.

6. Verhältnis zur Gesellschaft

Die gleichzeitig durch den Einfluss Darbys und ein Gefühl der Ausgrenzung geprägten Gemeinden hatten lange Zeit eine Tendenz zur Trennung von der Welt. Heute jedoch werden die Gemeindeglieder dazu ermuntert, am öffentlichen Leben der Kommunen und Kantone aktiv teilzunehmen. Allerdings müssen sich die Pastoren und Verantwortlichen des Bundes jeglicher Aktivitäten in einer politischen Partei enthalten. In den letzten Jahrzehnten ist der soziale Aspekt der Gemeinden auf verschiedene Weise zum Ausdruck gekommen: Es entstanden medizinisch-soziale Einrichtungen für ältere Menschen oder Jüngere und Erwachsene, die vorübergehend eine Krise durchmachen, ein Wohltätigkeitsladen und andere lokale Aktionen wie Kindergärten. Unterstützt werden auch Seelsorger in Krankenhäusern und Gefängnissen.

Um eine stärkere staatliche Anerkennung zu erreichen, hat sich die FREE im Kanton Waadt mit anderen evangelikalen Kirchen zusammengetan (Heilsarmee, Apostolische Gemeinden usw.) und die *Fédération Evangélique Vaudoise (FEV)* gebildet. Die FREE beteiligt sich auch an dem Programm >Bis 2015 die Armut stoppen<, das die Millenniumsziele für Entwicklung unterstützt.

7. Ökumenische Situation

Auf evangelikaler Ebene ist die FREE Mitglied des „Réseau Evangélique", eines Netzwerks, das in der französischen Schweiz die Anliegen der weltweiten EA vertritt. Über die FEV ist die FREE im *Conseil des Eglises chrétiennes du canton de Vaud (CECCV)* vertreten, der die protestantischen, katholischen und orthodoxen Kirchen umfasst. Die Beziehungen zu den offiziellen protestantischen Gemeinden wie zu den katholischen Gemeinden sind brüderlich, jedoch variiert die tatsächliche Zusammenarbeit von Gemeinde zu Gemeinde. Während sich die einen mit dem Austausch von Informationen begnügen, organisieren die anderen gelegentlich gemeinsame Feste oder besondere evangelistische Aktionen wie Alphakurse. Der Bund ermutigt zur Pflege von Beziehungen mit den anderen Gemeinschaften, überlässt es jedoch den Mitgliedsgemeinden, dafür Sorge zu tragen, im Blick auf ökumenische Belange ihren eigenen Weg zu finden.

Církev bratrské v České republice

Die Brüderkirche in der Tschechischen Republik

Pavel Černý[185]

1. Historische Entwicklung und rechtliche Situation

Die Anfänge der Brüderkirche reichen in die Jahre 1860 bis 1880 zurück. Damals begann in der Umgebung der ostböhmischen Stadt Náchod eine von Laien getragene geistliche Erweckung. 1868 wurde im Ort Bystré die >Tschechische freie evangelische Kirche< gegründet. Ihre Gründung wurde mit beeinflusst von der schottischen „Free Church", die im benachbarten Preußen tätig war. Auch in Prag kam es in dieser Zeit zu einer geistlichen Erweckung. Hier trafen 1864 drei amerikanische Missionare ein, die eine kongregationalistische Mission aus Boston in das damalige Österreich-Ungarn entsandt hatte. Diesen Missionaren ging es um die Erneuerung der bestehenden evangelischen Kirchen. Die damalige reformierte Kirche war jedoch von der liberalen Theologie beherrscht und brachte kein großes Verständnis für diejenigen auf, die die Wiedergeburt aus dem Heiligen Geist erlebt hatten und nach ihrer eigenen Bekehrung bei der Evangelisation mitwirken wollten.

Deshalb kam es in Prag 1880 zur Gründung der >Freien reformierten Kirche<. Ihr schloss sich auch die Tschechische freie evangelische Kirche aus Bystré an. Nach und nach entstanden weitere Gemeinden und die neue Kirche begann zu wachsen. Nach der Ausrufung der Tschechoslowakischen Republik 1918 breitete sich das Wirkungsfeld der Kirche auch in die Slowakei und bis in die Karpato-Ukraine aus. 1919 bekannte sich die gesamte Kirche zum Erbe der alten Unität der Böhmischen Brüder von 1457, deren letzter Bischof *Johann Amos Comenius* gewesen war, und gab sich den Namen „Jednota českobratrská" (Unität der Böhmischen Brüder). In den folgenden Jahrzehn-

[185] Die Übersetzung aus dem Tschechischen fertigte freundlicherweise Christof Lange an.

ten entstanden zahlreiche Gemeinden in der Slowakei, und auch polnischsprachige erweckte Christen aus Nordmähren schlossen sich der Kirche an. Aus diesem Grund wechselte sie 1967 noch einmal den Namen und heißt seitdem „Církev bratrská“ (Brüderkirche).

Zur Zeit ihrer Entstehung (1880) in der österreich-ungarischen Monarchie wurde die Brüderkirche nicht als Kirche anerkannt. Am Anfang wurde sie von den staatlichen Organen verfolgt und litt unter Anfeindungen, sowohl von katholischen als auch von manchen protestantischen Pfarrern. Es war wohl überlegt, dass sie ihre Tätigkeit in Form eines Vereins begann. So war sie in jeder Hinsicht finanziell unabhängig. Die ersten Gemeinden wurden teilweise von der kongregationalistischen Mission aus den USA gefördert. Die Konstituierung der Tschechoslowakischen Republik 1918/19 brachte die Religionsfreiheit. Doch auch in dieser Zeit beanspruchte die Unität der Böhmischen Brüder nicht den Status einer Kirche und verzichtete bewusst auf jegliche staatliche Unterstützung. Sie bezahlte ihre Prediger selbst, baute einfache Gemeinde- und Bethäuser und legte Wert auf ihre Unabhängigkeit. In dieser Zeit entwickelte sich auch die soziale Arbeit mit Waisenkindern, Behinderten und Senioren. Außerdem nahm auch eine Auslandsmission, vor allem in der Karpato-Ukraine, in Slowenien, Österreich und Rumänien ihre Arbeit auf. Während des Zweiten Weltkriegs, als zahlreiche Pastoren und Kirchenmitglieder in Gefängnissen und Konzentrationslagern inhaftiert waren, kam die Entfaltung des kirchlichen Lebens und die Entstehung neuer Gemeinden vorübergehend zum Stillstand. Nach dem Krieg währte die Freiheit nicht lange. Nach dem kommunistischen Umsturz im Jahr 1948 geriet das ganze Land für lange Zeit unter die Vormundschaft der Sowjetunion, seine Kirchen und die Demokratie unter ein feindliches totalitäres Regime. Mit den neuen Kirchengesetzen von 1949 verloren die Kirchen einen Großteil ihres Vermögens. Für die Brüderkirche bedeuteten sie die Auflösung und Verstaatlichung der diakonischen Einrichtungen, die Auflösung eines Drittels aller Gemeinden und andere Benachteiligungen. Vorbedingung für die legale Existenz der Kirche wurde eine staatliche Registrierung und die erzwungene Kontrolle über die Kirche mit Hilfe eines Netzes von Kirchensekretären. Da das wirtschaftliche Eigentum der Kirchen beschlagnahmt worden war, entschied die kommunistische Regierung, dass stattdessen sämtliche Pfarrer vom Staat bezahlt werden sollten.

Diese Veränderungen berührten das Selbstverständnis unserer Freikirche in ihrem Innersten. Pastoren wurden nun auf ihre politische Zuverlässigkeit überprüft, und im Zweifelsfall konnte ihnen die staatliche Genehmigung zur Ausübung des Pastorenberufs entzogen werden. Die Gehälter der Pastoren waren sehr niedrig, und trotzdem erhielt nicht jeder die erforderliche staatliche Genehmigung. Einige Pastoren verloren diese später wieder infolge von Äußerungen, die politisch missverstanden werden konnten. Andere erhielten Berufsverbot wegen ihrer evangelistischen Jugendarbeit, der Seelsorge im Krankenhaus oder anderen Tätigkeitsfeldern, die staatlichen Beschränkungen unterlagen. In der Zeit, da es an Bibeln mangelte, wurden Drucke der Heiligen Schrift und zeitweise auch christliche Literatur aus Westeuropa ins Land geschmuggelt. Wegen der Verteilung von Druckerzeugnissen hatten einige Pastoren diverse Probleme mit dem Staatssicherheitsdienst und andere wurden zu Gefängnisstrafen verurteilt. Viele junge Leute durften nicht studieren, weil sie aus christlichen Elternhäusern stammten. Mitarbeiter der Kirche lebten in ständiger Unsicherheit darüber, was erlaubt war und wofür sie Sanktionen befürchten mussten. Trotz großer Beschränkungen hat die Brüderkirche die 42 Jahre totalitärer Herrschaft überstanden. Obwohl viele Menschen aus Angst die Kontakte zur Kirche abgebrochen hatten, wurden die Gemeinden während dieser Zeit zahlenmäßig nicht kleiner. Die lebendigen Kerne aktiver Christen und auch Kreise junger Leute blieben erhalten.

Ein neuer Abschnitt begann mit dem November 1989, als in der Folge der >samtenen Revolution< die staatliche Aufsicht über die Kirche entfiel und alle Beschränkungen der religiösen und politischen Freiheit aufgehoben wurden. Dies leitete eine völlig neue Phase des Aufbaus der Kirche ein. Während die Pfarrer und Pastoren zuvor gelernt hatten, in Gemeinden zu leben und zu arbeiten, die zwar gut organisiert, aber doch recht abgeschlossen waren, gab es nun eine nie gekannte Offenheit. Eines änderte sich jedoch nicht: Alle Kirchen blieben rechtlich gleichberechtigt. Das, was einst der Kommunismus aggressiv erzwungen hatte, blieb auch in der neuen Situation gültig. Die registrierten Kirchen haben gleiche Rechte. Sie gewannen neue Wirkungsmöglichkeiten im öffentlichen Raum hinzu: Eheschließungen durch kirchliche Amtsträger, Gottesdienste im öffentlich-rechtlichen Rundfunk und Fernsehen, gewisse Steuervorteile sowie Militär-, Gefängnis- und Krankenhausseelsorge. Die Kirchen entscheiden selbst über die Kriterien zur Berufung der Pastoren und anderer hauptamtlicher Mitarbeiter. Auch die Gründung neuer Gemeinden ist allein ihre Sache, der Staat hat die Veränderungen lediglich statistisch zu erfassen. Allmählich wurde auch die diakonische Arbeit wieder aufgenommen. Neue Pflegeeinrichtungen und Heime für Senioren, sowie für behinderte Erwachsene und Kinder wurden eröffnet, die Zusammenarbeit mit Missionsgesellschaften, christlichen Verlagen, Schulen und verschiedenen staatlichen Institutionen vereinbart.

Im Januar 2012 traf die Regierung eine lange erhoffte Entscheidung: Die Kirchen sollen für das in der kommunistischen Zeit erlittene Unrecht entschädigt werden und das konfiszierte Eigentum zurückerhalten.

Die Brüderkirche bemüht sich, die neu gewonnenen Möglichkeiten zu nutzen, und versteht ihre Arbeit als Dienst für die gesamte Gesellschaft.

Die Brüderkirche ist eine Gemeinschaft, die die Autorität der Heiligen Schrift betont. Lehrmäßig steht sie auf der Grundlage der altkirchlichen Bekenntnisse, des Apostolicums, des Nizäno-Konstantinopolitanums und des Athanasianums. Außerdem bekennt sie sich zur Theologie der alten Brüderunität, die in ihrer Konfession (gültig nach der letzten von Comenius redigierten Ausgabe von 1662) ihren Ausdruck fand. Großen Einfluss hatte auch die reformierte Theologie, die heute vom Zweiten Helvetischen Bekenntnis, dem Heidelberger Katechismus und dem Kleinen Westminster-Katechismus repräsentiert wird. Die Brüderkirche steht in der Tradition des Pietismus und der Erweckungsbewegung des 18. und 19. Jh. Dies zeigt sich heute in der Verbundenheit mit dem breiten Strom der evangelikalen Bewegung, die heute praktisch in allen Denominationen gegenwärtig ist. Aus diesem Grund wurde 1995 unter die Bekenntnisschriften auch die Lausanner Verpflichtung der Bewegung für Weltevangelisation aus dem Jahr 1974 aufgenommen.

Die Brüderkirche ist eine Kirche, die das persönliche Bekennen des Glaubens betont und Kirchenzucht praktiziert. Die Gemeinden bestehen aus Christen, die sich persönlich zur Nachfolge Christi entschlossen haben und die in der Buße aus dem Heiligen Geist zu einem neuen Leben wiedergeboren sind. Mitglieder können nur die werden, die getauft sind, Jesus Christus als ihren Herrn und Heiland bekennen und die Mitgliedschaft beantragen. Neben Mitgliedern hat die Kirche auch Mitgliedschaftsanwärter. Diese besuchen in der Regel die Gottesdienste und nehmen an Gemeindeveranstaltungen teil. Sie wollen Christus begegnen oder sind schon zum Glauben gekommen und bereiten sich auf die *Taufe* vor. Die Aufnahme erfolgt nach einem Gespräch mit dem Gemeindevorstand durch ein öffentliches Bekenntnis vor der Gemeinde. In der Kirche wird die Erwachsenentaufe praktiziert, obwohl die Taufe von Kindern auch möglich ist. Für die neugeborenen Kinder in der Gemeinde wird meist von ihren Eltern eine Segnung im Gottesdienst erbeten. Die Eltern legen dabei das Versprechen ab, das Kind verantwortlich im christlichen Glauben zu erziehen. Eine in einer anderen christlichen Kirche vollzogene Taufe auf den dreieinigen Gott wird in der Brüderkirche anerkannt. Das Heilige *Abendmahl* wird in den Gemeinden in der Regel einmal im Monat sowie an Feiertagen gefeiert. Die Brüderkirche hat eine kongregational-presbyteriale Kirchenverfassung.

Nach der Teilung der Tschechoslowakei 1993 befand sich ein Teil der Kirche auf dem Territorium der Slowakei. Der tschechische und der slowakische Teil der Kirche arbeiten weiterhin eng zusammen, und alle zwei Jahre kommen sie zu einer gemeinsamen Konferenz zusammen.

2. Mission und Evangelisation

Bis heute stehen Mission und Evangelisation im Mittelpunkt des kirchlichen Lebens. In der Zeit der totalitären Herrschaft bemühte sich die Brüderkirche um die Evangelisation der entkirchlichten Bevölkerung und der so genannten Atheisten. Gegenwärtig versucht sie nicht nur Nichtreligiöse, sondern auch Menschen der Postmoderne, an Mystik Interessierte, Pluralisten, Angehörige anderer Religionen und die Anhänger der verschiedensten Philosophien anzusprechen.

Unter Mission versteht die Brüderkirche die Sendung der Kirche in die Welt insgesamt, was Evangelisierung ebenso umfasst wie diakonischen Dienst. Dabei bestätigt sich, dass das, was in der ganzen Bibel und im Dienst Christi stets verbunden ist, auch heute zusammengehört. Unser Zeugnis darf nicht bei Worten stehen bleiben, sondern muss vom Beispiel eines christlichen Lebens und vom konkreten Dienst am Nächsten begleitet werden. Deshalb versucht die Brüderkirche, ihre Mitglieder darauf vorzubereiten, dass diese bekenntnishaft leben („Salz der Erde") und den Menschen das Evangelium bringen („Licht der Welt"). Immer mehr setzt sich ein kontextuelles Verständnis von Mission durch. Wir versuchen, dem Evangelium ein zeitgemäßes Kleid zu geben und es für alle verständlich zu verkündigen. Darin bleibt unser Vorbild stets die Menschwerdung Christi. Sie weist uns den Weg zur größtmöglichen Identifizierung mit dem Nächsten, ohne dass wir den Verlust unserer christlichen Identität befürchten müssten.

In ihren Gemeinden organisiert die Brüderkirche den Religionsunterricht für Kinder, Freizeitangebote und Ferienlager für Kinder und Jugendliche. In letzter Zeit gibt es sehr häufig Ferienaufenthalte für Familien. Ein wichtiges Element bei der Evangelisation sind auch Hauskreise für das Studium der Heiligen Schrift und das gemeinsame Gebet. Die Gebetsaktivität wird auch als Teil der Mission angesehen.

3. Mitgliederentwicklung

Die Brüderkirche ist heute in der gesamten Tschechischen Republik verbreitet. Das dichteste Netz von Gemeinden hat sie in Prag (elf Gemeinden), in Ostböhmen (zehn Gemeinden) sowie in Nordmähren (zehn Gemeinden) und in Brünn (drei Gemeinden). Neue Gemeinden entstehen vor allem in Neubaugebieten und Satellitenstädten. In den letzten 20 Jahren hat sich die Zahl der Gemeinden verdoppelt. Es gibt 75 Ortsgemeinden mit insgesamt über 6.000 Mitgliedern. Bei der jüngsten Volkszählung gaben 10.872 Erwachsene an, der CB anzugehören. Zählt man die Kinder und Taufkandidaten hinzu, so sind es 10.000; bei Hinzunahme auch der Jugendlichen kommt man auf ca. 12.000. Diese erfreuliche Entwicklung erforderte auch eine größere Zahl von Pastoren und kirchlichen Mitarbeitern. In manchen Gemeinden arbeiten neben den Pastoren missionarische Mitarbeiter, Pastoralassistenten und Diakone.

Theologische Lehrunterschiede bzw. Spaltungen infolge unterschiedlicher Vorstellungen über Leben, Spiritualität und Ekklesiogie in den Gemeinden konnten in den letzten Jahren überwunden werden. Das festigte den Dienst und brachte neue missionarische Projekte hervor.

4. Gottesdienst, Liedgut, Liturgie

Die Brüderkirche wurde wesentlich vom Erbe des Pietismus und der Erweckungsbewegung des 19. Jh. geprägt. Diese Tradition ist bis heute in vielen Liedern und im Glaubenszeugnis ihrer Mitglieder sichtbar. Insgesamt bekennt sich die Brüderkirche heute zur weltweiten evangelikalen Bewegung, repräsentiert etwa von der WEA und der Lausanner Bewegung. Da diese Bewegung heute in lutherischen, reformierten, anglikanischen, baptistischen, freikirchlichen, charismatischen und pfingstlerischen Kirchen lebendig ist, kann man auch in der Brüderkirche heute nicht mehr von liturgischer Uniformität sprechen.

Nach wie vor gibt es eine freie *Liturgie*, die die Grundbausteine des Gottesdienstes (Schriftlesung, Auslegung, persönliches Zeugnis, Lieder, Sakramente, Berichte aus der Mission und Abkündigungen, Fürbitten, Segen) umfasst. Jede Gemeinde kann ihre Liturgie weiterentwickeln, soweit sie diese Grundstruktur beibehält. Manche ältere Gemeinden pflegen eine eher traditionelle Gottesdienstordnung und können dabei auf ein weites Spektrum von Liedern aus dem Gesangbuch zurückgreifen. Junge Gemeinden bemühen sich häufig, den Gottesdienst weniger formell zu gestalten und auch zeitgenössische Musikstile in die Liturgie einzubeziehen. An einigen Orten begegnet man einer dramatischen Durchformung des Predigtthemas, andernorts wird mehr Wert auf dialogische Formen gelegt. In manchen Gemeinden gibt es am Sonntagvormittag auch eine kurze Ansprache für die Kinder der Gemeinde, die von den Religions- und Sonntagschullehrern vorbereitet wird. Wir bemühen uns darum, dass die liturgische Freiheit nicht als Lizenz zum Weglassen wesentlicher Teile des Gottesdienstes missverstanden wird.

Tradition der Brüderkirche ist die besondere Wertschätzung des *freien Gebets*, mit dem die Gottesdienstteilnehmer spontan auf das verkündigte Wort Gottes reagieren. Auch die Fürbittengebete sind in den Gottesdiensten wichtig. In einigen Gemeinden wird das Gebet für die Kranken nach Jak 5 unter Handauflegung und Ölsalbung praktiziert. Solche Andachten finden eher in Wohnungen und Krankenhäusern statt.

In der Woche werden Bibelstunden und Gebetsgottesdienste gehalten, und für Kinder und Jugendliche gibt es besondere Angebote. In manchen Gemeinden treffen sich auch Ehepaare und Senioren zu eigenen Veranstaltungen.

5. Verhältnis zur Kultur

Der Brüderkirche geht es um die Kontextualisierung des Evangeliums. Dies allein deutet schon an, dass sich viele Gläubige für die zeitgenössische Kultur interessieren. Auch die Predigt, die den biblischen Text auslegt, wird als Brückenschlag aus der Welt der Bibel in die Welt von heute verstanden. Der Akzent liegt auf der Illustration des biblischen Textes und seiner Anwendung im heutigen Leben. Um den klassischen Ausdruck von Richard Niebuhr zu benutzen: Ziel ist es, alle Kulturen unter das Urteil der Heiligen Schrift zu stellen. Die Kultur wurde dabei als Produkt des Menschen verstanden, das seine von Gott verliehenen großen Fähigkeiten bezeugt, aber zugleich auch seine Sündhaftigkeit. Die zeitgenössische Kultur hat gewiss viel Schönes zu bieten. Andere Elemente der Kultur können als neutral oder zumindest akzeptabel bewertet werden. Aber dann gibt es auch Bereiche, die im Widerspruch zur Heiligen Schrift stehen. Wir sind überzeugt, dass der Christ nach dem Vorbild Christi bisweilen den Mut aufbringen muss, gegen die Kultur der eigenen Gesellschaft anzugehen, wie dies etwa in der Bergpredigt angedeutet ist. Die Brüderkirche möchte kein Ghetto ihrer eigenen Kultur errichten, sondern sie versucht, die Kultur zu beeinflussen und die Werte des Wortes Gottes in sie hineinzutragen.

6. Verhältnis zur Gesellschaft

Die Brüderkirche steht nicht außerhalb der Politik. Sie bestärkt ihre Mitglieder, damit diese nicht unpolitisch bleiben und sich in der Kommunalpolitik engagieren. Viele Mitglieder sind als Bürgermeister und Abgeordnete von Städten und Gemeinden tätig. Wenn Mitglieder der Kirche für die politische Diakonie begabt sind und in die hohe Politik gehen, haben sie die Unterstützung der Kirche. Die Brüderkirche betet für die Politiker und staatlichen Amtsträger. Sie würdigt alles, was den Menschen hilft und dient und was den Frieden fördert. Die Kirche identifiziert sich mit keiner bestimmten politischen Partei, und ihre Mitglieder arbeiten in verschiedenen politischen Gruppierungen mit. Nur den Pastoren ist während ihres aktiven Dienstes in der Kirche untersagt, Mitglied einer politischen Partei zu sein, damit sie die Unparteilichkeit und den freien seelsorgerlichen Zugang zu Menschen verschiedener politischer Orientierungen nicht verlieren.

In Fragen der christlichen Ethik bemüht sich die Brüderkirche um ein genaues Verständnis der biblischen Texte und ihre strikte Anwendung. Aus diesem Grund lehnt die Brüderkirche zum Beispiel Abtreibungen, Euthanasie und eine praktizierte Homosexualität ab. Die Brüderkirche kämpft gegen Ehescheidungen und setzt sich dafür ein, dass die Einzelnen und Familien ein vorbildliches Leben nach Gottes Geboten und in der Nachfolge Christi führen.

Die Brüderkirche bemüht sich, im Zusammenleben der Menschen und Völker Frieden auf der Grundlage von Gerechtigkeit durchzusetzen. In der heutigen Zeit meinen wir, dass der Pazifismus in einer globalen Welt nicht weiterhilft. Ebenso wie der Staat zum Schutz von Ordnung und Frieden eine Polizei und eine Armee braucht, ist es nötig, für die Sicherung des Friedens in der gegenwärtigen Welt auch bewaffnete Aktionen internationaler Truppenverbände in Kauf zu nehmen. Deshalb haben wir auch keine Bedenken, wenn unsere Militärpfarrer an Militäreinsätzen in Bosnien und Kuwait, im Irak und Afghanistan teilnehmen. Die historischen Erfahrungen haben uns gelehrt, dass es ein geringeres Übel ist, einen Diktator gewaltsam aufzuhalten, als einen weltweiten Konflikt zuzulassen, der viele Menschenleben, auch unter der Zivilbevölkerung, fordert.

Seit einigen Jahren engagieren wir uns zunehmend bei ökologischen Aktivitäten und werden uns bewusst, dass der Schutz der Umwelt Teil des Auftrags ist, den Gott dem Menschen gegeben hat.

7. Ökumenische Situation

Die Brüderkirche ist voll in die ökumenische Bewegung integriert, in der wir eine Verpflichtung für alle Christen und einen wichtigen Bestandteil der Sendung der Kirche sehen. Wir glauben, dass es nur *eine* Kirche gibt, die sich in den verschiedenen christlichen Denominationen verwirklicht ist. Die Brüderkirche gehört der tschechischen EA und der IFFEC an. Sie ist aktives Mitglied im tschechischen ÖRK und in der Leuenberger Kirchengemeinschaft. Mit allen Kirchen bemühen wir uns, dort zusammenzuarbeiten, wo es möglich ist. Dort, wo es für uns nicht möglich ist, sind wir bereit, die Zusammenarbeit aufzukündigen.

In den letzten Jahren waren wir froh über die Zusammenarbeit der Kirchen bei einer Reihe missionarischer Projekte, bei Publikationen, Rundfunk- und Fernsehprogrammen oder diakonischen Aktivitäten. Wir glauben, dass die Traditionen der einzelnen Kirchen sich gegenseitig sehr bereichern können. Jede Kirche sollte katholisch sein – im ursprünglichen Sinn des Wortes: allgemein. Jede Kirche sollte reformiert sein – und sich ständig weiter reformieren. Jede Kirche sollte evangelisch – aus dem Evangelium lebendig sein. Und jede Kirche sollte charismatisch bereit sein, die ihr von Gott gegebenen geistlichen Gaben für ihren Dienst zu gebrauchen.

AMERIKA

The Evangelical Free Church of America (USA)

Die Evangelische Freikirche von Amerika (USA)

Eugene R. Swanstrom

1. Historische Entwicklung und rechtliche Situation

In seinem Buch „What It Means To Be Free“ charakterisiert Calvin Hanson die *Evangelical Free Church of America* (EFCA) folgendermaßen: >Reformationsähnlicher Wellenschlag mitten in der Kirche: Menschen und Bewegungen protestieren scharf gegen kirchliche Amtsträger, die die Autorität der Heiligen Schrift verleugnet haben. Sie rufen nach einer entschiedenen und erneuerten Kirche und setzen sich für das Recht der Laien auf eine Teilhabe an der Verkündigung des Evangeliums ein.<[186] Eine dieser Wellen religiöser Unzufriedenheit und Meinungsverschiedenheit erfasste im Verlauf des 19. Jh. die skandinavischen Länder Dänemark, Norwegen und Schweden. Gläubige Menschen waren sehr beunruhigt hinsichtlich ihrer Überzeugung, dass Ungläubige im Leben der staatlich bestimmten lutherischen Kirchen eine maßgebende Rolle spielten. Diese Kritiker begannen, sich in ihren Wohnungen zu versammeln, um in der Heiligen Schrift zu lesen und zu studieren, um miteinander zu beten, das Herrnmahl zu feiern und um in ihrem persönlichen Weg mit Jesus Christus einander Mut zuzusprechen.

P.P. Waldenstrom, A. Lammers, F. Franson und *N.P. Lang* wurden von Gott als Leiter dieser Bewegungen gebraucht, die aus den Staatskirchen herausführen und in jedem der skandinavischen Länder freikirchliche Glaubensgemeinschaften bilden sollten. Viele Skandinavier wanderten in der zweiten Hälfte des 19. Jh. in die USA aus und siedelten sich dort in ihren Volksgruppen an. Evangelisationen fanden statt, und Kirchen wur-

---

[186] C. Hanson, *What It Means To Be Free*, Minneapolis: Free Church Publications, 1990, 19.

den gegründet. Jährlich stattfindende Bibelkonferenzen hatten ein zentrales Thema: die baldige Wiederkunft Jesu Christi. Eine starke Leidenschaft, eine verlorene Welt mit der Botschaft von Jesus Christus zu erreichen, motivierte Leiter der Swedish Free Church, sich 1884 in Boone (Iowa) zu versammeln, um ihr Gemeindeverständnis zu beraten und zu überlegen, wie eine Vereinigung ins Leben gerufen werden könnte, mit deren Hilfe leichter Missionare ausgesandt werden können. Ebenfalls im Jahre 1884 wurden in Boston (Massachusetts) und in Tacoma (Washington) die Norwegian / Danish Evangelical Free Churches gegründet. Somit ist 1884 als das Geburtsjahr der EFCA anzusehen. Im Jahre 1908 wurde die Swedish Evangelical Free Church of America als Glaubensgemeinschaft anerkannt. Die Norwegian-Danish Evangelical Free Church Association wurde 1912 gegründet. Beide Glaubensgemeinschaften wuchsen, nachdem sie amerikanisch geworden waren, langsam und mussten mit den speziellen Problemen einer Immigrantenkirche ihren Weg finden, was drei Generationen lang dauerte. Mitte der 1940er Jahre begannen die Gespräche zwischen den beiden Glaubensgemeinschaften über einen Zusammenschluss. *Arnold T. Olsen*, der Präsident der Norwegian/Danish Evangelical Free Church, leitete das Vereinigungs-Komitee. Die beiden Theologischen Seminare und die zwei Publikationsorgane der Gemeinschaften wurden zusammengelegt, eine 12 Punkte umfassende Aufstellung der Glaubensüberzeugungen wurde formuliert. Die Vereinigungskonferenz in Medicine Lake in Minneapolis (Minnesota) im Jahre 1950 hatte als Ergebnis die heute bestehende EFCA.

E.A. Halleen wurde der erste Präsident (1950-1951), ihm folgte Arnold T. Olson (1951-1976). Weitere Präsidenten waren *Thomas McDill* (1976-1990), *Paul Cedar* (1990-1996) und (seit 1997) *William Hamel*. Die Kirche wuchs weiter, dabei dehnte sie sich über ihre skandinavischen Wurzeln hinaus aus, als Gemeinden in den Vororten der großen Städte gegründet wurden und neue Gruppen von Einwanderern eintrafen. Es ist heute zu beobachten, dass gemeindliche Aktivitäten gerade unter denjenigen ethnischen Personengruppen stark zunehmen, die eine Leitung aus ihren eigenen Reihen haben, die ihnen den Weg weist.

Der Missionsgrundsatz der EFCA lautet: >Die EFCA ist dazu da, Gott zu loben und zu preisen, indem sie die Anzahl lebendiger Gemeinden unter allen Menschen vervielfacht.< Dies erläutert eine Erklärung der EFCA in vier verpflichtenden Grundsätzen:

1. Gott zu loben und zu preisen mit allen unseren Diensten.
2. Die Vermehrung örtlicher Gemeinden durch Evangelisation und Gemeindegründung.
3. Gründung und Aufrechterhaltung von lebendigen Gemeinden nach biblischen Grundsätzen.
4. Dienst an allen Menschen, unabhängig von ihrer Herkunft, ihrem Geschlecht oder ihrem sozialen Stand.

EFCA-Grundsätze des Glaubens

Im Jahre 1950 wurde eine Erklärung mit Glaubensgrundsätzen angenommen, eine revidierte Erklärung fand im Jahr 2008 die Zustimmung der Nationalkonferenz. Die gültige Erklärung der Glaubensgrundsätze lautet: Die EFCA ist ein Zusammenschluss selbstständiger Gemeinden, verbunden durch folgende theologischen Überzeugungen:

Gott

1. Wir glauben an den einen Gott, den Schöpfer aller Dinge, er ist heilig, grenzenlos vollkommen, er existiert in Ewigkeit in einer durch Liebe geprägten Einheit dreier gleichermaßen göttlichen Personen: als der Vater, als der Sohn und als der Heilige Geist. In seiner grenzenlosen Weisheit und unbeschränkten Macht hat Gott von Ewigkeit her gnädig beschlossen, sich ein Volk zu erlösen und alle Dinge neu zu machen zu seiner eigenen Verherrlichung.

Die Bibel

2. Wir glauben, dass Gott in der Heiligen Schrift Alten und Neuen Testaments durch die Worte menschlicher Autoren gesprochen hat. Als wörtlich inspiriertes Wort Gottes ist die Bibel ohne Irrtum in den Urtexten, sie ist die vollkommene Offenbarung seines Willens zum Heil, die höchste Autorität, durch die jeder Bereich menschlichen Wissens und menschlichen Strebens beurteilt werden soll. Darum soll alles geglaubt werden, was die Schrift lehrt, es soll allem gehorcht werden, was die Schrift fordert, es soll allem vertraut werden, was die Schrift verspricht.

Der Zustand des Menschen

3. Wir glauben, dass Gott Adam und Eva nach seinem Bild geschaffen hat, aber sie haben gesündigt, als sie der Teufel versuchte. In Einheit mit Adam sind die Menschen von Natur aus und durch ihr Mitwirken Sünder, sie sind von Gott entfremdet und stehen unter seinem Zorn. Allein durch Gottes Heilswerk in Jesus Christus können wir gerettet werden, allein dadurch versöhnt und erneuert werden.

Jesus Christus

4. Wir glauben, dass Jesus Christus Gott ist in Menschengestalt, er ist ganz Gott und ganz Mensch, eine Person mit zwei Naturen. Jesus – der Israel verheißene Messias – wurde empfangen durch den Heiligen Geist und geboren von der Jungfrau Maria. Er lebte ohne Sünde, wurde unter Pontius Pilatus gekreuzigt, er ist leibhaftig auferstanden von den Toten, aufgefahren in den Himmel und sitzt zur Rechten Gottes des Vaters als unser Hoherpriester und Fürsprecher.

Das Werk Christi

5. Wir glauben, dass Jesus Christus als unser Stellvertreter sein Blut am Kreuz vergossen hat als endgültiges, umfassendes Opfer für unsere Sünden. Sein Sühnetod und seine siegreiche Auferstehung bilden den alleinigen Grund für unser Heil.

Der Heilige Geist

6. Wir glauben, dass der Heilige Geist in allem, was er tut, den Herrn Jesus Christus verherrlicht. Er überführt die Welt von ihrer Schuld. Er erneuert die Sünder, und in ihm werden sie in die Gemeinschaft mit Christus getauft und an Kindes statt angenommen als Erben in der Familie Gottes. Der Heilige Geist wohnt in ihnen, er erleuchtet und leitet sie, er rüstet die Gläubigen aus und ermächtigt sie zu einem christusähnlichen Leben und Dienst.

Die Gemeinde

7. Wir glauben, dass die wahre Gemeinde alle die Menschen umfasst, die gerechtfertigt sind durch die Gnade Gottes allein durch den Glauben, allein in Christus. Die Glaubenden sind durch den Heiligen Geist zum Leib Christi vereinigt, dessen Haupt der Herr ist. Die wahre Gemeinde des Herrn zeigt sich

in den Ortsgemeinden, deren Mitgliedschaft sich nur aus Gläubigen zusammensetzen soll. Der Herr Jesus Christus hat zwei Anordnungen gegeben: die *Taufe* und das *Herrnmahl*, die sichtbar und greifbar die frohe Botschaft zum Ausdruck bringen. Obgleich sie nicht das Mittel des Heils selbst sind, stärken und festigen sie den Gläubigen, wenn sie in der Gemeinde im wahren Glauben vollzogen werden.

Christliches Leben

8. Wir glauben, dass Gottes gerechtsprechende Gnade nicht von seiner heiligenden Macht und seiner Zielsetzung abgelöst werden darf. Gott gebietet uns, ihn in höchstem Maße zu lieben und die anderen Menschen mit ganzer Hingabe. Er erwartet von uns, dass wir unser Leben in Fürsorge füreinander gestalten, mit Erbarmen für die Armen und mit Gerechtigkeitssinn für die Unterdrückten. Mit dem Wort Gottes, der Kraft des Geistes und im innigen Gebet in Christi Namen sollen wir die geistigen Kräfte des Bösen bekämpfen. Im Gehorsam gegenüber dem Auftrag Christi sollen wir unter allen Völkern Menschen zu seinen Jüngern machen, indem wir immerfort in Wort und Tat für die frohe Botschaft Zeugnis ablegen.

Christi Wiederkunft

9. Wir glauben an die persönliche und leibhaftige Wiederkunft unseres Herrn Jesus Christus zum Beginn des Tausendjährigen Reiches. Die Wiederkunft Christi – den Zeitpunkt weiß Gott allein – erfordert, beständig in seiner Erwartung zu leben. Diese Hoffnung ist ein Segen, sie motiviert den glaubenden Menschen zu gottwohlgefälligem Leben, aufopferungsvollem Dienst und kraftvollem missionarischen Einsatz.

Menschliche Antwort und ewige Bestimmung

10. Wir glauben, dass Gott alle Menschen auffordert, an die frohe Botschaft zu glauben, indem sie sich in Bußfertigkeit zu ihm wenden und den Herrn Jesus Christus annehmen. Wir glauben, dass Gott die Toten leibhaftig auferwecken und die Welt richten wird. Dabei wird er den Ungläubigen der Verdammnis zuweisen, der ewigen, bewusst erlebten Bestrafung. Den Gläubigen wird er in der neuen Welt Gottes zur ewigen Glückseligkeit und Freude beim Herrn bringen, zum Lobpreis seiner herrlichen Gnade. Amen.

EFCA-Leitlinien

>*Wo steht das geschrieben?*< (P.P. Waldenström)
Die EFCA ist von der Autorität und Irrtumslosigkeit der Heiligen Schrift überzeugt. Unsere festen Überzeugungen beruhen auf der Autorität des Wortes Gottes. Gläubige Menschen sollen >unter der Herrschaft des Heiligen Geistes im Gehorsam gegenüber den Prinzipen und Richtlinien von Gottes Wort leben und in Übereinstimmung mit dem Willen Gottes für ein Leben, wie es in der Schrift vorgezeichnet ist.<[187]

>*Nur Gläubige, aber alle Gläubigen*< (John Princell)
Die Mitgliedschaft in Form von >Gemeinschaft und geistlichem Dienst in einer örtlichen Gemeinde basiert allein auf dem persönlichen Glauben des Einzelnen an Jesus Christus, den Erlöser und Herrn, und auf dem Vertrauen allein auf ihn zum Heil.<[188] Es besteht ein Freiraum für wohlbegründete Auffassungsunterschiede in einigen Feinheiten der Lehre.

>*Jede Gemeinde entscheidet über ihre Angelegenheiten selbst*< (Frederik Franson)
Die EFCA ist der kongregationalen Form der Gemeindeverfassung verpflichtet, in der eine starke pastorale Leitung in enger Verbindung mit gläubigen Laien die Dienste ausübt.
Jede örtliche Gemeinde hat das Recht, ihre eigenen Angelegenheiten selbstständig zu regeln, wobei eine Übereinkunft besteht, mit anderen Schwestergemeinden im Bezirk und in der nationalen Vereinigung der EFCA zusammenzuarbeiten.

Höhere Ausbildungsstandards
Im Verlauf seiner ganzen Geschichte hat die EFCA Mittel für qualifizierte Ausbildungsstätten bereitgestellt. Heute bilden die Trinity International University (TIU) in Deerfield (Illinois) und die Trinity Western University (TWU) in Langley (British Columbia) nicht nur für die EFCA, sondern für Gemeinden weltweit aus. Die TIU vereinigt unter ihrem Dach das Trinity College (1300 Studenten), die Trinity Evangelical Divinity

---

[187] *This is The EFCA*, 2008, 5.
[188] *This is The EFCA*, 4.

School (1600 Studenten und eines der ersten evangelikalen Seminare der Welt), die Trinity Graduate School, die Trinity Law School und Trinity Miami. Die TWU ist die größte christliche Universität in Kanada. Über 4.000 Studenten studieren dort in Bachelor- und Masterprogrammen. Das Gateway Theological Institute der EFCA dient Leitungskräften, die eine theologische Ausbildung und eine pastorale Schulung benötigen, aber aus Mangel an Zeit und wegen fehlender Mittel keine traditionelle Seminarausbildung absolvieren können. Es wird eine sprachenbezogene, praktische und – soweit angezeigt – eine theologische Ausbildung angeboten, um Pastoren für den Dienst in ihrer jeweiligen Situation zuzurüsten.

2. Mission und Evangelisation

Die EFCA wurde aus einer starken Leidenschaft für die Menschen ohne Christus geboren – weil seine Wiederkunft unmittelbar bevorsteht. Bald nach der Gründung der EFCA (1884) sandten die Schweden Missionare nach Utah, um die Mormonen zu erreichen, und 1887 sandten sie ihren ersten Missionar ins überseeische China. Bis in die 1920er Jahre wurden ebenso Missionare nach Venezuela, in den Belgischen Kongo und auf die Philippinen geschickt. Die Norwegian/Danish EFC bediente sich der *Evangelical Alliance Mission (TEAM)* als Einrichtung, um ihre Missionare auszusenden. Beim Zusammenschluss im Jahre 1950 wurde ein *Overseas Missions Department* eingerichtet, wobei die enge Verbindung mit TEAM fortgeführt wurde. Heute hat die EFCA durch ihre Mission *Reach Global* eine offizielle missionarische Arbeit in 47 Ländern und besitzt lockere Verbindungen zu missionarischen Diensten in 30 weiteren Ländern. Es gibt 550 hauptamtliche Missionare und zusätzlich zahlreiche andere, die ihren Dienst in Kurzzeiteinsätzen tun. Kerngedanke der Strategie der EFCA ist gewesen, in den einzelnen Ländern Leitungskräfte zu finden und auszubilden, sodass nationale EFC – Glaubensgemeinschaften gegründet werden können, angeführt durch ihre eigenen Leitungskräfte. Beispiele für dieses Vorgehen sind Venezuela, Hong Kong, der Kongo, Deutschland, die Philippinen, Singapur und andere. Die gegenwärtige Hauptrichtung für eine Ausbreitung ist die muslimische Welt, die oftmals kreative Zugangsweisen notwendig macht. Die Hauptaufgabe ist die Gründung neuer Gemeinden, entweder direkt durch uns oder durch Unterstützung der Einheimischen.

Reach National ist der missionarische Inlandsdienst der EFCA in den Vereinigten Staaten. Seine Leitung arbeitet direkt mit den 18 Distrikten zusammen, um Mittel und Hilfen bereitzustellen für Gemeinden, für deren Aufgaben des Gemeindebaus, der Gemeindeentwicklung, für die Arbeit mit Familien und Kindern, mit Jugendlichen, mit Frauen, Männern und den Senioren. Mit der Absicht, den Anspruch des Missionsauftrags >Geht zu allen Menschen!< einzulösen, besitzt *Reach National* einige Leitungskräfte, die für die verschiedenen ethnischen Gruppen zuständig sind. Diese Leiter koordinieren die Einsätze und die anderen dienstlichen Aufgaben innerhalb ihrer eigenen Gemeinschaften. Ein besonderer Schwerpunkt liegt auf dem Dienst in den urbanen Zentren von Amerika mit dem Ziel, die Gemeinden dort so auszustatten und miteinander zu vernetzen, dass die Armen und die oft vergessenen Einwanderer erreicht werden können.

3. Mitgliederentwicklung

1950 erfolgte der Zusammenschluss zur EFCA mit 288 Gemeinden.[189] 2011 hatte sie in 1318 Mitgliedsgemeinden 162.000 Mitglieder,[190] es gab 175 Gemeindegründungen in der Entwicklung, 364.221 wöchentliche Besucher und 1.735 ordinierte Pastoren.[191]

4. Gottesdienst, Liedgut, Liturgie

Die Freikirchen in Amerika waren immer der Überzeugung, dass die Gläubigen zusammenkommen sollen, um Gott anzubeten und das Volk Gottes zu erbauen. Der Gottesdienst ist

[189] Siehe *Yearbook of the EFCA* von 1950.
[190] Die Zahl ist von R. Henkel in diesem Buch S. 167 übernommen (Anm. des Hg.).
[191] www.efca.org.

nicht liturgisch geprägt, er besteht aus dem Singen von Hymnen und Anbetungsliedern, aus Gebetszeiten, aus der Predigt über einen biblischen Text durch den Pastor und aus der Erhebung einer Kollekte als einem Ausdruck der Dankbarkeit gegenüber Gott. Früher gab es einen Sonntagmorgengottesdienst, einen evangelistischen Gottesdienst am Sonntagabend und einen Gebetsgottesdienst in der Mitte der Woche. Heute gibt es eine größere Betonung der kleinen Gruppen, die sich im Laufe der Woche zu Bibelstudium und Gebet treffen, was in vielen Gemeinden das Ende für die Gottesdienste am Sonntagabend und die Gebetstreffen in der Mitte der Woche bedeutete.

Die Gottesdienste heute variieren in ihrer Gestaltung zwischen traditionellen, gemischten und zeitgenössischen Formen, was sich in erster Linie im Stil der eingesetzten Musik widerspiegelt. Es wird über biblische Texte gepredigt, einmal im Monat verbunden mit der Feier des *Abendmahls*. Jede Gemeinde entscheidet eigenständig über Stil und Form ihrer Gottesdienste sowie über die Planung der Dienste in der Woche.

5. Verhältnis zu den sozialen Problemen, zur Kultur und Politik

Das leitende Gremium der EFCA ist die jährlich stattfindende Nationalkonferenz, die aus den Pastoren und Vertretern aus jeder Gemeinde besteht. Die Konferenz wählt den Präsidenten und das Kollegium der Direktoren, welche ohne Zustimmung der Konferenz keine Positionen beziehen hinsichtlich politischer und sozialer Probleme. In gewissen zeitlichen Abständen verabschiedete Stellungnahmen der Nationalen Konferenz zu sozialen und kulturellen Fragen dienen den örtlichen Gemeinden als Leitlinien, wenn sie mit diesen Fragen zu tun bekommen. Diese Stellungnahmen werden in Übereinstimmung mit biblischen Prinzipien und biblischer Lehre erarbeitet, und sie bewegen sich in der Regel auf der mehr konservativen und traditionellen Seite. Zu den bearbeiteten Themen gehören u.a. Abtreibung, Homosexualität, Unterstützung für die Verantwortlichen im Staat, bio-ethische Probleme, Pornographie.

6. Ökumenische Beziehungen

Die „This is The EFCA"-Veröffentlichung enthält folgende Positionsbeschreibung: ›Die EFCA macht sich eine demütige Rechtgläubigkeit zu Eigen, was die Partnerschaft mit anderen Christen gleichen Glaubens angeht. Wir glauben an die geistliche Einheit der Kirche, was nicht notwendigerweise organisatorische Einheit bedeuten muss. Wir verbinden uns mit anderen Christen und anderen Gemeinschaften von gleichem kostbaren Glauben zu gemeinschaftlichen Zwecken und Diensten, damit wir das Doppelgebot der Liebe [Mt 22,36-40] und den Missionsbefehl [Mt 28,16-20] erfüllen. Aber wir glauben, dass eine Stärke in der Vielfalt liegt und dass es wichtig ist, uns unsere besonderen Prägungen zu erhalten. Wir sind davon überzeugt, dass organisatorische Einheit keine Garantie ist für die Einheit im Geist.‹[192]

Die EFCA ist Gründungsmitglied der National Association of Evangelicals (NAE), die 60 evangelikalen Glaubensgemeinschaften als eine gemeinsame Stimme für Gerechtigkeit und Rechtschaffenheit in der amerikanischen Gesellschaft dient. Die Mitglieder der NAE stimmen in den überlieferten Lehren des christlichen Glaubens überein. Die EFCA ist kein Mitglied des amerikanischen *National Council of Churches*, auch nicht im *ÖRK*. Wir glauben, dass diese Zusammenschlüsse die Einheit zu einem übergeordneten Wert gemacht haben, geradezu im Sinne einer Einheit um ihrer selbst willen, und verschiedene Lehraussagen, die für eine Rechtgläubigkeit entscheidend sind, kompromittiert haben, zum Beispiel in den Fragen der Gottheit Jesu Christi, der Autorität der Heiligen Schrift und der zentralen Bedeutung der Frohen Botschaft von Jesus Christus als dem einzigen Weg zu Gott.

Die örtlichen Gemeinden entscheiden selber über das Ausmaß ihrer Verbindung zu anderen Kirchen und zu den Leitungsgremien innerhalb ihrer Gemeinschaften.

[192] This is The EFCA, 5.

Weitere Literatur:

Free Church Roots and Family Ties, Class notes by LaReau N. Thorwall

A. T. Olson, *This We Believe,* Minneapolis, 1961.

Heritage Series – Nine volumes commemorating the centennial (1884-1984) of the Evangelical Free Church of America.

A. T. Olson, *The Search For identity. The Significance of Silence. Stumbling Towards Maturity.*

R. A. Thompson, *The Dynamic of the Printed Page.*

C. B. Hanson, *The Trinity Story.*

B. Palmer, *Light a Small Candle. While the Sun Is High. Mount to the Sky Like Eagles.*

E. L. Groenhoff, *The Care and Concern of the Churches.*

The Evangelical Covenant Church (USA)

Die Evangelische Bundeskirche (USA)

Kurt W. Peterson

1. Historische Entwicklung und rechtliche Situation

Die Evangelical Covenant Church (ECC), ursprünglich die „Swedish Evangelical Mission Covenant of America", wurde 1885 in Chicago von schwedischen Einwanderern gegründet. Die Glaubensgemeinschaft wurde von den „Mission Friends" geleitet, einer auf die pietistischen Erweckungen des 18. und 19. Jh. in Schweden zurückgehenden Gruppe. Enttäuscht von dem theologischen und spirituellen Formalismus, den sie in der lutherischen Staatskirche empfanden, begannen so genannte >Laien-Bibelleser<[193] damit, sich in Konventikeln zu treffen, um in der Schrift zu lesen, zu beten, geistliche Lieder zu singen und um missionarische Aktivitäten zu entfalten. Obwohl die schwedische Staatskirche im Jahre 1726 danach trachtete, diese Zusammenkünfte zu ächten, wuchs die Bewegung weiter. Teilnehmer gründeten Missionsgesellschaften, um sich außerhalb der Kirchenmauern zu treffen, weil sie den Wunsch hatten, die Kirche von innen her zu erneuern. Sehr zum Verdruss der Geistlichkeit der Staatskirche sind es schließlich die „Mission Friends" aus einigen dieser Missionsgesellschaften gewesen, die damit begannen, nicht ausgebildete Bibelkolporteure auszusenden, um das Evangelium überall im Lande zu verbreiten. Die Erweckungsbewegung des 19. Jh. in Schweden war in ihrem Ursprung lutherisch-pietistisch, aber seit 1850 durch die Verbindung zur Herrnhuter Brüdergemeine, zu den Wesleyanern und eben auch zu erwecklichen Einflüssen im englischsprachigen Amerika mehr ökumenisch ausgerichtet. Im Ergebnis waren die religiösen Einflüsse auf die „Mission Friends", die nach Nordamerika kamen, zahlreich und mannigfaltig.

[193] Engl. Originaltext: lay „readers".

Nach 1750 begannen die Missionare der Herrnhuter Brüdergemeine mit Gemeindepastoren zu arbeiten, um >Kirchen in den Kirchen> zu gründen in der Absicht, eine Reform von innen her zu bewirken. Im Jahre 1830 kam der britische Methodist *George Scott* mit seiner typisch wesleyanischen Vorstellung von persönlicher Frömmigkeit und sozialer Umgestaltung nach Schweden. *Carl Olof Rosenius*, eine evangelikal eingestellte lutherische Leitungspersönlichkeit, unterstützte Scott in seinem Missionswerk und folgte ihm als Herausgeber der Erweckungszeitschrift „*Pietisten*" nach. Rosenius lehnte Scotts Betonung einer vollständigen Heiligung ab und wurde nie formal Methodist; jedoch setzte auch er später Scotts methodistische Praxis fort, als er sich für Enthaltsamkeit und eine Reihe weiterer Reformen einsetzte. Der ökumenische Charakter des schwedischen erwecklichen Pietismus hat sich als wichtiger Hintergrund der North American Swedish Covenant Church erwiesen.[194]

In der Mitte des 19. Jh. prägte ein ökumenischer >Rosenianischer< Pietismus die >Bibelleser>, die die Erweckung in der schwedischen Staatskirche herbeigeführt haben. Wie die strengsten Pietisten empfand auch Rosenius Tanz, Theaterbesuche, Kartenspiel und andere Formen von Vergnügungen als für Christen ungehörig. Wie die Herrnhuter betonte er nachdrücklich Gottes freies Geschenk der Gnade und die frohmachende Gewissheit des Heils. In Ablehnung des wesleyanischen Perfektionismus begann er mit einem massiv lutherischen Heilsverständnis, indem er betonte, die bekehrte Person sei als *simul iustus et peccator* anzusehen (Gerechter und Sünder zugleich). Wie Scott und andere amerikanische Erweckungsprediger auch, betonte Rosenius jedoch die Notwendigkeit der Wiedergeburt, evangelistischer Predigten zur Förderung der Bekehrung, persönlicher moralischer Verantwortung und sozialer Reform.

Dieser demokratisch und ökumenisch orientierte rosenianische Pietismus diente vielen Schweden, die schließlich ihren Weg nach Nordamerika fanden, als theologische und kulturelle Grundhaltung.[195] In der Mitte des 19. Jh., als die Erweckungs-

---

[194] Zur Diskussion der Bedeutung des Pietismus in der Entwicklung der schwedischen Freikirchenbewegung vgl. Stephenson, *Religious Aspects of Swedish Immigration*, 24-48.

[195] K.A. Olsson, *By One Spirit* (Covenant Press, 1960), 7-58.

bewegung voll im Gange war, wurde in Schweden eine große Anzahl evangelikaler Vereinigungen gegründet. Höhepunkt war 1856 der Zusammenschluss der Evangelical National Foundation und 1858 die Aufhebung des Konventikeledikts aus dem Jahre 1726. Da man sich jetzt ohne staatliche Strafmaßnahmen frei treffen konnte, schufen unabhängige Missionsgesellschaften 1878 den Schwedischen Missionsbund, und zwar nicht als eigenständige Denomination, sondern als Zusammenschluss lokaler Missionsgesellschaften und -versammlungen. Von einem in erster Linie lutherischen,[196] aber in einem breiteren Sinne pietistischen Erbe geprägt, wanderten im Zeitraum von 1860 bis 1920 viele „Mission Friends“ in die Vereinigten Staaten aus. Sie gerieten sofort unter den Einfluss verschiedener amerikanischer Denominationen; alle hofften, die aus Schweden kommenden Neubürger für ihre Reihen zu gewinnen. Die „Mission Friends“ schlossen sich im späten 19. Jh. einigen verschiedenen bereits existierenden oder neu gegründeten Glaubensgemeinschaften an. Schließlich entwickelte die ECC ihre eigene institutionelle Integrität und bildete eine unabhängige Denomination, die ausdrücklich die reformierte Theologie und den theologischen Liberalismus der Kongregationalisten mied, ebenso den strengen Konfessionalismus der lutherischen Augustana-Synode und den rigiden Anti-Institutionalismus derer, die später die EFCA bildeten.[197] Durch die Ausrichtung auf eine Einheit durch den Heiligen Geist und die Zurückstellung von konfessionellen Glaubensbekenntnissen begründeten diese pietistischen „Mission Friends“ eine Kirche >so weit wie das Neue Testament<,

[196] Zur Diskussion des Verhältnisses der ECC zum Luthertum vgl. Ph.J. Anderson, *„The Läsare and Luther, or What Does Varmland Have to Do With Wittenberg?“* Covenant Quarterly 41.4 (Nov. 1983): 31-48. Der Covenant ist darin antilutherisch, dass er den Konfessionalismus und die staatskirchliche Struktur des schwedischen Luthertums meidet; theologisch teilt er jedoch die lutherische Sicht der Heilsordnung und der Sakramente. Außerdem behielten Etliche im Covenant Vieles vom kulturellen Erbe des Luthertums bei und gebrauchten Luthers Kleinen Katechismus im Konfirmandenunterricht.

[197] Zur Diskussion der Ähnlichkeiten und Unterschiede zwischen der Covenant und der Free Church vgl. N.E. Mockross, *The Context of Doctrine: Americanization of Pietistic Scandinavian Immigrants* (master's thesis, Trinity International Divinity School, 1998).

die in der Lage war, schwedische Immigranten in einer ethnischen Gruppe aufzunehmen.

Als im Jahre 1885 der amerikanische Covenant gebildet wurde, erwies er sich unter den in Nordamerika zahlreichen auf Freiwilligkeit basierenden Kirchen als eine unabhängige Glaubensgemeinschaft mit klaren ethnischen, missionarischen und erzieherischen Prioritäten.[198] Obwohl die Einflüsse von außen zahlreich und unterschiedlich waren, konnten die Gründer der ECC eine einheitliche Identität herbeiführen. Die ECC ist beschrieben worden als >“evangelical“, aber nicht exklusiv; als biblisch, aber nicht doktrinär; als traditionell, aber nicht starr; als kongregational, aber nicht independent.>[199]

Die ECC anerkennt die Heilige Schrift als oberste Autorität, daneben auch die historischen Bekenntnisse der Kirche wie das Apostolicum und das Nicänum. Auf Grund des pietistischen Erbes hält die ECC daran fest, dass die Einheit der Christen durch das Wort und den Geist kommt und nicht über formale Glaubensbekenntnisse. Als breit angelegte evangelische Glaubensgemeinschaft bejaht die ECC die reformatorische Lehre von der Rechtfertigung aus Gnade durch Glauben, und sie nennt sechs >Bekräftigungen<:

1) die zentrale Bedeutung von Gottes Wort; 2) die Notwendigkeit einer Wiedergeburt; 3) die Verpflichtung zu einem ganzheitlichen Missionsauftrag der Kirche; 4) die Kirche als Gemeinschaft der Glaubenden; 5) eine bewusste Abhängigkeit vom Heiligen Geist und 6) die Wirklichkeit der erlebten Freiheit in Christus. Die drei für die ECC signifikantesten Dokumente sind: Ihre Satzung mit den Statuten, die Regeln für die ordinierten Pastoren und die Broschüre *Covenant Affirmations,* welche die sechs zentralen Glaubensaussagen enthält und die Identität der ECC als einer konventionellen prostestantischen

---

[198] Als der Covenant sich 1885 konstituierte, tat er dies ausdrücklich im Gegensatz zu den Kongregationalisten, die in ihrer Theologie zu >liberal< und reformiert waren, und in Opposition zu den radikal >Freien<, die antidenominational waren und auf eine radikalere kongregationale Gemeinschaft drängten. Der am Ende herausgekommene modifizierte Kongregationalismus mit presbyterianischem Einfluss ist eine Gemeinschaft, die es nur im Covenant gibt.

[199] http://www.covchurch.org/who-we-are/

Kirche mit einem reformatorischen Erbe belegt. Das Committee on Christian Action bringt über den Covenant Executive Board auch zu jeder Jahresversammlung Resolutionsentwürfe heraus, die dort diskutiert und verabschiedet werden. Diese sind nicht verbindlich und behandeln aus biblischer Sicht aktuelle Probleme kultureller, ethischer und politischer Natur.

2. Mission und Evangelisation

Die ECC ist eine schnell wachsende, aus vielen Volksgruppen zusammengesetzte Denomination in den USA und Kanada mit missionarischen Diensten in fünf Kontinenten der Welt.

Die Glaubensgemeinschaft erklärt zu ihren vorrangigen Werten >die Bibel als das Wort Gottes, das Geschenk der Gnade Gottes und des sich immer weiter vertiefenden geistlichen Lebens, das durch den Glauben an Jesus Christus entsteht, die Bedeutung der Ausbreitung der Liebe und des Erbarmens Gottes in einer verletzenden Welt und die Kraft, die in aller Verschiedenheit aus der Einheit entspringt.<[200] Die ECC versteht sich selbst als eine Gemeinschaft von Glaubenden, >vereint durch Christus zu einem heiligen Bund von Gemeinden, befähigt durch den Heiligen Geist, das Doppelgebot der Liebe und den Missionsbefehl zu befolgen: Gott zu lieben von ganzem Herzen, von ganzer Seele, mit aller Kraft und allen Sinnen, unsere Nächsten zu lieben wie uns selbst und hinauszugehen in alle Welt, um Jünger zu gewinnen.<[201]

Mit einem klaren Bekenntnis zur Mission verpflichtet sich die ECC, >die Gemeinschaften zum Gottesdienst anzuleiten und sie auf Gebet, Predigt und das Studium der Schrift, zur Feier der Sakramente und zur Verbundenheit der Geschlechter, Rassen, Generationen, der Kulturen und gesellschaftlichen Klassen< zu verpflichten; und weiter >liebevolle, gebefreudige, geistlich wachsende Christen zuzurüsten, damit diese mit der guten Nachricht von Jesus Christus aufbrechen, um das Evan-

---

[200] „*What is the Covenant Church?*“ The ECC, http://mu.covchurch.org/who-we-are/what-is-the-covenant-church/.

[201] „*What is the Covenant Church?*“ Ebd.

gelium den Verlorenen zu bringen, sich um die Armen zu kümmern und sich für Gerechtigkeit gegenüber den Unterdrückten einzusetzen.<[202]

Die ECC wird durch die jährliche Delegiertenversammlung geleitet. Sie ordiniert die Pastoren, wählt und bestätigt alle Angestellten der ECC und setzt ein leitendes Gremium ein, das den Haushalt verwaltet und Entscheidungen umsetzt. Jeder größere Bereich innerhalb der Kirche verwaltet sich durch die leitenden und beratenden Vorstände selbst. Die Gemeinden in Nordamerika sind in elf Regionalkonferenzen unterteilt, wobei jede Konferenz ihren eigenen Vorstand und Superintendenten wählt. Die Glaubensrichtung ist kongregational, somit stellt jede Gemeinde ihre Pastoren selbst ein, sie besitzt ihr eigenes Gemeindegelände und leitet sich selbstständig. Der Bund hat sieben Aufgabenbereiche, jeder davon mit einer speziellen gemeindlichen und evangelistischen Funktion. Es sind dies: Christliche Ausbildung; Gemeindewachstum und Evangelisation; Kommunikationsaufgaben; Dienste der Barmherzigkeit und Einsatz für Gerechtigkeit; Weltmission; geistliches Amt; Frauendienste. Die Weltmission des Bundes unterhält Dienststellen auf vier Kontinenten in 26 Ländern, sie unterstützt 2.638 Gemeinden, 2.215 pastorale Mitarbeiter, 84 hauptamtliche Missionare und 36 Kurzzeitmissionare.[203] Die Weltmission unterstützt auch die Paul-Carlson-Fellowship, eine internationale auf Zentralafrika ausgerichtete Hilfs- und Entwicklungsorganisation. Der Aufgabenbereich >Gemeindewachstum und Evangelisation< gründet neue Gemeinden, stellt Hilfen bereit, um diese zu stärken, und erstellt Anleitungen für Evangelisationen und Gebetstreffen. Der Aufgabenbereich >Dienste der Barmherzigkeit und Einsatz für Gerechtigkeit< unterstützt den Covenant World Relief, eine humanitäre Hilfseinrichtung, und bezuschusst Reisen und Besinnungstage, die die rassische Gleichstellung fördern.

---

[202] *„What is the Covenant Church?"* Ebd.

[203] Stand: 1. Januar 2009.

3. Mitgliederentwicklung

Während der vergangenen 20 Jahre ist die ECC signifikant gewachsen, insbesondere unter nichteuropäischen Bevölkerungsgruppen. Zum 1. Januar 2009 gehörten zur ECC 746 Mitgliedsgemeinden und 55 angegliederte Gemeinden mit insgesamt 124.082 Mitgliedern. Im Jahr 2008 betrug die durchschnittliche Besucherzahl 178.997 Personen. Zur Covenant World Mission gehören 2.638 Gemeinden in 20 verschiedenen Ländern mit insgesamt 279.639 Mitgliedern. Die Gesamtmitgliederzahl der Bundesgemeinden betrug 2008 weltweit über 400.000 Personen, die Besucherzahlen kamen auf über 450.000.

Im Jahr 1990 lag die durchschnittliche Besucherzahl der ECC in den USA am Sonntag unter 95.000. Betrachtet man die aktuelle Besucherzahl von über 180.000, so bedeutet dies in 20 Jahren fast eine Verdoppelung. Viel von diesem Wachstum hat seine Ursache in einem zielgerichteten Programm, in dem die ethnische Verschiedenheit besondere Berücksichtigung findet. Das neuerliche Wachstum in Mid-South und Pacific Southwest hängt hauptsächlich mit zwei Mega-Churches zusammen: der LifeChurch.tv in Edmond (Oklahoma) und der Bayside family of churches in Kalifornien (Hauptzentrum in Roseville). Diese Großgemeinden betreuen zusammen pro Woche eine durchschnittliche Besucherzahl von fast 40.000 Personen und bezeichnen damit besonders deutlich den Übergang der ECC von einer ethnisch bestimmten schwedischen Glaubensgemeinschaft hin zur amerikanischen evangelikalen Bewegung. Zur Zeit sind fast 25% der ECC-Gemeinden entweder ethnisch (also Nicht-Weiße oder Europäer) oder multiethnisch (wobei keine der verschiedenen Gruppen mehr als 80 % der Gemeindeglieder ausmacht). Diese statistischen Werte belegen, dass die ECC eine der am schnellsten wachsenden Glaubensgemeinschaften in den Vereinigten Staaten ist.

4. Gottesdienst, Liedgut, Liturgie

Obwohl die ECC verglichen mit vielen der nordamerikanischen Glaubensgemeinschaften nur eine kleine Kirche ist, hat sie doch eine stattliche Reihe gottesdienstlicher Handreichungen veröffentlicht, die von vielen Pastoren der ECC im wöchentlichen Gottesdienst eingesetzt werden.

Das aktuelle *Covenant Book of Worship* (2003) ist ein christlich-ökumenisch orientiertes Andachtsbuch mit Quellen aus vielen christlichen Traditionen und Sprachen. Es entspricht damit den sich ändernden Gottesdienstformen, wie sie eine multi-ethnische Kirche verlangt. Das in der ECC zur Zeit in Gebrauch befindliche *Covenant Hymnal* (2003) enthält Lieder, Bibelzitate, Gebete, Rufe zur Anbetung und andere gottesdienstliche Elemente aus einer breiten Abfolge der christlichen Tradition, einschließlich Stücken aus der *Scandinavian Mission Friend* – Tradition, aus der Herrnhuter Brüdergemeine und der nordamerikanischen Erweckungsbewegung.

5. Verhältnis zur Kultur

Die ECC ist eine unabhängige christliche Glaubensgemeinschaft, die beim Staate Illinois als gemeinnützig eingetragen ist. Weil es in den USA nie eine offizielle Staatskirche gegeben hat, ist die ECC auch nie als >Sekte>[204] klassifiziert worden. Die ECC arbeitete von ihren Anfängen bis zum Zweiten Weltkrieg als schwedisch-amerkanische Volkskirche. Die Glaubensgemeinschaft führte 1929 für ihre offiziellen Veröffentlichungen die englische Sprache ein, aber Schwedisch blieb bis in die 1930er Jahre für den Gottesdienst und die Predigt bestimmend.

Die Zwänge des Zweiten Weltkriegs beschleunigten den Amerikanisierungsprozess. Seit den späten Fünfziger Jahren setzten die Leiter weniger auf die Traditionen ihrer Vorfahren.[205] Im Jahr 1960 bemerkte der ECC-Präsident Clarence Nelson: >So lange wie die Gemeinschaft aus einer Volksgruppe bestand, waren die Dinge relativ einheitlich, aber seit das nicht mehr so ist, was wird uns von nun an zusammenhalten?<[206]

---

[204] Zu der auf M. Weber und E. Troeltsch zurückgehenden Kirche/Sekte-Typologie vgl. H.R. Niebuhr, *The Social Sources of Denominationalism* (Hamden, Conn.: Shoe String Press, 1929), 18-19.

[205] K.A. Olsson, *A Family of Faith: 90 Years of Covenant History* (Chicago: Covenant Press, 1975), 116-117.

[206] *Covenant Yearbook* (1960), 74.

In ihren in den 1960er Jahren publizierten Werken über die Geschichte und Theologie des Bundes stellen Karl Olsson (*By One Spirit)* und Donald C. Frisk (*Covenant Affirmation)* die Identität der ECC als einer unabhängigen Gemeinschaft mit einer schwedisch-amerikanischen pietistischen Geschichte heraus. Als sich die Laien des Bundes mehr und mehr mit nordamerikanischen evangelikalen Institutionen verbanden (Hochschulen, Bibelkollegs, Sommer-Bibelkonferenzen, Kirchen, Fachzeitschriften und anderen Organen), geriet die ECC zunehmend in die Einflusssphäre des nordamerikanischen Evangelikalismus. Das „Committee to Study the Seminary" des ECC fand in den 1960er Jahren in seiner Kirche eine zunehmende evangelikale Identität und versprach, an der Fakultät für biblische Studien einen >theologisch konservativeren> Vertreter anzustellen. Zur Zeit ist die ECC eine amerikanische evangelikale Glaubensgemeinschaft, aber ihr Erbe gestattet es ihr, für eine dem ökumenischen Frieden dienende Zusammenarbeit mit den führenden Institutionen offen zu sein.

6. Verhältnis zur Gesellschaft

Die ECC besteht aus einer unterschiedlichen Anhängerschaft. Dies hat verschiedene Ausprägungen der Beziehung von Christen zur Gesellschaft zur Folge. Im Laufe ihrer Geschichte hat die ECC zum Krieg und zu einer ganzen Reihe anderer ethischer Fragestellungen Resolutionen verabschiedet, jedoch sind Resolutionen nicht verbindlich und nicht immer für die Mehrheit repräsentativ. Für einen großen Teil stellt die heutige ECC eine gemäßigte oder offen evangelikale Glaubensgemeinschaft dar. Sie vertritt in der theologischen und kulturellen Problemdebatte ein Festhalten an historischen christlichen Traditionen. Während einige Mitglieder und Gemeinden eher die reformierte Auffassung vertreten, nach welcher das Evangelium seinen erlösenden Einfluss auf die Gesellschaft ausübt, so hat die ECC historisch gesehen sich doch mehr an der lutherischen Zwei-Reiche-Lehre orientiert. In mancher Hinsicht hat die ECC einen fundamentalistisch anmutenden Quietismus gezeigt, dem die >Rettung der Seelen< wichtiger ist als politischer Aktivismus.

Bei vielen Gelegenheiten erschien die ECC als eine Kirche, die für den Frieden eintritt. Im Jahr 1941 verteidigte Pastor

Harald W. Jacobson Kriegsdienstverweigerer mit der Begründung, dass Nationalität nicht der Schlüssel zu einer persönlichen Identität sei. Er widersprach einer christlichen Überidentifizierung mit dem Nationalstaat und argumentierte, die Beziehung eines Menschen zu Gott und ihre Identität als Himmelsbürger solle vorrangig bleiben.[207]

Während der mittleren Jahrzehnte des 20. Jh. warnte die ECC durchgehend vor einer Überidentifikation mit dem Nationalstaat. Im Juni 1941, sechs Monate vor Pearl Harbor, beschlossen die Konferenzdelegierten der jährlichen Generalversammlung etwas, was wie eine pazifistische Resolution erschien. Indem sie eine übergreifende christliche Identität zu ihrer Grundregel machten, suchten die Vertreter des Bundes >wechselseitige Geduld und Toleranz trotz der Meinungsunterschiede über die gegenwärtige Weltkrise< zu befürworten und wünschten, >den Geist des guten Willens und die Gemeinschaft unter den Kindern Gottes überall beizubehalten und zu fördern<. Sie beschlossen, >dass wir in Treue zu den Lehren und dem Geist Jesu Christi von den rassischen und nationalen Feindseligkeiten und dem Hass absehen wollen, der gegenwärtig in der Welt vorherrscht<.[208] Im Verlauf des 20. Jh. ist die ECC aus ihrer ethnischen Begrenzung herausgetreten, und viele Mitglieder ließen sich in die Einflusssphäre des amerikanischen Evangelikalismus treiben, der viel konservativer eingestellt war und sich zunehmend politisch aktiv zeigte. Während man viele ECC-Gemeinden heute zutreffenderweise als gesellschaftlich konservativ bezeichnen kann, ist doch die ECC insgesamt betrachtet hinsichtlich der gegenwärtigen sozialen Probleme gemäßigt und irenisch eingestellt. Dies ist in neueren Resolutionen zu erkennen, einschließlich zu Themen wie Schwangerschaftsabbruch, Stammzellenforschung und weiteren aktuellen Problemfragen.[209]

---

[207] H.W. Jacobson, „*The Position of the Conscientious Objector*", The Covenant Quarterly 1 (2nd Quarter 1941), 12-20.
[208] *The Covenant Yearbook* (1941), 184-185.
[209] Texte siehe www.covchurch.org.

7. Ökumenische Situation

Die ECC ist Mitgliedskirche der IFFEC und Gründungsmitglied der „Christian Churches Together in the U.S.A." (gegründet 2001). Letztere macht es sich zur Aufgabe, die beteiligten Gemeinden und nationalen christlichen Organisationen zusammenzubringen, um (1) ein feierliches Bekenntnis zum dreieinigen Gott abzulegen, (2) durch das Gebet und im theologischen Dialog die Leitung des Heiligen Geistes zu erkennen, (3) um Gemeinschaft und gegenseitige Hilfe anzubieten, (4) um untereinander ein besseres Verständnis zu suchen durch die Bestätigung unserer Gemeinsamkeiten und durch das Verstehen unserer Meinungsunterschiede, (5) um die Evangelisation genau im Sinne der Verkündigung des Evangeliums zu fördern, (6) um, wenn immer möglich, gegenüber der Gesellschaft mit einer gemeinsamen Stimme zu sprechen, und (7) um das gemeinsame Gut der Gesellschaft zu fördern und sich in weiteren Aktivitäten zu engagieren, die mit diesen Zielen übereinstimmen.[210] Vor dem Eintritt in die „Christian Churches Together" hat die ECC nie formell irgendeinem nationalen ökumenischen Gremium angehört. In den frühen 1950er Jahren ernannte die ECC eine Comity Commission, um mögliche zwischenkirchliche Beziehungen zu prüfen. Obwohl Hoffnung auf mögliche zukünftige Zusammenschlüsse entfacht wurde, schlug die Kommission 1956 vor, >dass wir als Bund jetzt nicht mit irgendeiner ökumenischen Organisation zusammengehen wollen, weder im nationalen noch im internationalen Bereich. Jede Bewegung hin auf eine Verbindung mit irgendeiner dieser Gruppen würde, so glauben wir, zum jetzigen Zeitpunkt eine tiefe Spaltung in unseren Reihen herbeiführen und würde die Grundlagen, die das Herz unserer Gemeinschaft ausmachen, verletzen. Wir sind überzeugt, dass Ökumenizität nicht vorrangig aus offiziellen Organisationen oder einer kirchlichen Maschinerie besteht, sondern in einem Geist des Verstehens und der Zusammenarbeit mit der ganzen Kirche als dem Leib Jesu

[210] The Bylaws of Christian Churches Together in the U.S.A. http://www.christianchurchestogether.org/bylaws/CCT_bylaws_rev02-16-09.pdf .

Christi in der Welt.<[211] Die geistlichen Leiter der ECC waren zu gleichen Teilen gespalten, ob die Kirche sich mit dem National Council of Churches, dem Ökumenischen Weltrat der Kirchen oder der National Association of Evangelicals zusammenschließen sollte. Weil unter der Anhängerschaft der ECC bedeutsame theologische und kulturelle Differenzen bestanden, wurden keine formalen Zusammenschlüsse eingeleitet.

Während des gesamten 20. Jh. hat die ECC ihre Repräsentanten zu den nationalen und globalen ökumenischen Gremien entsandt, ist aber nie formell beigetreten. Verbindungen stützten sich oft auf die Beziehungen und das Engagement, die der jeweilige ECC-Präsident pflegte. *Milton Engebretsen* (1967-1986) war bei den Zusammenkünften der „United States Church Leaders" aktiv; *Paul Larsen* (1986-1998) diente als Präsident der IFFEC; und *Glen Palmberg* (1998-2008) war im „Call to Renewal" tätig und führte die ECC in die Mitgliedschaft von „Christian Churches Together". Während die ECC auf nationaler Ebene nur kleine formelle Verbindungen hat, gehören einzelne Pastoren und Gemeinden zu verschiedenen ökumenischen Gremien und Zusammenschlüssen; darunter sind u.a. die National Association of Evangelicals, das LifeChurch Network und die Willow Creek Association.

Weitere Literatur:

D. Brown, *Understanding Pietism,* Grand Rapids 1978.

F. Mangs, *Revolutionary Christianity,* Covenant Minister's Quarterly 1 (1st Quarter 1941), 46-49.

F. E. Stoeffler, *The Rise of Evangelical Pietism,* Leiden 1971.

F. E. Stoeffler, *Continental Pietism and Early American Christianity,* Grand Rapids, 1976.

E. Troeltsch, *The Social Teaching of the Christian Churches (Library of Theological Ethics),* trans. O. Wyon, vol. 1, Louisville 1992.

M. Weber, *The Sociology of Religion,* trans. E. Fischoff, Boston 1983.

---

[211] *„Recommendations of the Comity Commission"*, The Covenant Yearbook (1956), 190-191.

The Evangelical Free Church of Canada

Die Evangelische Freikirche von Kanada

Ron Unruh

1. Geschichtliche Entwicklung und rechtliche Stellung

Eine Erweckung unter norwegischen Immigranten im Jahre 1911 führte zur Bildung mehrerer Gemeinden, aus denen im Jahre 1913 die Evangelical Free Church of Canada (EFCC) hervorging. Die älteste noch bestehende Gemeinde ist die in Enchant (Alberta), gegründet 1917, in der mehrere Mitglieder der Familie Fosmark zum Glauben kamen. Die Brüder *Carl und Lee Fosmark* trugen mit bemerkenswerten Führungsqualitäten zur Entwicklung der EFCC bei. Im Jahre 1967 formierte sich die EFCC in einer Charta als Bund, die Angliederung an die EFCA blieb bis 1984 bestehen, dann wurde sie selbstständig. Die Fellowship of Gospel Churches ging 1957 in der EFCC auf, sodass die Zahl der EFCC-Gemeinden auf 56 anstieg. Im Jahre 2009 gab es ungefähr 150 Gemeinden, ihr Gebiet erstreckt sich von der Provinz Quebec bis zur Pazifikküste. Wir konzentrieren unsere Arbeit auf die Gemeinde vor Ort, denn wir glauben, dass sie das ideale Umfeld dafür bietet, dass Menschen zur Umkehr gelangen. Kongregationale Grundsätze sind das wesentliche Konzept in der EFCC, und es ist ganz einfach eine Frage der Abstufung, wie weit diese in allen Belangen unserer geistlichen Arbeit zur Anwendung kommen. Wenn es auch eine breite Freiheit in den praktischen Fragen gibt, stehen unsere örtlichen Gemeinden doch eindeutig zu ihren kongregationalen Überzeugungen. Ein auf Freiwilligkeit beruhendes, interdependentes Netzwerk von Gemeinden ermöglicht es uns, unseren Auftrag als Kirche zu erfüllen. Die Gemeinden der EFCC sind nach Provinzen oder geographischen Regionen in Bezirken zusammengefasst. Die Präsidenten der EFCC kamen mit jeweils zu ihrer Zeit erforderlichen Gaben in das Leitungsamt: *Rev. Don Kroening, Rev. Ron Swanson* (unter seiner Leitung wurde die Hauptverwaltung der EFCC von Edmonton/Alberta nach Langley/British Columbia verlegt), *Rick Penner, Ron*

Unruh und *Rev. Bill Taylor*, dessen Dienstbezeichnung nun Executive Director lautet.

2. Mission und Evangelisation

Kanada ist ein Missionsfeld. Das geographische Ausmaß unseres Landes ist riesig, und die außergewöhnlich unterschiedliche Zusammensetzung der Bevölkerung bedeutet eine enorme Herausforderung für die Evangelisation. Kanadas Bevölkerung stellt ein Mosaik aus einheimischen und eingewanderten Menschen dar. Die einheimische Bevölkerung besteht aus den so genannten First Nations, das sind die Metis (Nachfahren früher europäischer Einwanderer) und die Inuits (eskimoische Volksgruppen), insgesamt 1,3 Millionen Menschen. 75 % von diesen leben in 2.400 abgegrenzten Land-Reservaten und haben Zugang zu 6.500.000 Morgen Land. Die verbleibenden 224.000 Ureinwohner leben außerhalb dieser Reservate in Städten wie Winnipeg (60.000), Toronto (50.000) und Regina (45.000). Evangelistisch-missionarische Bemühungen unter diesen Einheimischen gibt es, jedoch nur in geringem Umfang.

16 % der kanadischen Einwohner sind im Ausland geboren, sie stammen aus 204 Nationen und sprechen 78 verschiedene Sprachen. In dieser herausfordernden Gesellschaftssituation versucht die EFCC zusammen mit anderen evangelikalen Gruppen Jesus Christus zu verkündigen. Die Kanadier genießen religiöse Freiheit, und 64 % reklamieren für sich eine kirchliche Mitgliedschaft, jedoch besuchen lediglich 26,8 % eine der 22.000 christlichen Kirchen, die sich auf 78 Glaubensgemeinschaften verteilen. Es besteht die dringende Notwendigkeit, die Zahl der evangelikalen Gemeinden in Kanada zu verdoppeln. Die EFCC versucht, dem Auftrag Gottes mit ihrer schmalen Basis von 150 Gemeinden nachzukommen. Unsere EFCC-Mission soll Gott durch den Bau lebendiger Gemeinden in Kanada und überall in der Welt verherrlichen. Der Gemeindeaufbau und die Gemeindeentwicklung fallen in die Verantwortlichkeit der Bezirke, die ihre Gemeinden anzuregen und zu unterstützen versuchen. Die Verpflichtung zu weltweiter Evangelisation und Jüngerschaftsschulung hat die EFCC für Jahrzehnte geprägt. Kanadische freikirchliche Missionare (unter ihnen

Martha Goertzen, Dave und Amanda Heinrichs, Ben und Muriel Sawatsky) gingen in den 1950er und 1960er Jahren hinaus in andere Länder. Sie alle dienten unter dem Dach der American Evangelical Free Church Mission (EFCM), mit der die Canadian Free Church partnerschaftlich zusammenarbeitete. Nachdem er viele Jahre in Japan im Dienst war, veranlasste *Rev. Lea Little* die Gründung des Überseeischen Missionsausschusses, der 1977 durch die Konferenz des Bundes bestätigt wurde und dessen Direktor Little bis 1989 war. Schließlich wurde diese internationale Initiative zur Missionsgesellschaft der EFCC, die unseren Gemeinden als tatkräftige Vermittlungsstelle für Missionare dient. Der Zusammenbruch der Sowjetunion in den frühen 1990er Jahren öffnete die Türen für westliche Missionare und gab den Zugang frei zu den osteuropäischen Ländern. Auf Anregung von Executiv-Director *Rev. Dave Heinrichs* (1989-1992) wurden Russland, Ungarn und die Ukraine die ersten offiziellen Missionsfelder der Evangelical Free Church of Canada Mission (EFCCM). Die EFCCM setzte ihren Weg der Ausbreitung und Weiterentwicklung unter dem nächsten Executiv-Director *Arvid Olson* (1992-2000) fort. Unter seiner Leitung begann ein Einsatz in Mexiko, Kurzzeiteinsätze wurden in latein- und südamerikanischen Ländern durchgeführt und unter den EFCCM-Mitarbeitern eine Gemeindegründungsbewegung angeregt. Unter dem vierten Executiv-Director *David McKinley* (2000-2007) breitete sich die EFCCM in einer Anzahl von Ländern Lateinamerikas aus. Auch wurden Missionsprojekte für die Arbeit unter Muslimen entwickelt. Zur Zeit führt ein Leitungsteam die EFCCM.

3. Mitgliederentwicklung

Unsere Vereinigung wuchs insgesamt von 133 Gemeinden im Jahr 1984 auf 150 Gemeinden im Jahr 1994. In den letzten 15 Jahren bewegte sich die Anzahl der Gemeinden ziemlich unverändert zwischen 140 und 150. Darin zeigt sich beides: Rückgang und Zunahme. Einige Gemeinschaften verkleinerten sich und mussten sogar schließen, während neue Gemeinden entstanden. In die Gemeinden insgesamt kommen ungefähr 18.000 Besucher. In den letzten Jahren haben einige koreanische Gemeindegründungen in der Provinz British Columbia die

Lebendigkeit der Verbindung vor Augen geführt, die die EFCC mit der Sungkyul-Glaubensgemeinschaft in Korea unterhält.

4. Gemeindeleben, Gottesdienst in Musik, Verkündigung und Gebet

Die Gemeinden der EFCC sind nicht von nur einem einzigen Gottesdienststil geprägt, sondern von einer Vielzahl. Jede Gemeinde preist den Herrn in einer Weise, die zu ihren Mitgliedern passt, außerdem mischen die meisten Gemeinden zeitgenössische Lieder für den Gottesdienst mit frischen Arrangements traditioneller Hymnen. Das besondere musikalische Gotteslob nimmt etwa ein Drittel der Gottesdienstzeit ein. Alle unsere Prediger praktizieren einen unterweisenden, lehrhaften Stil, und manche von ihnen geben an, dass sie gelegentlich erbaulich und/oder erzählend predigen. Unsere Prediger geben an, dass ihre Gemeindeglieder tiefgehende Auslegungen erwarten, und 33 % der Prediger weisen darauf hin, dass ihre Zuhörer Predigten wünschen, die sie zu einer Begegnung mit Gott führen. Das Gebet wird in unseren Gemeinden gefördert, gelehrt und eingeübt. Die Hervorhebung des Gebets zeigt sich an besonderen Gebetstagen, wöchentlichen Gebetsversammlungen, Austausch von Gebetsanliegen über das Telefon und über E-Mail, einer Mitteilung am Sonntag über Gebetserhörungen und die Nennung der Personen, die um Fürbitte nachsuchen. In der EFCC-Hauptverwaltung tut ein Gebetskoordinator Dienst, der mit den in den örtlichen Gemeinden für das Gebet Verantwortlichen in Verbindung steht.

5. Verhältnis zur Kultur

Das Emporkommen der Moderne und das säkulare Gesellschaftssystem haben die Religion an den Rand gedrängt, weil sie der von der Aufklärung geprägten Welt auffälligerweise wie ein Aberglaube vorkommt. Der Postmodernismus untergräbt die Treue zu einer Religion, die sich auf die Kirche stützt, durch seine Angriffe auf grundlegende Kenntnisse und erzählte (biblische) Geschichte. Was an der Evangeliumsbotschaft als ganzer wahr ist, das ist selbstredend auch die Wahrheit für die EFCC. Die etablierten Kirchen haben Schwierigkeiten damit, Beziehungen zu pflegen zu anderen Menschen als jenen, die schon in Kirchenbezügen leben. Kanada wird von einer auf Wachstum programmierten Gesinnung bestimmt. Für Kirchen, die sich nicht ständig um Mitgliederzuwachs kümmern, sondern sich jenen Menschen widmen wollen, die sich schon in ihren Gemeinschaften befinden, ist Stagnation und Rückgang somit vorhersehbar. Die EFCC bejaht und demonstriert in der Betreuung der Menschen eine Ganzheitlichkeit, die Personen ganz verschiedener Herkunft und Lebenserfahrung einlädt und willkommen heißt.

Die Association of North American Chinese Evangelical Free Churches (ANACEFC) stärkt die Ausgangsvoraussetzungen für die Neugründung von Gemeinden international und auch in den Heimatländern. Sowohl die EFCC als auch die EFCA arbeiten erfreulich mit ihren chinesischen Brüdern zusammen. In Kanada zum Beispiel sind 20 % unserer Kirchgänger Chinesen.

6. Verhältnis zur Gesellschaft

Unsere Wesensart und unsere Berufung verlangen, dass wir zur Gesellschaft und ihren aktuellen sozialen, ethischen und moralischen Fragestellungen in eine Verbindung eintreten. Die folgende Zusammenstellung stellt unsere allgemein vertretenen Positionen dar, von denen es natürlich individuelle Abweichungen geben kann.

Die Unantastbarkeit des Lebens: Wir achten die Unantastbarkeit des Lebens, weil Gott alles Leben geschaffen hat. Diese Überzeugung verlangt Hochachtung für das ungeborene Leben und komplementär dazu eine Ablehnung der Abtreibung, ausgenommen in Grenzfällen. Unsere Hochachtung vor dem Leben bedeutet auch eine Ablehnung der Sterbehilfe.

Die Sexualität des Menschen: Die biblische Vorstellung von einer gesunden Sexualität richtet sich auf Mann und Frau, die vor Gott den Bund der Ehe eingegangen sind. Sexuelle Lebensweisen außerhalb dieses Vorbildes der Ehe stehen gegen Gottes Willen und bedeuten eine Verletzung der Gemeinschaft der Gläubigen. Gleichgeschlechtliche Partnerschaften sind in Kanada als rechtsgültig anerkannt worden, aber die

EFCC bleibt bei ihrem Standpunkt, Homosexualität als verabscheuungswürdig und gegen das Gesetz Gottes gerichtet anzusehen. Die Heilige Schrift bezeichnet gleichgeschlechtliche Beziehungen als abwegiges Sexualverhalten, dennoch müssen die EFCC-Gemeinden allen Menschen mit Barmherzigkeit begegnen. Aus Überzeugung gegen die Homosexualität Stellung zu beziehen, ist die *eine* Aufgabe, die *andere* besteht darin, die erlösende Gnade und die Fürsorge Jesu Christi anzubieten.

Ehe, Scheidung und Wiederverheiratung: Die EFCC bekräftigt das historische, theologische und biblische Verständnis von Ehe und Sexualität, hergeleitet vom Alten und Neuen Testament. Jesus lehrte: „Was nun Gott zusammengefügt hat, das soll der Mensch nicht scheiden." (Mt 19,6) Jesus lehrte auch: „Ich aber sage euch: Wer sich von seiner Frau scheidet, es sei denn wegen Ehebruchs, und heiratet eine andere, der bricht die Ehe." (Mt 19,9) Obwohl hier eine Scheidung als erlaubt erscheint als eine Bestätigung dafür, dass eine Ehe schon gescheitert ist, soll die Ehe nach Gottes Willen auf Lebenszeit geschlossen sein. Eine Scheidung wird als Sünde betrachtet, und wir beklagen die beziehungsmäßige Zerstörung, die eine Scheidung anrichtet, dennoch heißen wir alle Menschen in unseren Gemeinden willkommen, wo Gottes Vergebung und Heilung zu finden ist.

Frauen im geistlichen Amt: Zum jetzigen Zeitpunkt (2011/2012) hat die EFCC diese Frage noch nicht gelöst. Wir ordinieren keine Frauen. Es gibt jedoch ein wachsendes Unbehagen gegenüber jener Position, die Frauen kein geistliches Amt zutraut. Wir haben erkannt, dass diese Frage hochproblematisch ist und eine Spaltung bewirken kann; wir strengen uns an, eine Lösung zu finden, die Frauen die nötige Anerkennung gibt und gleichzeitig den biblischen Leitlinien entspricht.

Politik: Kanada hat drei bedeutende, im ganzen Land vertretene Parteien: die Liberalen, die Konservativen und die Nationalen Demokraten. Derzeit (2011/2012) sind die Konservativen an der Macht, und deren Positionen in den meisten Fragen befinden sich in großer Übereinstimmung mit den Auffassungen der EFCC. Aber es gibt seitens der EFCC keinerlei Bemühen, für irgendeine politische Partei Wahlkampf zu machen. Dieser Bereich wird als eine Sache des persönlichen Ermessens angesehen.

7. Stellung zur Ökumene

Anstelle von Ökumenizität ziehen wir es vor, von Partnerschaft und Verbundenheit zu reden. Wir freuen uns über Verbindungen zu verschiedenen Organisationen, der Evangelical Fellowship of Canada, dem World Relief Canada, dem Canadian Food Grains und der Jesus Korean Sunkyul Church (JKSC), ebenso wie zur EFCA und der IFFEC. The Evangelical Fellowship of Canada ist die nationale Vereinigung evangelikaler Christen, die zu gemeinschaftlicher Einflussnahme, Wirksamkeit, Übereinstimmung in geistlichem Dienst und zu öffentlichem Zeugnis zusammengefunden hat. World Relief Canada kümmert sich um Unterstützung und Entwicklungshilfe für die Armen in der ganzen Welt. Die Canadian Foodgrains Bank ist eine Partnerschaft kanadischer kirchlicher Einrichtungen, die an der Beendigung des Hungers in den Entwicklungsländern arbeiten. Die EFCC hat eine Übereinkunft zur Zusammenarbeit mit der JKSC, einer Glaubensgemeinschaft von 1.200 Gemeinden hauptsächlich in Korea, die aber in Kanada eine starke Missionstätigkeit entfaltet und Gemeindegründungspläne hat. Die EFCC hat mit ihr einen Kooperationsvertrag, um koreanische Gemeindegründungen in Kanada durchzuführen. Die EFCA ist für uns wie ein Mut machender großer Bruder, zu dem wir enge Beziehungen haben. Die IFFEC ist eine Gemeinschaft des Glaubens und des Dienstes, bestehend aus Bünden von FEG, in der unsere Vereinigung Mitglied ist. Wir preisen Gott für die Einzigartigkeit unserer Kirchenfamilie, die uns die Möglichkeit eröffnet, zahllose Kanadier für Christus zu erreichen, weil wir eine Betreuungsvielfalt praktizieren, die für viele anziehend und einladend ist. Wir beten darum, dass Gott uns in unserem Land Kanada gebrauchen möchte.

Convenção das Igrejas Evangélicas Livres no Brasil

Der Bund Freier Evangelischer Gemeinden in Brasilien

Johannes H. Klement

1. Historische Entwicklung und rechtliche Situation

Die Geschichte der Convenção das Igrejas Evangélicas Livres no Brasil (CIELB) beginnt mit *Erich Ostermoor* (FEG Berlin-Tempelhof). 1926 reiste er nach Brasilien aus, um innerhalb der Gemeinschaftsbewegung unter deutschen Auswanderern missionarisch zu arbeiten. Von Curitiba aus, der Hauptstadt des Bundesstaates Paraná im Süden des Landes, evangelisierte er und begann verschiedene Gemeindearbeiten. 1932 zog Ostermoor mit seiner Frau Herta nach São Paulo und gründete dort unter dem Namen FEG eine missionarische Arbeit in deutscher Sprache. Nach dem Tod seiner Frau geriet Ostermoor in eine persönliche Krise, der Schweizer *Traugott Salzmann* führte die Arbeit weiter. 1940 gab sich die Gruppe eine Gemeindeordnung. Von Ende 1941 bis 1946 wurden öffentliche Versammlungen in deutscher Sprache verboten. Salzmann führte in verschiedenen Stadtteilen Hausbibelstunden durch, bei Familie Rempel begannen öffentliche Gottesdienste. Im August 1959 wurde die Gemeinde offiziell als „Igreja Evangélica Livre de São Paulo" gegründet, 1964 weihte man das Gemeindehaus in Santo Andre ein.

Im Jahr 1954 reiste das Missionsehepaar *Gisela und Kurt Möller* von der FEG Witten nach Brasilien aus und begann in der Stadt Xanxeré (Santa Catarina) eine Arbeit unter sozial Schwachen.[212] Dadurch kamen ab 1959 Missionare der AM

[212] Durch das Ehepaar Möller wurde die Missionsarbeit der AM in Brasilien zwar initiiert, jedoch haben sie an der weiteren Entwicklung der FEG in Brasilien nicht teilgenommen, da sie ab 1964 eine unabhängige Arbeit begannen.

nach Brasilien. Diese riefen eine brasilianische Mission ins Leben (MEIB – Missao Evangélica Independente do Brasil). Die ersten Gemeinden wurden im Westen des Bundesstaates Paraná in den Städten Toledo und Cascavel gegründet. In Santo Andre war aus der deutschen Gemeinde auch eine portugiesischsprachige Gemeinde entstanden. Die deutsche Gemeinde versammelte sich seit 1974 in der Capella do Redentor in São Paulo. Durch die theologische und sprachliche Nähe kam es 1970 zu ersten Gesprächen über eine Zusammenarbeit der FEG in São Paulo und der Arbeit der MEIB in Paraná.[213] Durch den damaligen Leiter der AM *Heinz Müller* wurden die Bemühungen um die Gründung eines gemeinsamen Gemeindebundes intensiviert,[214] was im Juni 1984 zum Erfolg führte. Erster Präses wurde *Mario Junghans*, nach zwanzig Jahren übernahm 2004 *Klaus Georg Rempel* diese Aufgabe. Die größte Schwierigkeit bestand in einem unterschiedlichen Verständnis der Leitungsstruktur. Während die Missionare eine klassische kongregationale Leitungsstruktur vertraten, hatte die Gemeinde in São Paulo eine stark direktive, beinahe episkopale Leitung. In der Bundesgründung einigte man sich auf das kongregationale Leitungsmodell. Ebenso war auch der soziale Unterschied eine besondere Herausforderung. Die Missionare hatten vorwiegend in der sozial schwachen Bevölkerungsschicht gearbeitet, während die Mitglieder der Gemeinde in São Paulo sich aus der Mittelschicht zusammensetzten.

Die ersten Jahre nach der Bundesgründung waren durch ein Zusammenwachsen gekennzeichnet, welches nicht ohne Konflikte vonstatten ging. Das gemeinsame missionarische Engagement bestimmte jedoch die Entwicklung. 1990 wurde der Bund FEG Brasilien als Mitglied in die IFFEC aufgenommen. Einige entscheidende Weichenstellungen wurden vorgenommen. Die EFCA entsandte 1986 zum ersten Mal Missionare zur Mitarbeit mit MEIB und CIELB. Ebenso begann in dieser Zeit die Missionsarbeit des japanischen Bundes in Brasilien durch die Entsendung einer Familie. Quasi seit der Gründung des Bundes stand die Schulungsarbeit für Mitarbeiter in der Ge-

---

[213] Vgl. *Missionsbote der AM*, Jan./Febr. 1989, (Allianz-Mission, Dietzhölztal) 15.
[214] Gesprächsprotokoll der MEIB-Sitzung vom 29.4.1982.

meinde im Fokus. Oft waren die Gemeinden nicht in der Lage einen vollzeitlichen Pastor zu bezahlen. Die Kosten für eine theologische Ausbildung waren für Familienväter fast unerschwinglich. Deshalb wurde die Ausrüstung zum Gemeindedienst durch verschiedene Schulungsprogramme in den Gemeinden vorgenommen. 1998 entstand das Seminario Teologico das Igrejas Evangelicas Livres (SETIEL), ein alternatives dreistufiges Ausbildungsprogramm für Pastoren und Mitarbeiter. Die meisten Gemeinden beteiligten sich daran. Zusammen mit Mennonitengemeinden gründete die CIELB die staatlich anerkannte theologische Fakultät FIDELIS (Faculdade de Teologia da Fundação Educacional). Am 2. Juni 2001 wurde die Missionsgesellschaft für den transkulturellen Dienst des Bundes (Associação Missionária Evangélica Livre, AMEL), gegründet. Missionare aus den Gemeinden wurden zu Indianern, Randgruppen und nach Übersee gesandt. Im Jahr 2009 betreute die AMEL 16 Missionare.

2. Mission und Evangelisation

Die FEG sind Bekenntnisgemeinden. Mitglieder werden nur Menschen, die ihren persönlichen Glauben an Jesus Christus bekennen. Die Aufnahme geschieht in einem Gottesdienst, oft in Verbindung mit der Feier des Abendmahls. Die praktizierte *Taufe* ist die Glaubenstaufe durch Untertauchen auf Grund des persönlichen Bekenntnisses des Täuflings. Sie ist jedoch nicht Bedingung der Gemeindemitgliedschaft, weil auch die Bejahung der eigenen Säuglingstaufe respektiert wird. Die meisten Menschen, welche sich den Gemeinden anschließen, kommen durch persönliche Kontakte hinzu. Entscheidend sind die Hauskreise, welche oft als Zellgruppen fungieren. Dort geschieht die gegenseitige Betreuung und pastorale Begleitung. In einer Untersuchung wurde festgestellt, dass sich das Gemeindewachstum proportional zur Zahl der qualifizierten Mitarbeiter verhält. Für je fünf Personen, welche zur Gemeinde kommen, wird ein Mitarbeiter benötigt, der sich um diese kümmert. Dafür bilden die Hauskreise ein ideales Modell.

Die so genannte Veranstaltungsevangelisation ist in den FEG Brasiliens nicht ausgeprägt. Es werden spezielle Gästegottesdienste sowie andere Veranstaltungen für Außenstehende durchgeführt. Die Mehrheit der Menschen findet jedoch im normalen Gemeindeleben zu einem Leben mit Christus.

Da Brasilien ein junges Land ist und viele Kinder hat, ist die Arbeit mit Kindern ein wesentlicher Bestandteil der missionarischen Arbeit. Die Missionare der AM begannen bereits früh mit dem Aufbau von sozialen und schulischen Einrichtungen für Kinder und Jugendliche. Das Kinderdorf in Toledo, verschiedene Kindergärten und Vorschulen[215] sowie die Straßenkinderprojekte „Comunidade Evangelica Nova Aurora" (CENA)[216] und „Levante"[217] sind integraler Teil der Bundesarbeit. Die übrige missionarische Arbeit unter Kindern beschränkt sich auf Kinderwochen in der Ferienzeit. Es werden einige wenige Freizeiten durchgeführt. Der Kindergottesdienst findet parallel zum Gottesdienst der Erwachsenen statt. Die Gemeinden bemühen sich intensiv darum, die junge Generation zu erreichen. In jeder Gemeinde gibt es eine Jugendgruppe. Die Regionen führen Begegnungstage und Kongresse für Jugendliche durch.

3. Mitgliederentwicklung

Von der Bundesgründung 1984 an (sieben Gemeinden, 625 Mitglieder) bis zum Jahre 2001 wuchs der Bund stetig. Insgesamt gehörten am Ende dieses Zeitraums 35 Gemeinden mit ca. 3.400 Mitgliedern zum Bund. Der Besuch der sonntäglichen Gottesdienste lag bei 6.500 Personen. Die Betreuung der Arbeiten wurde mit der Ausweitung[218] zunehmend schwieriger, deshalb wurden im Bund fünf regionale Gemeindeverbände eingerichtet. Diese übernahmen die Aufgabe der Gemeindepflege und der Ausweitung der Arbeit. Die Bundesleitung konzentrierte sich stärker auf Schulungen und Missionsarbeit.

---

[215] Besonders zu erwähnen sind die Einrichtungen in Campo Morao, Curitiba und Santo Andre.

[216] Randgruppenarbeit in São Paulo, gegründet 1991.

[217] Das Projekt „Levante" betreut Straßenkinder und arbeitet präventiv im Großraum Recife, gegründet 1996.

[218] Von Recife nach Porto Alegre sind es ca. 3.000 km.

Dann kam es in der größten Gemeinde (Blumenau) zu einer Krise. Die Gemeinde schrumpfte von über 800 Mitgliedern auf weniger als 300. Dies wirkte sich auch auf die gesamte Entwicklung des Bundes aus. Das bisher kontinuierliche Wachstum hörte auf, und die nächsten Jahre waren von einer Neuorientierung geprägt. Erst mehrere Jahre nach der Krise begann der Bund wieder langsam zu wachsen. Zur Zeit steht die Gründung von neuen Gemeinden im Fokus der Arbeit. Ca. 20 Gründungsprojekte sind begonnen worden. Ein Arbeitskreis und ein Beauftragter für Gemeindegründung wurden installiert. Der Schwerpunkt liegt darin, dass bestehende Gemeinden Tochtergemeinden gründen.

4. Gottesdienst, Liedgut, Liturgie

Die Mehrheit der Gemeinden feiert ihren Hauptgottesdienst am Abend. In der Regel dauert er 90 Minuten bis zwei Stunden. Es wird viel gesungen. Lobpreiszeiten von 30 bis 40 Minuten sind normal. Persönliche Zeugnisse über Glaubenserfahrungen gehören zu einem normalen Gottesdienst. Brasilianer lieben es zu feiern. Geburtstage, Hochzeitstage und andere Jubiläen werden erwähnt und beachtet.

Zu Beginn der Missionsarbeit sang man zunächst deutsche *Lieder*. Diese wurden ebenso wie englische Lieder in die portugiesische Sprache übersetzt. In den 1970er Jahren entwickelte sich eine eigene brasilianische Liedkultur; sie prägt heute die Gottesdienste.

Die *Predigt* dauert in der Regel 30 bis 40 Minuten. In vielen Gemeinden werden fortlaufend biblische Bücher betrachtet. Die Verkündiger versuchen, eine gesunde Balance zwischen dem, was berührt, und dem, was überzeugt, zu erreichen. Dabei ist die freie Rede wichtig. Ein klassisch vorgelesenes „Referat" wird von den meisten Gemeindegliedern nicht positiv aufgenommen. Von den Predigern wird eine emotional überzeugende Rede erwartet. Gepaart mit gründlicher Exegese und guter theologischer Arbeit ist die Predigt ein wichtiges Instrument der Prägung für die Gemeinde.

Die Mitglieder verfolgen mit ihren eigenen Bibeln den Text. Wer keine eigene hat, bekommt oft eine von der Gemeinde geschenkt. In den meisten Gemeinden wird die Predigt in den

Hauskreisen nachbesprochen. Auf den verteilten Informationsblättern mit dem Predigtaufbau werden oft eifrig Notizen gemacht.

Zu jedem Gottesdienst gehört *„der missionarische Moment"* (fünf bis sieben Minuten), in dem die Gemeinde über eine Herausforderung, einen Missionar, ein Projekt oder eine besondere Situation in der Welt informiert wird. Anschließend wird für die vorgetragenen Anliegen gebetet. Wenig Zeit nehmen die Abkündigungen in Anspruch, da die meisten Gemeinden ein wöchentliches Informationsblatt verteilen.

Jede Gemeinde hat systematische *Lehrstunden* für alle Gemeindeglieder. In den großen Städten finden diese oft am Sonntag vor dem Gottesdienst statt. In ländlicheren Gebieten und Kleinstädten kommt die Gemeinde auch oft an einem Abend der Woche zusammen. Diese Lehrveranstaltungen sind oft schulisch strukturiert. Klare Lehrpläne, Anwesenheitslisten und Hausaufgaben gehören dazu. Die behandelten Themen gehen von klassischen Bibelstudien bis zur Einführung in die Systematische Theologie. Praktische und lebensrelevante Themen bilden jedoch den Schwerpunkt.[219]

5. Kulturelle Besonderheiten

Brasilien hat eine Kultur der Beziehungen. Deswegen sind Treffen mit gemeinsamem Essen und Zeit zum Gespräch sehr wichtig. Oft grillt man zusammen, unternimmt Ausflüge und verbringt viel Zeit in Gemeinschaft. Das gemeinsame Erleben steht im Zentrum der gelebten Frömmigkeit. Häufige Gebetsgemeinschaften und persönlicher Austausch sind ein Ausdruck des geistlichen Lebens. Dieses zeigt sich auf allen Ebenen des Gemeindebundes. Sitzungen und Klausurtage der Leitungen haben oft gerade in der geistlichen Gemeinschaft einen Schwerpunkt. So ist in vielen Gemeinden die geistliche Leitung von der administrativen Leitung unterschieden. Die Administration

[219] Um einige sich wiederholende Themen zu nennen (z.B. aus der Gemeinde in São Paulo): Ehe und Familie nach der Bibel, Kindererziehung, Arbeit und Beruf, Bewältigung von Traumata, das Leben Jesu, Nachfolge, Gemeindeverständnis, Leben als Christ, persönliche Evangelisation. Diese Themen werden in 16 Treffen systematisch behandelt.

ist in der Regel der geistlichen Leitung untergeordnet. Der Leitungskreis beschäftigt sich mit den Menschen und mit den pastoralen Aufgaben, während die Administration ihm zuarbeitet.

In einem Land, in dem 60 %[220] der Kinder von den Müttern versorgt und erzogen werden, ist die *Familie* ein wichtiger Aspekt der Gemeindearbeit. Da 60 % der Väter ihre Aufgabe in der Beziehung zu ihren Kindern nicht wahrnehmen, ist die Gestaltung eines Familienlebens nach der Bibel ein wichtiger Beitrag zur gesellschaftlichen Entwicklung. Das biblische Vaterbild Gottes wurde zu einem wichtigen Aspekt der Verkündigung. Auf der einen Seite sind die familiären Probleme in den Gemeinden ständig präsent. Sexuelle Verfehlungen bilden den größten Konfliktbereich in der Pastorenschaft. Andererseits ist aber die Lernbereitschaft in Sachen Familie eine große Möglichkeit für die missionarische Arbeit. Familienseelsorge ist die am meisten in Anspruch genommene Beratung in den Gemeinden.

6. Verhältnis zur Gesellschaft

Als Schwellenland ist Brasilien ein Land der Gegensätze. Reich und Arm leben eng miteinander. Laut Weltbank leben die reichsten 10 % der Bevölkerung mit 45 % des Bruttoinlandprodukts (BIP), während die Ärmsten 10 % mit 0,9 % des BIP auskommen müssen. Diese soziale Ungerechtigkeit führt zu großen Konflikten, welche überall präsent sind. Kriminalität und Gewalt bestimmen den Alltag der Brasilianer.

Die evangelischen Gemeinden versuchen dazu einen Gegenpol zu bilden. Es gibt keine FEG in Brasilien, die nicht auf irgendeine Art und Weise soziale Arbeit leistet. Essenspakete für Arme,[221] Notunterkünfte für Opfer von Katastrophen,[222] Haus-

[220] Im August 2002 nannte die Familienministerin M. Sublici diese Zahl zum Tag des Vaters. Die Zeitung Globo stellte fest, dass fünf Millionen Studierende in Brasilien nicht einmal wissen, wer ihr biologischer Vater ist. http://g1.globo.com/brasil/noticia/2010/08/cnj-lanca-programa-para-estimular-reconhecimento-de-paternidade.html .

[221] Z.B. São Paulo und Blumenau.

[222] Blumenau, Friburgo, Santo Andre und Escada.

aufgabenhilfe für sozialschwache Kinder,[223] Betreuung von Senioren[224] u.ä. gehören zum Gemeindealltag. Geleitet werden diese Arbeiten in der Regel von Diakonen.

In den Gemeinden herrscht der Wille, die Lebensbedingungen der Gesellschaft bewusst mitzugestalten. Die politische und gesellschaftliche Verantwortung wird sehr ernst genommen. Das Gebet für die Regierungen und Verwaltungen wird nicht nur als Floskel, sondern sehr ernsthaft praktiziert. Die Beteiligung der Glaubenden an Aktionen zum Wohl der Bevölkerung wird von den Gemeinden gefördert und unterstützt. Dieses hat zur öffentlichen Anerkennung von Missionaren beigetragen. Einige Missionare sind auf Grund ihres Engagements für die Bevölkerung in Brasilien zu Ehrenbürgern ernannt worden. Eine Mitarbeiterin der CENA wurde in den Beirat des Staates zum Wohl der Kinder und Jugendlichen berufen.[225]

7. Ökumenische Situation

Die Entstehung der CIELB fällt in die Zeit der massiven Abkehr der Bevölkerung von der römisch-katholischen Kirche. Über Jahrhunderte war diese mit der besitzenden Oberschicht verbunden. Durch die Befreiungstheologie, welche im Zuge der Industrialisierung Lateinamerikas entwickelt wurde, kam es in breiten Bevölkerungsschichten zur Kirchenkritik. Sich von der katholischen Frömmigkeit abwendende Menschen begannen nach dem Zweiten Vatikanischen Konzil sich intensiv mit der Bibel zu beschäftigen. Evangelische Gemeinden entstanden als Bibelgemeinden. Der aus Sicht der CIELB innerhalb der katholischen Kirche praktizierte Synkretismus als Vermischung mit afro-brasilianischen Kulten wurde stark hinterfragt. Die geistlichen Dimensionen der brasilianischen Religiosität, welche als Bindung an und Bedrohung durch Mächte erlebt wird, fand im schlichten Evangelium von Christus vielfach eine be-

[223] Olinda, Campo Morao, Cajurú, Toledo, Cascavel.
[224] Toledo, São Bernado, Blumenau.
[225] Conselho Estadual dos Direitos da Criança e do Adolescente, CONDECA.

freiende Antwort. Der „Befreiungsdienst“ gehört somit zu den fest etablierten Diensten in den Gemeinden.

Am Beginn der Gemeindearbeit seitens der FEG in Brasilien gab es oft massiven Widerstand und Diskriminierung durch katholische Geistliche. Mittlerweile sind diese Probleme nicht mehr vorhanden. Da sich die römisch-katholische Kirche in Brasilien in unterschiedlichen Strömungen zeigt, gelingt die Zusammenarbeit je nach Ort und Personen und nach Objekt der Zusammenarbeit recht gut.

Die evangelische Szene zeigt sich in Brasilien als sehr zerrissen. Die größte Gruppe sind charismatische Gemeinden. Die eher traditionellen Gemeinden, zu denen sich die CIELB zählt, arbeiten oft in gemeinsamen Aktionen im Rahmen einer örtlichen EA zusammen. Die CENA-Arbeit ist aus einer kooperativen Zusammenarbeit von Baptisten, Presbyterianern, Pfingstlern und Mitgliedern der CIELB entstanden. Ebenso sind in der Levante-Arbeit Mitarbeiter aus den verschiedenen evangelischen Gemeinden beteiligt.

ASIEN UND AFRIKA

Domei Fukuin Kirisuto Kyókai

Der Bund Freier Evangelischer Gemeinden in Japan

Emmi Müller und Dankmar Hottenbacher

1. Historische Entwicklung[226]

Mitte des 16. Jh. kamen unter der Führung des Jesuitenpaters *Francis Xavier* (1506-1552) die ersten christlichen Missionare nach Japan. Das Echo war zunächst gut, angefangen bei den Feudalherren bis hin zum einfachen Volk. Innerhalb von 50 Jahren soll es 350.000 bis 400.000 Christen gegeben haben. Aber aus Sorge vor zu großem Einfluss aus dem Ausland wurde unter dem Feldherrn und Politiker *Toyotomi Hideyoshi* (1537-1598), der entscheidend zur Einigung des neuzeitlichen Japans beitrug,[227] der christliche Glaube bei Todesstrafe verboten. In den folgenden Jahren starben viele Christen den Märtyrertod, nur ein kleiner Rest ging in den Untergrund. Als Japan sich Mitte des 19. Jh. nach 250 Jahren Isolation langsam öffnete, kamen auch bald die ersten protestantischen Missionare ins Land, zunächst überwiegend aus den USA, die ersten deutschen Missionare kamen 1884 von der Deutschen Ostasien-Mission. Direkte evangelistische Aktivitäten waren in den ersten Jahren gefährlich. Die Missionare studierten die japanische Sprache und versuchten, als Lehrer und Ärzte durch ihre Arbeit und ihr Leben ein Zeugnis für das Evangelium zu sein. 1873 wurden die anti-christlichen Edikte aufgehoben. Besonders Intellektuelle zeigten Interesse an westlichem Denken und damit auch an westlicher Religion. Es entstanden christliche Schulen und mehr und mehr christliche Gemeinden. Aber nach 1890 – unter

---

[226] Zur Geschichte des Christentums in Japan vgl. O. Cary, *A History of Christianity in Japan: Roman Catholic, Greek Orthodox and Protestant Missions.* Rutland, Vt: C.E. Tuttle Co., 1976.

[227] Vgl. http://de.wikipedia.org/wiki/Toyotomi_Hideyoshi.

dem wiedererwachenden Nationalbewusstsein und dem Erstarken des Kaiserkults – wurde es wieder schwieriger. Auch viele Christen wurden von dem nationalistischen Denken beeinflusst. Nach dem Ersten Weltkrieg erwachte erneut das Interesse an westlicher Kultur und an der christlichen Botschaft. Daneben setzten sich jedoch in der Regierung mehr und mehr nationalistische Kräfte durch. Sie nutzten den Kaiserkult für militärisch-imperialistische Bestrebungen. Im Zweiten Weltkrieg mussten sich alle christlichen Denominationen zusammenschließen. Wer sich weigerte, bekam große Schwierigkeiten bis hin zu Gefängnisstrafen. Auch die Kaiserverehrung wurde gefordert. Die Versuchung, Kompromisse einzugehen, war groß, nicht alle Christen blieben standhaft. Nach dem Zweiten Weltkrieg bekam Japan eine demokratische Verfassung, in der auch Religionsfreiheit verankert ist. Der Kaiser musste erklären, dass er nicht Gott sei. Die veränderte Situation ermutigte viele neue Missionare, nach Japan zu kommen, teils Amerikaner, die im Krieg als Soldaten dort gewesen waren, teils ehemalige China-Missionare aus unterschiedlichen Ländern. Als Folge des verlorenen Krieges herrschte zunächst relativ große Offenheit für die christliche Botschaft. Aber mit wachsendem Wohlstand wuchs wieder das Nationalbewusstsein. Gleichzeitig ließ das Interesse an der christlichen Botschaft allgemein nach. Nach 150 Jahren Missionsarbeit liegt die Zahl der Christen insgesamt bei etwa 1-1,5 % der Bevölkerung.

Auch die ersten Missionare der deutschen AM kamen nach dem Zweiten Weltkrieg. Da in China durch die politische Situation missionarische Tätigkeit nicht mehr möglich war, kam Japan als neues Missionsfeld in den Blick. 1956 begannen die ersten Missionare ihre Tätigkeit, und zwar in der Provinz Gifu, weil es dort die wenigsten christlichen Gemeinden gab. Schritt für Schritt weitete sich die Arbeit in die Nachbarprovinzen Aichi, Mie und Nagano aus. Aus den Reihen der ersten Christen kamen auch die ersten Pastoren. Inzwischen besteht ein selbstständiger Gemeindebund von 25 Gemeinden mit rund 1.200 Mitgliedern. Die Struktur der Gemeinden ist wie in den deutschen FEG kongregational. Als religiöse Körperschaft ist der Gemeindebund unter dem Namen „Domei Fukuin Kirisuto Kyókai“ staatlich anerkannt. Die oberste Instanz ist der Bundestag, die Vollversammlung aller Pastoren, Missionare und Vertreter aller Ortsgemeinden. Als Vorsteher und oberster Repräsentant nach außen fungiert der Präses, er wird von der Vollversammlung gewählt. Pastoren und Missionare arbeiten in Partnerschaft.

2. Mission und Evangelisation

Der Gemeindebund hat als Teilnehmer des Lausanne II Kongresses 1989 in Manila das „Manila Manifest" – „calling the whole church to take the whole gospel to the whole world – proclaiming Christ until he comes, with all necessary urgency, unity and sacrifice"[228] als Ermutigung und Verpflichtung für seine missionarische Tätigkeit im In- und Ausland angenommen. Er hat zwar derzeit keine eigenen Missionare, ist aber jederzeit offen, Missionare aus den eigenen Reihen zu senden und zu unterstützen. Daneben bestehen gute Kontakte zu japanischen evangelikalen Missionsgesellschaften. Evangelisation ist in der Form von evangelistischen Gottesdiensten, besonderen Evangelisationswochen und -aktionen von Anfang an Teil des Gemeindeprogramms. Auch bei Evangelisationen auf der Ebene der EA arbeiten Gemeindebund und Ortsgemeinden mit. Im Vergleich zu den Anfangsjahren haben evangelistische Aktivitäten im Allgemeinen nachgelassen.

Traditionell waren die deutschen Missionare in der Gemeindegründungsarbeit engagiert. Jetzt geht die Entwicklung dahin, dass junge Missionare gemeinsam mit bestehenden Gemeinden und ihren Pastoren in der Gemeindegründungsarbeit eingesetzt werden.

3. Mitgliederentwicklung

Durch intensive evangelistische Arbeit der Missionare in der anfänglichen Aufbauphase einer Gemeindearbeit ist zunächst ein größeres Wachstum zu verzeichnen. Nach der Übergabe an einen japanischen Pastor kann es vorkommen, dass das zahlenmäßige Wachstum zunächst etwas stagniert, aber auf der ande-

[228] Aufruf an die ganze Kirche, der ganzen Welt das ganze Evangelium zu bringen – Christus zu verkündigen, bis er wiederkommt, mit aller notwendigen Dringlichkeit, Einigkeit und Opferbereitschaft.

ren Seite eine Stabilisierung der inneren und äußeren Strukturen erfolgt. Durch häufigen Wohnortwechsel – bedingt durch die Firmenpolitik der turnusmäßigen Versetzungen der Angestellten in andere Städte – gibt es auch in der Mitgliederzahl der Gemeinden eine erhebliche Fluktuation. Da wir von den Anfängen an Gemeindegründungsarbeiten prinzipiell hauptsächlich in Kleinstädten ohne christliche Kirchen begannen, wuchsen die Ortsgemeinden nicht so schnell wie in Großstädten und profitierten kaum durch Zuzüge. Im Durchschnitt haben die 25 Gemeinden etwa 40 bis 45 Mitglieder und sind in den meisten Fällen dann auch mehr oder weniger selbstständig. Angesichts des geringen Erfolges – trotz intensiven Einsatzes – besteht natürlich auch die Gefahr der Resignation. Inzwischen ist generell ein Wachstumsstillstand zu beobachten, nur einzelne Gemeinden wachsen. Ebenso besteht ein Mangel an Pastorennachwuchs.

4. Gottesdienst, Liedgut, Liturgie

Der Gemeindebund hat keine festgelegte Gottesdienstordnung. In der Regel ist der Gottesdienst von einer einfachen Liturgie geprägt, zu der das Apostolische Glaubensbekenntnis und das Vaterunser gehören. Im Zentrum des Gottesdienstes steht die Predigt. Sind Kinder in der Gemeinde, so gibt es für sie eine eigene Botschaft. Einmal im Monat wird im Anschluss an die Predigt das *Abendmahl* gefeiert. Die Gemeinden benutzen in der Regel zwei traditionelle Liederbücher – „Sambika“ und „Seika“, die inzwischen beide überarbeitet und durch neue Lieder ergänzt wurden. Die Mehrzahl der Lieder sind Übersetzungen aus dem Englischen, ein kleiner Anteil aus dem Deutschen und anderen Sprachen. Der Anteil von original japanischen Liedern ist vergleichsweise gering. Daneben gibt es eine Reihe Liederbücher mit modernen Lobpreisliedern, die die jungen Leute gerne auf Englisch singen.

5. Verhältnis zur Kultur

Aus Sicht der Japaner ist das Christentum auch 150 Jahre nach Ankunft der ersten Missionare immer noch eine Religion des Westens. Die Inkulturation des Evangeliums ist unverändert schwierig. Auch in Japan ist Kultur nicht von der Religion zu trennen, denn Sitten und Gebräuche haben überall ihre Wurzeln in der jeweiligen Religion. In Japan sind das der Shintoismus (Animismus, Kaiserkult), der Buddhismus, der in der Mitte des 6. Jh. von Korea nach Japan kam, und der von China kommende Konfuzianismus, der aber mehr Lebensphilosophie als Religion ist. Alle Drei sind eng miteinander verwoben und haben Kultur und das tagtägliche Leben geprägt. Für Japaner ist diese Kombination kein Problem. Hingegen ist der Absolutheitsanspruch des biblischen Gottes und seines Wortes für sie sehr schwer zu verstehen.

Für den einzelnen Japaner ist die Einbindung in die Familie existenznotwendig. Sie gibt ihm Sicherheit und Schutz, verlangt aber auch unbedingten Gehorsam. Familie sind nicht nur Eltern, Geschwister und Großeltern, sondern auch die vielen Generationen von Vorfahren. Sie müssen von den Lebenden verehrt und versorgt werden. Vor ihnen muss man sich verantworten. Darum sind der Ahnenaltar und alle damit verbundenen religiösen Riten so wichtig. Zumindest ein Minimum an Achtung gegenüber diesen Riten ist von allen lebenden Nachkommen gefordert.

Durch den Glauben an Jesus Christus findet der japanische Christ eine neue Familie, die christliche Gemeinde. Nun muss er sich mit den Ordnungen des lebendigen Gottes und seinem Wort auseinander setzen. Das führt zu Loyalitätskonflikten, besonders im Zusammenhang mit Familie und Ahnenkult, d.h. mit seiner japanischen Kultur. Bei dem Versuch, diese Konflikte zu lösen, stehen japanische Christen immer wieder in der Versuchung, problematische Kompromisse einzugehen. Auch wenn sie mit ihrem Verstand dem Evangelium zustimmen, bleibt vielfach das Gefühl, durch die Annahme des christlichen Glaubens an der Familie schuldig geworden zu sein. Darum ist für die traditionsverhafteten Japaner das klare Bekenntnis zu Jesus Christus mit allen Konsequenzen unverändert schwierig.

Nach dem Zweiten Weltkrieg studierten angehende japanische Pastoren auch in den USA und in Europa Theologie. Aber nach ihrer Rückkehr fiel es ihnen oft schwer, das Gelernte in den Alltag der japanischen Christen umzusetzen und der japanischen Kultur entsprechend zu vermitteln.

6. Verhältnis zur Gesellschaft

Vor einigen Jahren haben japanische evangelikale Pastoren auf einer Konferenz in Korea öffentlich um Vergebung für Japans historische Schuld an Korea und Koreanern gebeten. Hin und wieder gibt es von christlicher Seite auch kleine Demonstrationen gegen die Verehrung der Kriegstoten, die u.a. im Heian Shrine verehrt werden. Aufschlussreich beschreibt Ulrich Dehn vor dem historischen Hintergrund das Verhältnis von Staat und Religion in Japan, das auch für die Arbeit der FEG bestimmend ist: „Wenn in Japan insbesondere von christlichen und buddhistischen Organisationen eine saubere Trennung [von Religion und Staat] eingefordert wird, steht dahinter das Trauma der Verquickung von Staat und Shinto bis 1945 und die Benutzung des Shinto für die Zwecke einer vom Militär dominierten Regierung. Nach langer Zeit der Abschottung und des gesellschaftlichen Stillstandes wurde durch eine kaisertreue Revolte in den sechziger Jahren des 19. Jh. das Kaiserhaus in seine alten Rechte eingesetzt. Shinto wurde Staatsreligion, die Tenno-Ideologie (Ideologie des himmlischen Kaisers) zur staatstragenden Idee. Der Kaiser war (und ist für viele Japaner noch heute) höchster Shinto-Priester der Nation sowie ideeller Vater der japanischen Familie und Zentrum der Nation wie auch des Kosmos." An der Spitze der praktizierten Shinto-Riten steht „das Daijosai, das Fest, das den Tenno in die dynastische Linie der Sonnengöttin Amaterasu Omikami aufnimmt, d.h. seinen göttlichen Rang als Kami bestätigt", und zwar „im Sinne eines verehrungswürdigen, erhabenen Wesens mit außerordentlichen Kräften", „nicht vergleichbar mit dem transzendenten Gottesbegriff unserer Breiten".[229] Das „Trauma der Staat-Shinto Verquickung" führte nach 1945 zur durch die Alliierten Mächte erzwungenen radikalen Trennung von Staat und Religion. „Die faktische Trennung jedoch", so U. Dehn, „fand nie statt. Auch nach dem Antritt des neuen Kaisers AKIHITO (Heisei) 1989 wurden zahlreiche Tenno-bezogene Shinto-Riten durchgeführt

---

[229] U. Dehn, *Im Namen des Tennos. Religion und Staat in Japan*, in: Länderheft *Korea & Japan. Der schwierige Weg der Versöhnung*, Weltmission heute Nr. 42, hg. vom EMW, Hamburg 2002, (143-146) 143.

und staatlich bezuschusst. Im Herbst 1990 wurde erneut mit staatlicher Finanzierung ein ‚Daijosai' gefeiert, das den Tenno zu göttlichen Würden emporhebt [...] Die Shintoistische Ideologie des einen ‚Staatskörpers' (kokutai) ist nach wie vor prägend in Japan."[230] Nach U. Dehn wird eine „völlige Trennung von Religion und Staat" „immer ein Balanceakt bleiben".[231] Erfreulich ist, dass die christlichen Gemeinden – wenn auch klein an Zahl – immer mehr ihr „Wächteramt" wahrnehmen und mit Hilfe von Medien auf Gefahren aufmerksam machen. Durch öffentliche Stellungnahmen erklären sie ihren Standpunkt und kämpfen um die in der Verfassung garantierte Religionsfreiheit. Ausdruck dafür ist z.B. ein offener Brief der japanischen EA an die Regierung bzgl. der Shinto – Riten bei der Krönung des letzten Kaisers und bzgl. der Garantie der Glaubensfreiheit. Außerdem werden auf Allianz-Basis regelmäßig regionale Seminare mit Themen wie „Staat – Glaube – Freiheit" durchgeführt und vieles mehr. Ein Bemühen um Aufarbeitung der nationalen Geschichte zeigt sich beispielsweise auch darin, dass evangelikale Organisationen den Anschluss an internationale Gremien suchen. In der „Shiobara Declaration Reaching Japan, Asia and the World" des dritten Kongresses für Evangelisation der Billy Graham Association 1991 heißt es: „...the Japan Evangelical Association gave concrete expression of its partnership in world missions by joining the Evangelical Fellowship of Asia (EFA) and the World Evangelical Fellowship (WEF). Especially for us who bear the heavy burden of Japan's past actions against Asia, joining EFA gave another opportunity to receive forgiveness and reconciliation in Christ."[232]

---

[230] Dehn, a.a.O., 144.
[231] Dehn, a.a.O., 146.
[232] >Die Japan Evangelical Association gab ihrer Partnerschaft in der Weltmission dadurch konkreten Ausdruck, dass sie der Evangelical Fellowship of Asia (EFA) und der World Evangelical Fellowship (WEF) beitrat. Besonders für uns, die wir die schwere Bürde der früheren japanischen Aktionen gegen das übrige Asien tragen, brachte der Beitritt zur EFA eine weitere Gelegenheit Vergebung und Versöhnung in Christus zu empfangen.< *The third Congress on Evangelism: Reaching Japan, Asia and the World* [1991]. Manuskript, 6 S. (bei D. Hottenbacher, Bacharach), 2.

7. Ökumenische Situation

Auch im japanischen Protestantismus gibt es gewissermaßen zwei verschiedene Richtungen: Einmal die ökumenisch ausgerichteten Kirchen, die zum „National Council of Churches in Japan" (NCCJ) gehören, und zum Andern die evangelikal ausgerichteten Kirchen und Gemeindebünde, die zur „Japan Evangelical Association" (JEA) gehören. Hinzu kommen noch viele unabhängige Einzelgemeinden. Der Bund FEG ist Gründungsmitglied der JEA.[233] Auf regionaler Ebene gibt es Zusammenarbeit mit anderen evangelikalen Gemeinden und Bünden. Ein Beispiel dafür ist das Tokai Theologische Seminar in der Stadt Nagoya, dem Zentrum des Tokai-Bezirks. Es wurde 1985 auf EA-Ebene gegründet. Die FEG gehören zu den Initiatoren und sind von Anfang an durch einige Pastoren und eine Missionarin in der Leitung und im Lehrkörper vertreten. Ebenso gibt es auf regionaler Ebene eine gute Zusammenarbeit mit der Radiomission „Yo no Hikari" (Licht für die Welt). Gute Beziehungen bestehen landesweit zu den Gemeindebünden, die durch Missionstätigkeit von Missionaren der SMK (Schweden), der EFCA und der ECC (beide USA) entstanden sind.[234]

[233] D. Hottenbacher, *100 Jahre Allianz-Mission – 33 Jahre Allianz-Mission in Japan*, in: Missionsbote 98 (1989) Nr. 2, 16.
[234] Vgl. Hottenbacher, a.a.O., 12-16.

Hindustani Covenant Church, Pune (India)

Die Hindustanische Bundeskirche, Pune (Indien)

Rechal Bagh

Sowohl die in Pune gegründete Hindustani Covenant Church (HCC) als auch die in Shillong beheimatete Evangelical Free Church of India sowie die Evangelical Church of Maraland sind IFFEC-Mitglieder. Ich möchte hier über erstere berichten, die eine der blühenden und am schnellsten wachsenden Kirchen Indiens ist. Der soziale Zweig der HCC genießt gleichermaßen von den anderen Kirchen wie auch von der Regierung Anerkennung.

1. Historische Entwicklung und rechtliche Situation

Die HCC ist durch harten Einsatz und die Hingabe der Mission Covenant Church Sweden (MCCS, heute SMK) entstanden. Im Jahre 1938 wurden Missionare der MCCS, die in der Provinz Sin Kiang von Ostturkistan arbeiteten, gezwungen, das Land zu verlassen. Nach intensivem Gebet und geleitet durch den Herrn, entschieden sich die Missionare 1939, nach Indien zu kommen. Im Jahre 1940 begannen Missionare in Mumbai und Pune eine Arbeit unter Seeleuten. Sie verschafften ihnen eine Unterkunft, gewährten ihnen Gastfreundschaft und ließen sie darüber hinaus am Evangelium teilhaben. Die Missionare begannen auch eine Arbeit unter den Muslimen in Bhiwandi, einer Vorortregion bei Mumbai. Frauen wurden im Nähen angeleitet und arme Kinder mit den Schulmitteln für eine Grundschulerziehung versorgt. Für Erwachsene wurden Leseräume eingerichtet, und über allem stand die Gemeinschaft am Evangelium. Die Missionare setzten ihre Arbeit im Namen der Swedish Hindustani Mission fort. Langsam weitete sich die Arbeit nach Pune, Solapur, Aurangabad, Gulbara usw. aus.

Einige der Missionare widmeten ihr ganzes Leben der Ausbreitung des Reiches Gottes, darunter *Ivar und Elizabeth Hook, Allen und Margaret Kristenson, Lydia Svard und Maj Franzen.*

1963 übergaben die Missionare alle Verantwortung an indische Leitungskräfte. Im selben Jahr erhielt die Kirche auch ihren heutigen Namen „Hindustani Covenant Church“. Der erste indische Leiter der Kirche war *Rev. Baduzzima Takedar Thoma.*

Die Gemeindearbeit der Kirche begann in Mumbai und weitete sich später auf andere Städte im Staat Maharashtra aus. Die Sozialarbeit der Kirche begann mit der Unterstützung begabter, aber armer Studenten und richtete eine Nähausbildung für arme Frauen ein. Was die rechtliche Stellung der Kirche betrifft, so wurde sie bei der indischen Regierung gemäß dem Society Act im Jahr 1963 registriert.[235]

2. Mission und Evangelisation

Die Missionsarbeit der HCC war unter dem Motto „Mission to Muslims“ (Jyotirmaya Deep) aufgenommen worden. Man bediente sich der Urdu-Sprache, sodass das Evangelium von den Menschen angenommen werden konnte. Leseräume, Fernkurse und andere Literaturarbeit wurde eingeführt, um muslimische Menschen in entlegenen Orten zu evangelisieren. In Verbindung damit wurde ein Krankenwagen eingesetzt, um Hilfe zu den vielen leidenden Menschen zu bringen. Die Erklärung der HCC zur Mission erläutert die umfassende Zielsetzung: >Die HCC will damit fortfahren, das Wort Gottes auszubreiten und christliche Werte zu fördern. Die HCC will durch Gespräche zwischen den Gläubigen verschiedener Gemeinschaften für Frieden und Versöhnung arbeiten. Sie will aktiv Unterstützung geben und für eine gerechte und tragfähige Gesellschaft arbeiten, indem sie die Bedingungen herstellt für eine sinnvolle und angemessene Einbeziehung aller Menschen in den Entwicklungsprozess, der auf einer Annäherung großen Ausmaßes basiert und der bemüht ist, die Netzwerkstruktur der Organisation auf verschiedenen zweckdienlichen Ebenen einzubringen. Die HCC will auch in Zukunft sensibel auf das menschliche Leid bei Naturkatastrophen reagieren, um die Würde der betroffenen Menschen aufrechtzuerhalten und um ihre Möglich-

---

[235] Vgl. Jyotirmaya Deep, Programme Officer, *HCC Social Development Project*, 2009.

keiten für eine Linderung des Unglücks zu verbessern [...]<[236] Das Vision Statement argumentiert biblisch und theologisch, indem es feststellt, dass >die HCC ihre Inspiration aus der Bibel bezieht, und zwar hinsichtlich der Aufrichtung des Königreiches Gottes und des Zeugnisses von Seiner Liebe, indem sie Salz und Licht für die leidenden Massen sein wird und die Vision einer Gesellschaft aufzeigt, in der Frieden, Gerechtigkeit und Gleichheit siegen und in der alle Bürger ohne Rücksicht auf eine Kaste, ein Bekenntnis, eine Sprache oder Religion in Frieden und gemeinschaftlicher Harmonie leben. Die HCC arbeitet für eine Gesellschaft, in der die Armen und die an den Rand Gedrängten die gleichen Chancen für eine Beteiligung an einem Entwicklungsprozess haben, der werteorientiert und tragfähig ist und der eine zweckdienliche Umwelt bereitstellen möchte, in welcher sie ihre vollen Möglichkeiten entwickeln können.<[237] Um ihre Mission zu vollenden und ihre Vision zu erfüllen, hat die HCC drei Arbeitsfelder bezeichnet:

2.1 Evangelisation

Das Wort Gottes zu verbreiten, ist eine der vordringlichen Aufgaben der HCC, der sie sich seit ihren Anfängen verpflichtet weiß. Es wurden Pastoren und Evangelisten berufen, die über sehr gute Hindustani-Sprachkenntnisse verfügten. Auch wurden viele Bibelfrauen eingesetzt, damit Frauen erreicht werden konnten. Im Jahr 2000 begann die Arbeit in Orissa und Utter Pradesh, sie wurde schrittweise erweitert auf Andaman, Gujarat, Goa, Jammu und Kashmir, auf Andhra Pradesh, Nord Maharashtra und Bihar.[238]

2.2 Gemeinde-Entwicklung

Nach Angaben des Moderators Rev. *Stephen David* hat die HCC derzeit 18.000 Mitglieder in 111 Gemeinden. Dies bezieht sich gleichermaßen auf städtische und ländliche Gebiete

[236] http://www.hccindia.org (23.10.2009) 1.
[237] Ebd.
[238] www.hccindia.org (23.10.2009), 2.

und schließt auch die Andaman- und Nicobar-Inseln ein. Seines Erachtens ist dies auf die engagierte Arbeit der Pastoren, Evangelisten und Bibelfrauen zurückzuführen und auch auf das ernsthafte Gebet der Gemeindeglieder.[239]

Die Gemeindeentwicklung vollzieht sich in den folgenden zwei Bereichen:

2.2.1 Die geistliche Entwicklung

Für die geistliche Entwicklung und Förderung des Leibes Christi sind die *Pastoren und andere Leitungspersonen* der Dreh- und Angelpunkt. Laut Bericht des Vize-Moderators *Rev. Y. Kalekar* gibt es 103 ordinierte Pastoren und fünf ordinierte Pastorinnen, acht Bibelfrauen und 40 Evangelisten versehen mit Engagement in verschiedenen Teilen Indiens ihren Dienst. Zu ihren Aktivitäten gehören seelsorgliche Besuche, Hausgebetstreffen während der Woche und in der Fastenzeit sowie die Gestaltung der verschiedenen Festlichkeiten im Laufe des Jahres. In den Gemeinden geschieht eine wirkungsvolle geistliche Förderung von Männern, Frauen, Jugendlichen und Kindern. Allergrößte Bedeutung erhält dabei die Schulungsarbeit für die neu zum Glauben Gekommenen. Jährlich werden auch Freizeiten für Frauen, Jugendliche und Kinder organisiert.[240]

Die *Literatur-Arbeit* ist ein weiteres Feld, auf dem Förderung und Evangelisation stattfinden. Die HCC hat Buchläden und Leseräume in Pune, Mumbai, Sholapur, Aurangabad und Gulbarga, welche vom Literaturkomitee organisiert werden.[241]

2.2.2 Die soziale Entwicklung

Dies ist der zweite Bereich, in den die HCC sehr eingebunden ist, um die sozialen Bedingungen der Gesellschaft zu verändern, damit Wohlfahrtspflege und Entwicklungsarbeit als Mittel eingesetzt wurden, um die Liebe Christi in der Tat zu er-

---

239 S. David, *Hindustani Covenant Church Council Report of 31st July – 2009/2010*, 9.
240 Y. Kalekar, *Report*, 2009/2010, 12.
241 www.hccindia.org (23.10.2009) 2.

weisen. Das Projekt „Soziale Entwicklung" arbeitet elementar für die Armen, die an den Rand Gedrängten, die Vertriebenen, die Behinderten und für die Elendsviertel und Dörfer. Es bietet seine Dienste denjenigen an, die Opfer von Naturkatastrophen geworden sind. Es stellt in solchen Fällen Hilfsgüter bereit, um die Würde der leidenden Menschen aufrechtzuerhalten. Das ist der Weg, auf dem sich die Liebe Gottes ausbreitet und soziale Entwicklung stattfindet. Diese Entwicklungsarbeit der Kirche hilft bis zu 150.000 Armen und Marginalisierten, darunter sind Kinderarbeiter, Waisen, Witwen, mittellose Frauen, arme Bauern und kastenlose Gemeinschaften.

Mit dem *Sholapur Well Project* – so der Sekretär des Covenant Social Service Projects, Rev. Dr. Shekhar Singh – geben HCC und MCCS den Stimmlosen eine Stimme und werden so in Worten und Taten zu einem lebendigen Zeugnis für unseren Herrn Jesus Christus.[242] Es ist dieses gut organisierte und entwickelte Projekt, das eine große Veränderung im Leben der Armen und der Hilfsbedürftigen in den Dörfern herbeiführt.

The Educational Work. Dies ist ein weiteres soziales Werk der HCC, das 1940 begonnen wurde. Mit Hilfe der MCCS war die HCC in der Lage, Tausenden von unterprivilegierten, schutzbedürftigen und finanziell zurückstehenden Kindern die Möglichkeit zu eröffnen, durch die bereitgestellten Hilfen eine Schul- und College-Ausbildung zu erhalten.[243] Die HCC unterhält in Sholapur und Gulbarga eine eigene English Medium School. Einige Absolventen sind heute Ärzte, Anwälte, Ingenieure, Lehrer und Krankenschwestern. Viele von ihnen haben es geschafft, in Indien und im Ausland gute Arbeitsstellen zu bekommen.

The St. Luke Medical Society. Sie wurde 1981 mit dem Ziel gegründet, die Arbeit der Kirche für die Kranken und für die Gesundheitsfürsorge zusammenzuführen. Das medizinische Team der HCC hilft dabei, ein Bewusstsein in den Bereichen Gesundheit, Hygiene und Gesundheitspflege herzustellen.[244]

---

242 Sh. Singh, *Project Secretary Annual Report*, 31st July 2010, 18.
243 www.hccindia.org (23.10.2009) 2.
244 Singh, a.a.O., 19.

Eine spezielle psychosoziale Betreuung wurde den vom Tsunami betroffenen Menschen bereitgestellt. In zwei Hauptdistrikten von Maharashtra gehören zu den Tätigkeiten der Stationen Programme wie Out Door Patients, Kontrolle für Tuberkulosekranke, Familienplanung, HIV und Blindheit.[245]

3. Mitgliederentwicklung

Im Jahr 1986 hatte die HCC insgesamt 16 Gemeinden, jetzt ist sie auf 111 Gemeinden und Gebetskreise gewachsen. Die Mitgliederstärke der HCC ist von 750 im Jahre 1986 auf 18.000 im Jahre 2009 gewachsen, und durch Gottes Gnade gibt es keinen Rückgang. Im Anfangsstadium war die Arbeit auf das Gebiet Maharashtra beschränkt, sie hat sich aber auf zwölf Staaten ausgeweitet: Kashmir, Punjab, Uttar Pradesh, Haryana, Orissa, Gujarat, Goa Karnataka, Andhra Pradesh, Andaman, Bihar und Nicobar Ireland. Neben dem geistlichen Wachstum hat die Kirche ihre Arbeit auf dem Feld der Erziehung, der Gesundheit und der nachhaltigen Entwicklung ausgeweitet. Zwei Schulen und ein Waisenhaus wurden unterhalten, um erzieherische Angebote für arme Studenten bereitzustellen. Im Jahr 1967 wurde der Sholapur Well Service gegründet, um das Problem des Wassermangels in den von Trockenheit betroffenen Gebieten anzugehen.

Diese sozialen Dienste sind auf viele bedürftige Gebiete in vielen Staaten Indiens sowie auf Andaman und Hubay ausgeweitet worden. Singh zitiert Rev. Bertil Svensson (Schweden) mit den Worten: >Unsere Kooperation und Partnerschaft wird immer besser, und wir müssen sie in Zukunft noch verstärken.<[246] Die HCC und ihre Mitglieder preisen Gott für die Gelegenheit, seine Liebe zu den Menschen durch verschiedene wohltätige Dienste weiterzugeben.

---

245 Singh, a.a.O., 32-40.
246 Singh, a.a.O., 10.

4. Gottesdienst, Liedgut, Liturgie

Es gibt festgelegte Muster für den Sonntagsgottesdienst und andere wöchentliche Gottesdienste. Obwohl die Kirche kongregational ist, folgt sie von Zeit zu Zeit einem Lesezyklus. Die Sonntagsgottesdienste enthalten den Aufruf zur Anbetung, antwortende Lesungen, das Apostolische Glaubensbekenntnis, zwei Lesungen aus den Schriften des Alten und Neuen Testaments, das Fürbittengebet, den Dienst am Wort, das Vaterunser und das Dankgebet. Das heilige *Abendmahl* wird jeden ersten Sonntag des Monats angeboten. Auch die Feiern von Kasualien folgen jeweils einer Liturgie, die im Gesangbuch abgedruckt ist. Der Gottesdienst wird meist in der Hindi/Hindustani-Sprache abgehalten. Einige Gemeinden benutzen Marathi, die Sprache des Bundesstaates Maharashtra. Predigten in anderen Sprachen werden in Hindi/Marathi übersetzt. So geschieht eine sinnvolle Verkündigung, und die Gemeinde wird durch den Gottesdienst innerlich zur Anbetung des Herrn geführt.

Das *Geet Ki Kitab* (Book of Hymns) wird von der Methodist Church of India für den gottesdienstlichen Gesang herausgegeben. Es ist in der Hindustani- (Urdu-) Sprache verfasst. Die meisten Lieder sind älter, aber mittlerweile werden in den Gemeinden durchaus auch neuere Lieder gesungen. Die Hindi-Versionen der Lieder sind auch für den Gemeindegesang gedruckt worden. Das macht das Lob und die Anbetung bedeutungsvoller und aussagekräftiger. Die meistbenutzten Musikinstrumente sind das Indian Piano und die Gitarre, auch das Keyboard wird eingesetzt.

Die Fastenzeit bedeutet eine Abfolge wichtiger Tage, an denen sich viele Gemeindeglieder beteiligen. Während dieser Zeit erfahren die meisten Familien der Gemeinde in den Hausgebetskreisen eine geistliche Betreuung, geleitet von einer speziellen Gebetsgruppe.

5. Verhältnis zur Kultur

Die HCC identifiziert sich in ihren Lebensformen und ihrer Eigenart sehr mit der indischen Kultur. Obwohl sie die Festtage und die religiöse Praxis der anderen Glaubenstraditionen nicht befolgt, orientiert sie sich auf dem Gebiet der Essgewohnheiten sehr an der indischen Kultur. Sie begeht den Unabhängigkeitstag am 15. August und den Tag der Republik am 26. Januar und versucht, ihren Mitgliedern den Sinn für Patriotismus nahe zu bringen.

6. Verhältnis zur Gesellschaft

Die HCC steht dazu, dass die Kirche in der Gesellschaft existiert. Die Mitglieder leben in der Gesellschaft und sie sind direkt oder indirekt betroffen von den Dingen, die Tag für Tag um sie herum geschehen. Ihre Probleme sind keine exklusive Angelegenheit. Die Ungleichheit zwischen Reichen und Armen im Land hat entsprechend der Wachstumsideologie zugenommen. Die Gemeindeleitungen und Mitglieder sind aufgerufen, die bestehende Notlage in der Gesellschaft anzusprechen. Mitglieder der HCC haben auf örtliche Unruhen und Naturkatastrophen freiwillig reagiert und zur Bereitstellung des Grundbedarfs der betroffenen Menschen ihre liebenden Hände ausgestreckt. Die Kirche hat die Mitglieder der Gemeinschaft ermutigt, mehr Anteilnahme zu zeigen an nationalen und internationalen Problemen wie Armut, Verfolgung, Kinderhandel, Benachteiligung von Randgruppen u.a.

Die Kirchen in Indien sind vom Handeln der Regierungsparteien in der Hauptstadt oder auf der zwischenstaatlichen Ebene direkt oder indirekt betroffen. Die HCC betet ständig mit Nachdruck für die leitenden Persönlichkeiten in Indien, damit der Herr sie in ihren Herzen bewegt und sie sich für die Ausweitung seines Königreiches öffnen.

Kirchliche Friedens- und Versöhnungsinitiativen unter den Minderheiten und den verschiedenen Gemeinschaften werden in der gegenwärtigen Situation vorrangig gebraucht. Die HCC unterstützt diesen Prozess durch Maßnahmen wie den interreligiösen Dialog und die Bildung von Friedenskomitees.

In den letzten Jahren sind Christen in vielen Teilen Indiens verfolgt worden. An einigen Stellen sind die HCC und die Leiter der Gemeinden durch Verfolgung ernsthaft betroffen gewesen. Die Kirche hat jedoch nicht mit Rachegefühlen geantwortet, sondern sich friedlich verhalten und auf das Eingreifen des Herrn gehofft. Die Glieder der Gemeinschaft haben versucht, gute Beziehungen zu den Menschen anderen Glaubens in der Nachbarschaft und am Arbeitsplatz aufrechtzuerhalten. Die Kirche hat sich an Friedensmärschen im Protest gegen Ungerechtigkeit beteiligt. Sie ist ebenfalls empfindsam bezüglich örtlicher und gemeindlicher Konflikte und hat Konflikt-Vermittlungsseminare eingerichtet, um Pastoren und Leitungskräften dabei zu helfen, in solchen Krisen geschickt Frieden und Eintracht zu bewahren.

7. Ökumenische Situation

Die HCC unterhält auf örtlicher, regionaler, nationaler und internationaler Ebene mit Kirchen und Organisationen aktive und gute Beziehungen. Die HCC ist im regionalen Board of National Christian Council in Maharashtra und Karnataka vertreten, ebenso im Zonal Board und im National Board of Churches Auxiliary for Social Action (CASA) und in der Mumbai Tract and Book Society. Auf nationaler Ebene ist die HCC Mitglied des National Christian Council of India. Sie ist auch Gründungsmitglied des Henry Martyn Institute of Hyderabad, eines Zentrums für Islamstudien, und entsendet Studenten dorthin.

Die HCC ist auch Mitglied in der Christian Association of Radio, bei den Audio Visual Services, im Ecumenical Loan Fund of India und in der All India Sunday School Association. Ebenso ist sie Mitglied im Nationalen Kirchenrat, der seinerseits dem ÖRK angehört.

Union des Eglises Protestantes Evangéliques au Mali

Die Union der Protestantisch-Evangelischen Gemeinden in Mali

Alfred Meier

1. Historische Entwicklung und rechtliche Situation

Die Gründung der Union des Eglises Protestantes Evangéliques au Mali (UEPEM) geht auf eine Initiative der dem deutschen Bund FEG nahe stehenden Allianz-Mission (AM) zurück. Die im Jahre 1983 geknüpften Kontakte wurden Mitte der 1980er Jahre ausgeweitet und mit den Verantwortlichen der EA in Mali (AGEMPEM – Association de Groupements d'Églises et de Missions Protestantes Evangéliques au Mali) vertieft. Daraufhin ergab sich die Perspektive, sowohl in der malischen Hauptstadt Bamako als auch in der Region Mopti eine kirchliche Arbeit zu etablieren. In der Folge entstand eine auf Kooperation basierende und ganzheitlich ausgerichtete Missionsarbeit, die sozialdiakonische und kirchliche Arbeit miteinander verbindet. Die Eckpunkte der Historie stellen sich wie folgt dar:

- 1988: erste Missionare für die kirchliche Arbeit reisen aus.
- 1990: erste Gemeindegründungsarbeit im ländlichen Soufouroualye / Region Mopti, im Zentrum Malis.
- 1990 bis 1992: malische Pastoren aus befreundeten Gemeindeverbänden verstärken das Team; Expansion der Arbeit im Großraum Mopti und in Bamako.
- 1992: Jahreshauptversammlung: Entscheidung zur Gründung eines Gemeindebundes.

Er sollte den Namen „Union des Eglises Protestantes Evangéliques au Mali“ (UEPEM) erhalten. Zunächst lag es nahe, in Anknüpfung an die freikirchliche Tradition der AM, den Namen Eglise Evangélique libre zu übernehmen. Der Begriff *libre* (frei) wurde jedoch angesichts des populärislamischen Umfeldes im Sinne eines westlichen Libertinismus als zu missverständlich empfunden. Der Begriff der *union* unterstreicht die Verbundenheit der einzelnen Ortsgemeinden und Regionalverbände (districts). Der Begriff *évangélique* sollte die am Evangelium orientierte Ausrichtung der Gemeinden und die evangelistisch-missionarische Zielsetzung gemeindlicher Präsenz unterstreichen. Das Attribut *protestante* bildet einerseits eine Anknüpfung an die reformatorische Tradition, andererseits sollte er die konstruktivkritische Einstellung gegenüber populärislamischer und animistischer Tradition zum Ausdruck bringen.

- 1994 bis 1998: Grundsatzdiskussion zu Gemeindestatuten und Kriterien zur Aufnahme von Gemeinden in die UEPEM.
- 2000: offizielle Gründung der UEPEM als nationaler, selbstständiger und staatlich anerkannter *association.*

Zu einer der Grundüberzeugungen der AM gehört es, in ihren Arbeitsgebieten mit einheimischen Mitarbeitern in einer partnerschaftlichen, integrativen Weise zusammenzuarbeiten. Dies bedeutet konkret: nicht zwei Systeme, wo Mission und Gemeinden voneinander getrennt arbeiten (segregationale Parallelstruktur), sondern ein gemeinsames Dach für Entscheidungsprozesse und die gemeinsame Arbeit.[247] Die integrative Arbeitsstruktur basiert auf der theologischen Erkenntnis, dass am κοινωνια-Begriff orientierte Partnerschaft in der Missionsarbeit nur so verwirklicht werden kann, dass alle am Arbeitsprozess beteiligten Personen gleichwertig und gleichberechtigt kooperieren. Integration ist die einzige theologisch zu rechtfertigende Option im Verhältnis von westlicher Missionsgesellschaft und einheimischer Gemeinde. Die Alternative einer auf Segregation oder Paternalismus basierenden Missionsarbeit stellt sich angesichts der historischen Erfahrungen der kolonialen Epoche nicht. Von nun an galt es, diese Vorgabe mit Leben zu füllen – spätestens zu dem Zeitpunkt, als Mitarbeiter aus der diakonischen Arbeit (Ende 1989) und Pastoren (im Laufe des Jahres 1990) die gemeinsame Arbeit bereicherten und ihren Anspruch auf Mitarbeit und Entscheidung geltend machten.

An der Spitze der UEPEM steht ein nationales Exekutivkomitee, dass sich aus malischen Pastoren, aus Vertretern von

[247] Die Vorgabe der AM seit 1988: „… dass von Anfang an, sobald einheimische Mitarbeiter zur Verfügung stehen, sie ihrer Qualifikation entsprechend in alle Arbeitsgespräche und Meinungsbildungsprozesse, die die Arbeit betreffen, einbezogen werden."

kirchlichen Arbeitskreisen sowie einem Vertreter der AM zusammensetzt. Präsident, Generalsekretär und Kassierer bilden das geschäftsführende Büro der UEPEM. Vorbild für die Begrifflichkeiten und strukturelle Besonderheiten sind die Rahmenbedingungen des französischen Vereinswesens (*associations*).

Auf regionaler Ebene sind die sog. Distriktkomitees für die Leitung des regionalen Gemeindeverbandes zuständig. Jede Gemeinde entsendet Vertreter in die regionale Synode, die aus ihren Reihen ihren Vorsitzenden, Sekretär und Kassierer wählt. Missionare, die in Ortsgemeinden des Distrikts arbeiten, haben ebenfalls Sitz und Stimme im Synodalkomitee.

Die UEPEM hat im Laufe der Reflexionen nicht nur über die strukturelle Gestaltung des gemeindlichen Lebens auf lokaler, regionaler und nationaler Ebene nachgedacht, sondern auch eine eigene Glaubensgrundlage formuliert. Hervorzuheben ist das Bekenntnis zur ökologischen Verantwortung, welches im Text explizit genannt wird. Außerdem teilt sie das Apostolische Glaubensbekenntnis, bejaht die Grundsätze der Lausanner Erklärung von 1974 und als Mitglied der AGEMPEM auch das Glaubensbekenntnis der EA in Mali. Seit 1990 existiert ein theologischer Arbeitskreis, dessen Aufgabe in den Anfangsjahren darin bestand, theologische Thesen zur Ordination, zur Taufe und zur Abendmahlsfrage zu formulieren.[248]

Eine Besonderheit im Vergleich zum Kontext deutscher Freikirchen ist die Ordination. Sie wird als ein einmaliger zeremonieller Akt und als Segens- und Initiationshandlung bei der offiziellen Einführung eines Pastors in sein Amt verstanden und zelebriert. Somit geht sie über die im westlichen, freikirchlichen Kontext praktizierte und von einer Ortsgemeinde verantwortete Amtseinführung in den gemeindlichen Dienst hinaus. In der Regel haben ordinierte Pastoren vor der offiziellen Amtseinführung ein ca. zweijähriges Vikariat absolviert. Danach beantragt die regionale Synode die Ordination, die dann vom nationalen Kirchenkomitee bewilligt werden muss. Die Ordination betrifft aber nicht nur Gemeindepastoren, sondern auch

[248] Vgl. *Documents Théologiques de l'UEPEM.*

leitende Mitarbeiter (Diakone) in den Ortsgemeinden. Ordinierte Personen sind autorisiert, offizielle pastorale Handlungen (Kindersegnungen, Taufen, Abendmahl, Trauungen, Beerdigungen, Hauseinweihungen) durchzuführen. Vor dem Hintergrund der traditionellen Position geistlicher Amtsträger (*morikè, marabout, imam*) versteht sich auch der Pastor einer christlichen Gemeinde gegenüber den Diakonen und Mitarbeitern seiner Gemeinde als höher stehend. Dies führt dazu, dass die „pastorale Kompetenz" ordinierter Laien bei offiziellen Amtshandlungen in der Praxis nur wenig zum Tragen kommt.

2. Mission und Evangelisation

Die Arbeit der UEPEM ist bisher ganz auf das malische Territorium beschränkt. Überlegungen, Personal ins Ausland zu entsenden, gibt es bisher nicht. Die Ortsgemeinden und regionalen Gemeindeverbände sind selbst für die missionarische Arbeit in ihrer multikulturellen Umgebung zuständig. Arbeiten in strategisch wichtigen Orten außerhalb des bisherigen Einzugsgebietes werden direkt vom nationalen Exekutivkomitee verantwortet. Im regionalen Gemeindebudget steht hierfür ein eigener Etat zur Verfügung.

3. Mitgliederentwicklung

Die Gemeinden der UEPEM befinden sich in den Regionen Kati, im Distrikt von Bamako (westlich), sowie in den Regionen Ségou und Mopti (zentral). Heute gehören der UEPEM ca. 30 Ortsgemeinden in den Regionen Bamako und Mopti an, die alle von malischen Pastoren geleitet werden. Die Gemeinden werden von ca. 1.500 erwachsenen Christen besucht. Die jüngere Generation (bis 25 Jahre) dominiert das Bild. Im Jahre 2011 hat sich die Arbeit in den Regionen Bamako, Mopti und Ségou (seit 2009) mit unterschiedlichem Wachstumspotential (im Norden weniger stark, da stärker islamisch geprägt als in den südlichen Arbeitsgebieten) entwickelt.

4. Gottesdienst, Liedgut, Liturgie

Predigten von ca. 40 Minuten Länge und sehr viel Gesang und rhythmische Musik dominieren die Liturgie der Gottesdienste. Das Liedgut stellt eine Mischung dar von in Französisch oder nationale Sprachen (Bambara, Bobo, Dogon) übersetzten westlichen Kirchenliedern und eigenen Kompositionen. Gläubige beteiligen sich am Gottesdienst durch Weitergabe von Erfahrungen und Gebetsanliegen.

Die Gemeindezugehörigkeit wird nicht wie in den meisten Freikirchen des Westens durch eine spezielle zeremonielle Handlung während des Gottesdienstes oder eine Mitgliedsbescheinigung formalisiert. Zur Gemeinde zählt jeder, der am Gemeindeleben regelmäßig teilnimmt und in den Arbeitskreisen der Gemeinde mitarbeitet. *Taufgottesdienste* werden entweder in Gebäuden oder nahe gelegenen Gewässern als Glaubenstaufe (Initiationsritus) zelebriert. Das Verständnis des *Abendmahls* folgt der reformierten Tradition und wird als Erinnerungs- und Hoffnungsmahl gefeiert. In der Regel kann das Abendmahl nur durch einen ordinierten Pastor verwaltet werden. In Anlehnung und Fortführung der alttestamentlichen Tradition der Hauspriester können jedoch auch Familienoberhäupter (*chefs de famille*) oder Hauskreisleiter bestimmte pastorale Aufgaben übernehmen, was jedoch in der Praxis höchst selten vorkommt. Die Feier des Abendmahls erfolgt ungefähr im zweimonatlichen Rhythmus oder auch an bedeutsamen kirchlichen Festtagen (z.B. Ostern).

5. Verhältnis zur Kultur

Die Gemeinden der UEPEM spiegeln regional unterschiedlich die Multikulturalität ihrer Gesellschaft. Obwohl sich die Kirchenstruktur äußerlich an westlichen Vorbildern orientiert, sind Entscheidungswege und Amtsverständnis von der malischen Kultur geprägt (Gesprächskultur, Pastor als dominierender *homme religieux* in Anlehnung an die gesellschaftliche Position eines Imam oder animistischen *morikè, d.h.* Fetischisten). Als Minderheit sind Christen geschätzt, der transformationale Einfluss auf die malische Kultur ist jedoch kaum spürbar. Zaghafte Ansätze lassen sich im Verhältnis zwischen Mann und Frau erkennen. Christliche Ehepaare pflegen eine intensivere Gesprächskultur als z.B. muslimische Ehepaare.

6. Verhältnis zur Gesellschaft

Im Rahmen der Mitgliedschaft in der EA Malis (AGEMPEM) entsendet die UEPEM Mitarbeiter in politische Gremien, die von der malischen Regierung eingesetzt werden und zur Lösung nationaler Konflikte (Wahlkommissionen, Erarbeitung einer Verfassung während der Zeit der Transition in den Jahren 1993-1995, studentische Unruhen u.a.) oder die Gesellschaft betreffende Fragen (Bildungspolitik, HIV-Problematik, Mädchenbeschneidung usw.) berät. Diese Gremien setzen sich in der Regel aus katholischen, evangelischen und muslimischen Vertretern (*religieux*) zusammen.

7. Ökumenische Situation

Die Idee einer evangelischen nationalen Kirche sowie einer integrativen ökumenischen Kooperation wurde in intensiven Gesprächen seit 1987 zwar als wünschenswert betrachtet, wäre aber, so die Einschätzung der malischen Verantwortungsträger, am Widerstand der westlichen Missionsgesellschaften und an den schon seit den 1930er Jahren gewachsenen denominationellen Strukturen der nationalen Kirchen gescheitert. Die Gründe, die damals im Einzelnen angeführt wurden und letztlich zu einer eigenständigen kirchlichen Missionsarbeit führten, sind folgende[249]: Schwierigkeiten bei Absprachen mit den Partnermissionen; diverse Auffassungen von partnerschaftlicher Kooperation; großer Zeitaufwand beim Aufbau einer nationalen Kirchenstruktur; Gefahr der Nivellierung des je eigenen Beitrages der Missionare aus verschiedenen Kulturkreisen; malische Kirchen waren auf die integrative Zusammenarbeit mit einer ausländischen Missionsgesellschaft nicht vorbereitet; Arbeit in den vom Christentum unerreichten Regionen macht eine

[249] Vgl. Korrespondenzen mit der AM vom 24.3.97 und 17.8.89, Archiv AM, Dietzhölztal.

eigene, flexible Arbeitsstruktur erforderlich; Unabhängigkeit von meist nordamerikanischen Missionsgesellschaften in Zeiten politischer Konflikte.

Aus den genannten Gründen ergab sich für die AM die Möglichkeit, die Gründung selbstständiger Ortsgemeinden und in mittelbarer Zukunft die Gründung eines nationalen Gemeindeverbandes ins Auge zu fassen. In den 1990er Jahren wurde der Gedanke einer nationalen protestantischen Kirche in inoffiziellen Kontakten mit den Präsidenten der nationalen Gemeindeverbände zwar immer wieder zur Sprache gebracht, doch daraus hat sich bisher nie das konkrete Bestreben entwickelt, den Traum einer nationalen Kirche ernsthaft zu realisieren. Die Zuwanderung der verschiedenen Missionen Ende der 1980er und zu Beginn der 90er Jahre mit ihrem breiten Spektrum von Lutheranern, Pentekostalen,[250] Neo-Pfingstlern[251] und charismatischen Gruppen, die mittlerweile alle unter dem gemeinsamen Dach der AGEMPEM Platz gefunden haben, erweitern zwar einerseits die Möglichkeiten der punktuellen ökumenischen Zusammenarbeit, machen jedoch andererseits die Gründung einer gemeinsamen Konfession schwierig. Die Idee der integrativen Kooperation auf lokaler Ebene wurde aufgegriffen und zwar in Form einer im Jahre 1989 gerichteten Anfrage an benachbarte malische Gemeindedistrikte, die Möglichkeit der Entsendung malischer Mitarbeiter (Pastoren und Techniker) in die junge Missionsarbeit der AM zu prüfen. Die Anfragen wurden allesamt positiv beantwortet. Dies bedeutete einerseits einen enormen Schub für die Missionsarbeit vor Ort, andererseits war dies aber auch ein glaubhafter Ausdruck ökumenischer Zusammenarbeit.

---

[250] Assemblée de Dieu und die Eglise de Pentecôte aus Ghana.

[251] Z.B. Mission d'Evangélisation et d'Implantation d'Eglises, beeinflusst von der Eglise de la Vie profonde, Nigeria; Bewegungen aus Ghana, der Elfenbeinküste und der D.R. Kongo.

ABKÜRZUNGSVERZEICHNIS

ACK	Arbeitsgemeinschaft Christlicher Kirchen in Deutschland
AESR	Union des Assemblées évangéliques de Suisse romande
AGEMPEM	Association de Groupements d'Églises et de Missions Protestantes Evangéliques au Mali
AM	Allianz-Mission
AMEL	Associação Missionária Evangélica Livre
ANACEFC	Association of North American Chinese Evangelical Free Churches
BBKL	Biographisch-Bibliographisches Kirchenlexikon
BEFG	Bund Evangelisch-Freikirchlicher Gemeinden in Deutschland (Baptisten und Brüdergemeinden)
BFEG*	Bund Freier Evangelischer Gemeinden in Deutschland
CA	Confessio Augustana (Augsburgisches Bekenntnis von 1530)
CASA	Churches Auxiliary for Social Action (Indien)
CECCV	Conseil des Eglises chrétiennes du canton de Vaud
CH	Christsein Heute, Zeitschrift für Freie Evangelische Gemeinden (Witten)
CIELB	Convenção das Igrejas Evangélicas Livres no Brasil
CIPE	Confraternidad de Iglesias del Pacto Evangélico
DEA	Deutsche Evangelische Allianz

* Im Unterschied zur offiziellen Schreibweise des „Bundes Freier evangelischer Gemeinden" als Körperschaft des öffentlichen Rechts wird in diesem Band die Schreibweise „Evangelischer" gewählt, weil damit der Bezug auf das Evangelium hervorgehoben wird und weil im Deutschen Adjektive groß geschrieben werden, wenn die feste Verbindung aus Adjektiv und Substantiv einen Eigennamen bildet.

EA	Evangelische Allianz
ECC	Evangelical Covenant Church (USA)
EFA	Evangelical Fellowship of Asia
EFC	Evangelical Free Church
EFCA	Evangelical Free Church of America
EFCC	Evangelical Free Church of Canada
EFCCM	Evangelical Free Church of Canada Mission
EFS	Evangeliska Fosterlandsstiftelsen
EmK	Evangelisch-methodistische Kirche
ERF	Evangeliums-Rundfunk
EZW	Evangelische Zentralstelle für Weltanschauungsfragen (Berlin)
FEG	Freie Evangelische Gemeinde(n)
FEEL	Fédération des Eglises Evangéliques libres
FEV	Fédération Evangélique Vaudoise
FF	Freikirchenforschung (Münster i.W.)
FPF	Fédération Protestante de France
FREE	Fédération romande d'Eglises évangéliques en Suisse
GuTh	Geschichte und Theologie der FEG
HCC	Hindustani Covenant Church, Pune (Indien)
IFFEC	International Fellowship of Evangelical Churches (Internationaler Bund FEG)
JEA	Japan Evangelical Association
KEEEE	Gemeinschaft Freier Evangelischer Gemeinden in Griechenland
KEK	Konferenz Europäischer Kirchen
MCCN	Mission Covenant Church of Norway (Misjonsforbundet i Norge)
NAE	National Association of Evangelicals (USA)
NCCJ	National Council of Churches in Japan
ÖRK	Ökumenischer Rat der Kirchen (= WCC)
REC	Reformed Ecumenical Council
SAM	Schweizer Allianz Mission
SEA	Schweizerische Evangelische Allianz
SME	Service missionnaire Evangélique
SMK	Schwedische Missionskirche
ThGespr	Theologisches Gespräch
TIU	Trinity International University (Deerfield, Illinois, USA)
TSE	Theologisches Seminar Ewersbach (FH)

TWU	Trinity Western University (Langley, British Columbia, Kanada)
UEEL	Union des Eglises évangéliques Libres de France
UEPEM	Union des Eglises Protestantes Evangéliques au Mali
VEF	Vereinigung Evangelischer Freikirchen
VEG	Vrije Evangelische Gemeente(n)
VFG	Verband evangelischer Freikirchen und Gemeinden in der Schweiz
VIA	Vision Africa
WARC	World Alliance of Reformed Churches
WCC	World Council of Churches (= ÖRK)
WCRC	World Communion of Reformed Churches
WEA	World Evangelical Alliance
WEF	World Evangelical Fellowship

AUTORINNEN UND AUTOREN

Rechal Bagh, Reverend, Union Biblical Seminary, Bibvewadi, Post Box - 1425, Pune - 37, Maharastra, Indien

Mireille Boissonnat, professeur agrégée d'anglais; 23 rue Bénard, F-75014 Paris, Frankreich

Jarek Celebanski, Pastor, P.O. Box 21, PL-91-101 Łódź, Polen

Pavel Černý, ThD, Pastor, Soukenicka 15, CZ-110 00 Praha 1, Tschechische Republik

Johannes Demandt, Dr., Pastor, Bendemannstr. 16, D-40210 Düsseldorf, Deutschland

Bjørn Øyvind Fjeld, Førstelektor, Ansgar Teologiske Høgskole, Fredrik Fransonsvei 4, N-4635 Kristiansand, Norwegen

Reinhard Henkel, Prof. Dr., Geographisches Institut, Universität Heidelberg, Berliner Str. 48, D-69120 Heidelberg, Deutschland

Dankmar Hottenbacher, Pastor i.R., Stahleckstr. 32, D-55422 Bacharach, Deutschland

Ueli Jungen, Pastor, Oberdorfstr. 4, CH-9213 Hauptwil / TG, Schweiz

Ananias Kavakas, Dr., Everg. Giavassi 35, Aghia Paraskevi 15342, Griechenland

Johannes H. Klement, Pastor, Martinsbühler Str. 5, D-91054 Erlangen, Deutschland

Ioannis Petros Kremidas, Dr., Prof., Greek Bible College Athens, Chr. Adamopoulou 8, Pikermi 19009, Griechenland

Alfred Meier, Dr., Dozent am Theologischen Seminar Rheinland, Talweg 8, D-57612 Helmenzen, Deutschland

Leo Mietus, Dr., Dozent, President Kennedylaan 311, NL-6883 AK Velp, Niederlande

Jean-Charles Moret, Pasteur, Secrétaire général de la FREE, En Glapin 8, CH-1162 St-Prex, Schweiz

Emmi Müller, Dozentin i.R., Burghof, Burghofstr. 23, D-59555 Lippstadt, Deutschland

Walter Persson, DD, Missionsvorsteher i.R., Strandgatan 24, SE 302 46 Halmstad, Schweden

Kurt W. Peterson, Ph.D., Prof.; Division Director, History Department, North Park University, 3225 W. Foster Avenue, Box 52, Chicago, Illinois 60625, USA
Eugene R. Swanstrom, D.Min., Director of Placement, Trinity Evangelical Divinity School,
2065 Half Day Road, Deerfield, IL 60015, USA
Ron Unruh, Dr., ret. President, 281947865 Ave., Surrey, British Columbia, Canada, V4N 5X5.
Hartmut Weyel, Pastor i.R., Alte Bohle 50, D-50321 Brühl, Deutschland

PERSONENREGISTER

Soweit verfügbar werden die Lebensdaten der genannten Personen aufgeführt. Die Autoren zitierter Literatur sind in diesem Register nicht erfasst.

Bensheimer Hefte im Verlag Vandenhoeck & Ruprecht Göttingen

Die Reihe **„Die Kirchen der Gegenwart"**

wird herausgegeben von

- Prof. Dr. theol. Gury Schneider-Ludorff, Lehrstuhl für Kirchen- und Dogmengeschichte an der Hochschule Augustana Neuendettelsau und Präsidentin des Evangelischen Bundes

und

- Pfarrer Dr. theol. Walter Fleischmann-Bisten M.A., Leiter des Konfessionskundlichen Instituts Bensheim und Generalsekretär des Evangelischen Bundes

Dargestellt werden die Entwicklung und die gegenwärtige Situation aller christlichen Kirchen in den fünf Erdteilen. Die 18 Bände haben einen Umfang zwischen 150 und 300 Seiten. Sie sind nach folgendem Schema aufgebaut:

A **Geschichte** (Ursprünge und historischer Abriss)
B **Lehre** (Theologie und Strukturen)
C Geographische Verbreitung
D Heutige Situation in den fünf Erdteilen:

- Historische Entwicklung und rechtliche Situation
- Mission und Evangelisation
- Wachstum und Schrumpfung
- Gottesdienste, Liedgut, Liturgie
- Verhältnis zur jeweiligen Kultur
- Verhältnis zur jeweiligen Gesellschaft
- Ökumenische Situation

1. **Lutherische Kirchen**
   Hg. Prof. Dr. Michael Plathow, Leimen
   (2007, 344 S., vergriffen)
2. **Methodistische Kirchen**
   Hg. Bischof em. Dr. Walter Klaiber, Tübingen
   (2011, 330 S., 24,95 €)
3. **Die katholischen Ostkirchen**
   Prof. Dr. Andriy Mykhaleyko, Lviv/Lemberg
   (2012, 183 S., 22,95 €)
4. **Freie Evangelische Gemeinden**
   Hg. Pastor Dr. Johannes Demandt, Düsseldorf
   (2012, 229 S., 24,95 €)
5. **Alt-Katholische Kirchen**
   Hg. Prof. Dr. Günter Eßer, Bonn
6. **Mennoniten**
   Hg. Prof. Dr. Fernando Enns, Amsterdam
7. **Reformierte Kirchen**
   Hg. Prof. Dr. Georg Plasger, Siegen
8. **Anglikanische Kirchen**
   Hg. Universitätsdozentin Dr. Charlotte Methuen, Glasgow
9. **Östliche Kirchen der byzantinischen Tradition**
   Hg. Prof. Dr. Joan-Vasile Leb, Cluj/Klausenburg
10. **Östliche Kirchen der nicht-chalzedonensischen Tradition**
    Hg. Prof. Dr. Karl Pinggéra, Marburg
11. **Baptisten**
    Hg. Prof. Dr. Erich Geldbach, Marburg
12. **Adventisten**
    Hg. Dozent Dr. Johannes Hartlapp, Friedensau
13. **Pentecostale Kirchen**
    Hg. Prof. Dr. Michael Bergunder, Heidelberg
14. **Unierte Kirchen**
    Hg. Pfarrer Dr. Walter Fleischmann-Bisten, Bensheim
15. **Die römisch-katholische Kirche**
    Hg. Prof. Dr. Wolfgang Thönissen, Paderborn
16. **Unabhängige Kirchen**
    Hg. Pfarrer Martin Bräuer D.D., Bensheim
17. **Herrnhuter Brüdergemeine (Unitas fratrum)**
    Hg. N.N.
18. **Quäker, Nazarener und Heilsarmee**
    Hg. N.N.